잃어버린 10년과 신자유주의 정책전환

한국 개혁주의 정부들에 대한 한 정치경제적 해석

나남
nanam

조 찬 수

고려대학교 정치외교학과 및 동대학원 졸업
캐나다 맥길대학교 정치학 박사
현 강남대학교 국제지역학부 교수
주요 저서 《자본주의 발전과 민주주의》(공역, 1997)
　　　　　《커뮤니케이션과 세계질서 : 양피지, 인쇄술, 하이퍼미디어》(역, 2006)
　　　　　《국제경제질서의 사회적 기원》(2008)

나남신서 1773

잃어버린 10년과 신자유주의 정책전환
한국 개혁주의 정부들에 대한 한 정치경제적 해석

2014년 8월 28일 발행
2014년 8월 28일 1쇄

지은이 • 趙燦守
발행자 • 趙相浩
발행처 • (주) 나남
주소 • 413-120 경기도 파주시
　　　회동길 193
전화 • (031) 955-4601(代)
FAX • (031) 955-4555
등록 • 제 1-71호(1979.5.12)
홈페이지 • http://www.nanam.net
전자우편 • post@nanam.net

ISBN 978-89-300-8773-5
ISBN 978-89-300-8001-9 (세트)
책값은 뒤표지에 있습니다.

이 저서는 2010년 정부(교육부)의 재원으로 한국연구재단의
지원을 받아 수행된 연구임 (NRF-2010-812-B00087).
과제명 "신생 민주주의와 정책전환의 정치: 비교적 시각에서의 한국, 1998~2008".

나남신서 1773

잃어버린 10년과 신자유주의 정책전환

한국 개혁주의 정부들에 대한 한 정치경제적 해석

조 찬 수 지음

The Lost Decade and Neoliberal Policy Switch

A Political-Economic Interpretation of
the Reformist Governments in South Korea

by

Chansoo Cho

nanam

정아를 위하여

머리말

　이 책은 민주주의의 질에 관한 질문을 던진다. 오랜 군부권위주의 통치 끝에 이루어낸 민주화가 과연 사람들의 삶을 얼마나 개선시켰는지를 묻는 방식은 여러 가지가 있을 수 있다. 평범한 개인들이 정부와 최고통치권자를 각종 미디어를 통해 비판하면서도 체포와 고문의 위협을 느끼지 않는다는 점에서 우리는 민주주의를 분명히 누리고, 즐기고 있다고 말할 수 있다. 선거 때마다 온갖 잡음이 끊이지는 않지만 대체로 자유롭고 공정한 선거를 통해 중앙 및 지방의 의회와 정부가 구성된다는 것을 우리는 믿는다. 요컨대 시민적 권리와 정치적 자유의 보장이라는 측면에서 한국은 꽤 살 만한 나라가 되었다. 민주주의는 더 이상타는 목마름의 대상일 필요가 없게 되었다. 그러나 민주주의는 또한 먹고사는 문제와 밀접한 연관을 가진다. 희소한 경제적 가치를 배분하는 문제는 궁극적으로 정치의 영역에서 다루어지기 때문이다. 한국의 민주주의는 사람들의 경제적 조건을 얼마나 향상시켰는가?

　김대중 정부와 노무현 정부는 광범한 의미에서의 민중부문에 그 지지기반을 두었다는 점에서 앞선 민간정부였던 김영삼 정부와는 달리 민주주의의 진전을 절차적 영역에서 실질적 영역으로 확대할 것이라는 기대를 받았다. 그러한 기대와는 달리 두 정부 시기에 계층 간, 부문 간 소득불균등은 심화되었고, 양극화는 그 객관적 근거의 존재여부와 별 상관없이 많은 이들이 체감하는 현실이 되었다. 왜 역대 어느 정부보다도 진보적 요소들을 많이 갖고 있었던 김대중 정부와 노무현 정부는 불평등한 민주주의를 심화시키는 결과를 낳았을까?

이 책은 라틴아메리카의 신생민주주의체제들을 주된 경험적 준거로 삼아 구축되어온 "신자유주의 정책전환"에 대한 기존문헌에 바탕을 두되, 한국의 특유한 맥락적 요인들에 초점을 맞추어 두 개혁주의 정부들의 정치경제적 선택을 설명하려는 시도이다. 경제위기의 충격, 세계화로 인한 동질화 효과, 위임민주주의의 요소들, 대통령 단임제, 허약한 정당체제 등을 고려하는 동시에 이익의 정치와 상징의 정치를 대비시킴으로써 김대중 정부와 노무현 정부의 "잃어버린 10년"에 대한 한 해석을 제시한다.

한국의 현대사는 상징의 정치가 만개할 수 있는 최적의 환경을 제공한다. 식민통치, 해방과 분단, 전쟁을 연이어 겪었고 탈냉전 시대에도 여전히 냉전의 구조가 남아있는 이 나라에서 친일파, 빨갱이 같은 호명은 어떤 정치적 전술보다도 효율적이고 효과적인 무기가 되었다. 민주화 이후 생활의 미시적 영역에서 제기되는 쟁점들 또한 상징의 정치를 풍요롭게 만드는 요인이다. 상징의 정치가 활발하다는 것 자체에 잘못된 것은 없다. 오히려 상징적 쟁점들을 두고 이루어지는 의사소통은 정치를 가장 인간적인 행위이게끔 만들어준다고 말할 수 있다.

문제는 이러한 상징의 정치가 정작 대부분 사람들의 물질적 삶에 관련된 경제정책에 대한 실질적 사유의 경쟁을 어렵게 만든다는 데 있다. 또한 문제의 심각성은 정치인들이 상징적 쟁점들에 매몰되어 있는 동안 누가 어떤 경제적 가치를 더 갖는가와 연관된 이익의 정치는 기술관료들과 그 시민사회 동맹세력에 의해 장악된다는 데 있다. 이 책에서 김대중 정부와 노무현 정부의 신자유주의 정책전환을 민주화의 효과와 발전주의 국가의 지속성이라는 다분히 구조적인 관점에서 설명하는 이유가 바로 여기에 있다.

상징의 정치가 도덕의 정치와 동일시되어서는 안 되듯이 이익의 정치가 이익집단의 정치와 등치되거나 성장 대 분배의 이분법으로 환원되어서는 안 된다. 민주주의가 공고화 단계에 접어든 한국에서 이제 우리는 경제정책이 어떻게 정치적으로 만들어지는가에 좀더 관심을 가질 필요가 있다. 어떤 산업과 어떤 기업유형에 상대적 중요성을 부여하면서 경제성장을 지속할 것인가? 고용의 양과 질의 균형을 어떻게 맞출 것인가? 경제성장의 부산물인 불평등은 어느 정도는 미리 제어될 수 있는 것인가? 그것이 어렵다면 불평등은 어느 수준까지 용인되고 보상될 수 있는가? 이 모든 질문에 대해 국가는 어느 수준까지 책임과 권한을 갖고 대답하고 개입해야 하는가?

사회경제적 쟁점들에 대한 복잡한 생각 없이 넘쳐흐르는 민주주의는 공허하다. 한국의 민주주의가 좀더 의미 있는 정치적 경쟁의 공간이 되기 위해서는 정치경제체제의 사회적 목적에 대한 진지한 토론이 가능해야 한다.

제1장 제1절, 제2장 제1절, 제3장 제1절 및 제2절, 제4장 제1절, 제5장 제1절, 제6장의 일부 문단 및 문장은 "신생민주주의와 정책전환의 정치: 민주화 이후의 노사관계정책"[〈대한정치학회보〉 15집 3호(2008), pp. 97~119]에 실렸다. 전재를 허락한 대한정치학회에 감사드린다. 또한 필자의 연구년 기간에 이 책의 후반작업에 필요한 연구환경을 제공한 워털루대학교 정치학과에 고마움을 전한다.

역서들을 제외하면 나남에서 내는 두 번째 책이다. 나남의 저자가 될 수 있는 기회를 주신 조상호 회장님, 이번에도 작업의 전체 일정을 관장해주신 방순영 이사님, 표지를 만들어주신 이필숙 실장님, 편집작업을 맡아 수고하신 김민경 씨에게 감사의 말씀을 드린다.

정치와 사회, 그리고 역사에 대해, 특히 내 나라에 관해 책을 쓴다는 것은 참으로 큰 부담이다. 아직은 어린 내 아이들이 아직은 그저 궁금할 따름인 세상 돌아가는 이치에 관해 질문할 때마다 내가 하는 일이 단지 밥벌이나 지적 유희를 위한 것이 아니어야 한다는, 내 직분에 마땅하지만 막상 실천하기는 참 어려운, 노동윤리를 떠올린다. 밥상 앞에서 단순하지만 정치의 본질에 관한 물음들을 던져준 이언, 잊을 만하면 다가와서 책은 얼마만큼 썼냐고 물어봐준 이선, 두 아들에게 이 책이 간직할 만한 선물이었으면 좋겠다. 그리고 그들이 어른이 되어 만들어갈, 또 그 속에서 살아갈 정치공동체가 이 책에 등장하는 체제보다 좀더 나은 것이기를 바란다.

2014년 8월
조 찬 수

나남신서 1773

잃어버린 10년과 신자유주의 정책전환
한국 개혁주의 정부들에 대한 한 정치경제적 해석

차 례

서 론

1. 한국 개혁주의 정부들과 신자유주의 정책전환

"헌정사상 최초의 실질적 정권교체"[1]를 가져왔다는 점에서 그 정치사적 의미를 부여받았던 한국의 1997년 대통령 선거는 정치경제적 관점에서도 매우 흥미로운 현상이 등장하게 된 계기였다. 오랜 군부권위주의 통치하에서의 정치적 억압의 결과로서, 그리고 한 특정지역에 기반을 두는 과두지배집단의 형성, 또 다른 특정지역 출신 인구집단의 사회경제적 주변화의 결과[2]로서 김대중은 단순한 야당정치인이 아니라

---

1) 권세진, "김대중 대통령직 인수위원회—정무분과위 인수위원 추미애", 〈월간조선〉 2013년 1월호 별책부록. http://monthly.chosun.com(검색일: 2013. 8. 12).

2) 건국 이후 제5공화국 종료 시까지 정부 고위관료들 가운데 영남출신 비율이 28.5%였던 반면에 호남출신은 11.6%였다. 1991년 현재 총인구의 11.7%인 호남지역이 국민소득 전체에서 차지하는 비중이 8.9%였던 반면에 28.7%의 인구비중을 가진 영남지역의 소득비율은 29.8%였다. Sallie W. Yea, "Regionalism and Political-Economic Differentiation in Korean

도시노동자와 농민을 중심으로 하는 서민층과 이른바 재야세력을 대변하는 정치지도자로 군림해왔다. 정치적 성장과정에서 자신이 의도했던 바 이상으로 자유주의적 또는 진보적 이미지를 갖게 된 김대중이 정작 대통령이 되면서 취한 경제정책들은 그가 야당시절에 제시했던, 근로자와 서민에게 시장경제의 혜택이 돌아가도록 정부가 적절한 개입을 하는, 온건한 중도좌파 또는 사회민주주의적 정책들과는 거리가 멀었다.

직전 정부에 의해 이미 시작되었던 자본시장 자유화는 미증유의 금융위기를 빌미로 한층 빠른 속도로 진행되었다. 재벌개혁은 "빅딜", 즉 대규모 사업교환에 가려 시장경제의 공정성을 높이려는 애초의 취지대로 진행되지 못한 반면에 노동시장 유연화는 "워싱턴 컨센서스"의 틀에 따라 전격적으로 이루어졌다. 공공부문 개혁을 통해 역대정부 가운데 가장 많은 수의 공기업을 민영화시키고 금융개혁을 통해 직접금융 중심의 영미식 주주자본주의를 안착시킨 것도 김대중 정부였다. [3]

20~30대 젊은 유권자층을 부분적 예외로 친다면 사회적 지지기반에서 김대중 정부와 크게 다르지 않은 노무현 정부의 경제정책 역시 신자유주의화의 방향에서 벗어나지 않았다. 2002년 대통령 선거에서의 노무현의 승리는 미군 장갑차에 의한 여중생 사망사건으로 촉발된 반미감정, 이회창 장남 병역비리 의혹, 정몽준의 선거일 전날 단일화 합의 파기와 같은 극적 요소들과 인터넷 환경 못지않게 김대중 정부하에서 급격히 진전된 신자유주의적[4] 경제정책들에 대한 불만에서 기인한 바

Development: Power Maintenance and the State as Hegemonic Power Bloc", *Korea Journal*, Vol. 34, No. 2(1994), pp. 8, 14.
3) 김기원, "김대중 정부의 구조조정 정책", 서울대 민교협 주최 심포지엄 발표문, 2000년 11월 20일. http://faculty.knou.ac.kr/~kwkim/papers/paper/p-0008.htm(검색일: 2014. 1. 20).

컸다.[5] 그럼에도 불구하고 "좌파 신자유주의"라는 대통령 본인의 자학적 표현에서 잘 드러나듯이 노무현 정부 시기에 경제운용 기제로서 시장의 권능에 대한 강조는 커져만 갔다. 집권 초기 "성장과 분배의 선순환"을 강조했으나 이 수사는 구체적인 분배정책으로 뒷받침되지 않았고 이내 "국민소득 2만 달러 달성"의 성장주의 표어로 대체되었다.[6] 그리고 미국과의 자유무역협정 체결을 이루어낸 것이 바로 이 두 번째 개혁주의[7] 정부였다.

금융위기 이후 10년에 걸쳐 추진된 일련의 신자유주의 경제정책들이 낳은 사회적 결과는 심대했다. 소득불평등이 심화되었고,[8] 비정규직

---

4) 경제운용에서의 국가역할의 축소와 시장기제의 강화를 중심내용으로 하는 정책들을 신자유주의라는 용어가 정확하게 담아낸다고 볼 수는 없으나 레이븐힐의 적확한 지적대로 학술용어는 제도와 마찬가지로 점성(黏性)이 매우 강하여 한 번 채택되면 더 정확한 용어가 등장하더라도 그것으로 대체하기가 아주 어렵다. John Ravenhill, ed., *Global Political Economy*, 3d ed. (Oxford: Oxford University Press, 2011), p. 20. 따라서 이 책에서는 "신자유주의적"이라는 형용사를 "시장지향적", "시장친화적" 등의 용어와 더불어 사용한다.

5) 강원택, "세대, 이념과 노무현 현상", 〈계간사상〉 2002년 가을호, pp. 80~102; 윤성이, "16대 대통령선거와 인터넷의 영향력", 〈한국정치학회보〉 37집 3호(2003), pp. 80~84; 김상조, "노무현 정부의 재벌·금융개혁 과제", 〈철학과현실〉 56호(2003), p. 38.

6) 유종일, "참여정부의 '좌파 신자유주의' 경제정책", 〈창작과비평〉 2006년 가을호, p. 303.

7) 김대중 정부와 노무현 정부를 지칭하는 용어들인 좌파정부와 민주정부는 보수진영과 진보진영 각각에 의해 정치적으로 사용되어온 것으로서 학술용어로는 부적합하다. 또한 국민의 정부와 참여정부는 공식명칭이므로 학술연구에서 일반명사로 사용하기에는 알맞지 않다. 따라서 이 책에서는 두 정부를 일반명사화시킬 때에는 "reformist government"라는 영어표현을 그대로 옮긴 개혁주의 정부라는 용어를 쓴다.

을 비롯한 "질 낮은" 고용이 늘어났으며, 대기업들과 정보통신 부문의 호황 속에 중소기업들과 제조업 부문은 침체되었고, 민간소비는 현격히 줄어들었다.[9] 이러한 경제정책의 결과는 두 정부들이 김영삼 정부로부터 계승하여 꾸준히 추진했던 신자유주의 교육정책과 상호작용을 일으키며 계층이동 가능성을 크게 낮추는 효과를 가졌다.[10]

요컨대 김대중 정부와 노무현 정부 시기 동안 우리는 정치적 민주주의의 진전과 함께 사회경제적 불평등의 증대를 경험하게 되었다. 중요한 것은 두 추세가 단순히 평행선을 이루지 않고 유의미한 상호작용을 보인다는 점이다.

자유롭고 공정한 선거를 핵심으로 하는 절차적 민주주의의 확립은 경쟁적이고 개방적인 정치체제를 만드는 데 필수불가결하다. 그러나 이 정치적 기획을 실현하기 위해 건국 이후 40년 가까운 오랜 세월에 걸쳐 민간권위주의체제와 군부권위주의체제에 맞서 투쟁했던 개혁주의 세력의 경험은 그들로 하여금 사회경제적 쟁점들에 대한 독자적 정책 패러다임을 구축하는 것을 어렵게 만들었다. 경제정책 영역은 군부권위주의체제하 국가주도 산업화를 통하여 기술관료들의 배타적 공간이 되어 있었다. 민주화는 권위주의 억압기구의 외곽은 철거하였으나 경

---

8) 김영미와 한준의 실증분석이 보여주듯이 금융위기 이후 소득불평등 심화는 계급 간 차이보다는 계급 내 차이의 증가와 더 긴밀히 연관되어 있기 때문에 이 책에서는 사회경제적 불평등을 가리키기 위해 양극화라는 용어를 쓰지 않는다. 김영미·한준, "금융위기 이후 한국 소득불평등구조의 변화: 소득불평등 분해, 1998~2005", 〈한국사회학〉 41집 5호(2007), pp. 35~63.

9) 김기원, "호황론과 파탄론의 거리: 노무현 정권 경제정책의 평가와 반성", 〈황해문화〉 2008년 봄호, p. 42.

10) 한만중, "노무현 정부 8개월 교육정책 평가: 개혁의 실종과 교육시장화의 전면화", 〈교육비평〉 2003년 겨울호, pp. 28~50.

제정책과정에 대한 개혁주의 세력의 장악을 가져다주지는 않았다.

장기적이면서도 더욱 심각한 문제는 불평등의 증대가 민주주의의 질을 저하시킨다는 점이다. 과도한 소득불균형이 구조화될 때 사회적 유동성은 현저하게 낮아지고 정치참여에 필요한 자원의 불균등 배분이 심화된다. 이는 허약한 정당체제와 결합되어 민주주의가 실질적 경쟁의 공간이 되기 어렵게 만든다. 두 개혁주의 정부들의 집권기를 "잃어버린 10년"[11] 이라고 부를 수 있다면 바로 이러한 이유들에서이다.

중도좌파적 지향을 보여왔고 그러한 성향의 유권자들의 지지를 받아 집권한 정부들이 왜 어떤 보수정부보다도 더 시장친화적이고 효율지상주의적인 경제정책들을 펼쳤는가? 민주화 이후 첫 민간정부의 대통령으로 김영삼이 선출된 이후로 '민주 대 반민주'의 구도는 급속히 해체되었다. 더욱이 민주주의 공고화 단계에 해당하는 시기에 선출된 김대중과 노무현에 대한 지지를 권위주의에 대한 저항에서 연원하는 것으로 보기는 어렵다.

1997년과 2002년의 대통령 선거에서 김대중과 노무현을 선택했던 유권자들은 민주적 절차를 통해 권위주의적 과거가 없는 민간인 출신의 대통령을 뽑을 수만 있다면 그 정부가 집권 이후 어떤 경제정책을 써도 상관없다고 생각하지는 않았을 것이다. 강력한 권위주의 국가기구에 의한 경제개입은 급속한 산업화와 고도성장을 가져다주는 동시에 계층 간, 지역 간, 도농 간, 남녀 간 사회경제적 불평등을 초래했다.

---

11) "잃어버린 10년"은 두 개혁주의 정부들에 적대적인 보수세력이 대략 2001년 이후 주로 사용해온 표현으로서 2007년 대통령 선거에서 한나라당 "선전(宣傳) 전략"의 핵심을 이루는 키워드였다. 김영욱, "선전, 보수세력 그리고 언론: 선전전략으로서 '잃어버린 10년' 분석", 〈한국언론정보학보〉 2011년 봄호, pp. 106 ~107.

전쟁과 토지개혁이 가져다준 평등화 효과와 특유의 민족주의적 공동체 정서로 인해 여타 개발도상국들에 비하여 경제적 불평등이 덜 심각한 편이기는 하지만, 12) 한국에서도 사회경제적으로 불리한 위치에 있는 광범한 민중부문이 권위주의 통치하에서 형성되었다. 이들에게 민주화는 정치적 민주주의의 회복과 더불어 사회경제적 상황의 개선을 포함하는 것이었다. 그렇다면 김대중 정부와 노무현 정부는 왜 자신들의 핵심 지지세력이 원하는 것과는 거리가 먼 경제정책을 집행하였는가? 이 책은 이 질문에 답하는 데 그 일차적인 목적이 있다.

두 개혁주의 정부들에 의한 시장친화적 경제정책들의 입안과 추진은 비교정치 또는 비교정치경제 문헌에서 "정책전환"(*policy switch*) 이라고 불리는 현상에 속한다. 기존문헌13) 에서 정책전환은 선거에서 민중부

---

12) Hagen Koo, "The Changing Faces of Inequality in South Korea in the Age of Globalization", *Korean Studies*, Vol. 31 (2007), p. 1; 이정무, "'잃어버린 10년' 동안 우리가 정말로 잃어버린 것들", 〈월간말〉 2008년 1월호, p. 57. 2008년 기준 멕시코의 지니계수는 0. 48, 2009년 기준 칠레는 0. 49로 OECD 평균치 0. 31을 훨씬 상회했지만 2008년 기준 한국은 0. 32로 일본의 0. 33보다 낮았다. OECD, "OECD iLibrary: Statistics/OECDFactbook /2011/Income ine quality". http://www. oecd-ilibrary. org/sites/factbook-2011-en/03/05/01/index. html?itemId=/content/chapter/factbook -2011-31-en%20(검색일: 2014. 4. 24).

13) 대표적 문헌으로는 다음을 참조. Kurt Weyland, "Neopopulism and Neoliberalism in Latin America: An Unexpected Affinity", *Studies in Comparative International Development*, Vol. 31, No. 3 (Fall 1996), pp. 3∼31; Susan C. Stokes, "Democratic Accountability and Policy Change: Economic Policy in Fujimori's Peru", *Comparative Politics*, Vol. 29, No. 2 (January 1997), pp. 209∼226; Susan C. Stokes, *Mandates and Democracy: Neoliberalism by Surprise in Latin America* (New York: Cambridge University Press, 2001).

문의 지지를 토대로 집권한 정부가 자신을 지지한 집단들의 사회경제적 이익과 선호에 배치되는 정책을 입안하고 추진하는 것을 가리킨다. 특히 1980년대와 1990년대에 여러 라틴아메리카 나라들에서 민주화 이후 민간정부들에 의해 이루어진 시장지향적 경제개혁이 그 경험적 준거를 구성한다.

정책전환은 집권 후 공약을 뒤집는 단순한 정치적 말뒤집기(about-face)나 정책역전(policy reversal)과는 구별된다. 보수성향의 정권이 공약과는 달리 소득불평등을 시정하고자 하는 좌파적 정책을 추진하는 경우도 현실 속에서 충분히 관찰될 수 있기 때문에 정책전환이 유용한 분석적 개념이 되기 위해서는 그 범위를 좁힐 필요가 있다.

최근의 한 연구에 의하면 정책전환 개념의 분석적 효용을 높이기 위한 기준은 두 가지이다. [14]

첫째, 정책전환은 "안전지향적"(security-oriented) 정책에서 "효율지향적"(efficiency-oriented) 정책으로 바뀌는 것을 가리키는 개념이어야 한다. [15] 대다수 국민의 고용안전과 소득보전에 우선권을 부여하는 정

---

14) David J. Samuels and Matthew S. Shugart, *Presidents, Parties, and Prime Ministers: How the Separation of Powers Affects Party Organization and Behavior* (New York: Cambridge University Press, 2010), pp. 231 ~234.

15) 이 두 가지 지향의 구분은 엘스터의 것이고, 스톡스는 이 구분을 정책전환의 개념화에 사용하였다. Jon Elster, "The Impact of Constitutions on Economic Performance", *Proceedings of the World Bank Annual Conference on Development Economics* (Washington, D. C. : The World Bank, 1995), p. 212; Susan C. Stokes, "Democratic Accountability and Policy Change: Economic Policy in Fujimori's Peru", *Comparative Politics*, Vol. 29, No. 2 (January 1997), p. 215.

제 1 장 서 론 19

책에서 시장기제 적응을 통한 생산성 향상에 초점을 두는 정책으로 바뀌는 경우에 적용되는 개념이어야 한다는 것이다.

둘째, 정책전환은 선거 종료 후 6개월 이내의 상대적으로 짧은 시간에 이루어지는 정책변화를 가리키는 것이어야 한다.

첫 번째 기준에 대해서는 이론(異論)이 있을 수 없으나 두 번째 기준은 두 개혁주의 정부들의 집권 초기뿐만 아니라 후반기에도 정책전환이 이루어졌던 한국 사례[16]에 그대로 적용하기에는 너무 제약이 크다. 따라서 이 책에서는 민중부문의 지지를 받아 집권한 정부가 긴축재정, 탈규제, 민영화, 공공지출 감축, 노동시장 유연화, 경제개방 등으로 특징되는 시장지향적 경제정책으로 전환하는 경우를 분석의 중심에 두되 정책전환 시점에 대해서는 위의 두 번째 기준을 완화시켜 적용한다.

시장지향적 정책전환이 일어났던 다른 많은 나라들에서와 마찬가지로 한국에서 이 현상은 민주적 절차를 통해 선출된 정부가 그 위임된 권력을 남용 또는 오용하여 민주적 대표(representation)의 일차요건인 반응성(responsiveness)을 포기하는 것이었다. 특히 좌파적 시각에서 두 개혁주의 정부들의 경제정책과 사회정책을 비판하는 이들에게 신자유주의 정책전환은 지지세력에 대한 배신행위였다.

김대중 정부와 노무현 정부 모두 정치적 과두지배, 경제력 집중, 특정지역에 대한 사회적 차별 및 배제가 시정되기를 원했던, 느슨한 의미에서의 민중부문의 지지를 받았기 때문에 정책전환 현상은 학술적 분석의 대상이기보다는 정치적 감정이입의 대상이 되어왔다. 또한 민주화 이후에도 이른바 "제왕적 대통령" 현상이 지속되는 한국에서 정책전환

---

16) 이는 대통령 단임제와 허약한 정당체제에서 비롯되는 한국 정책전환의 특징이다. 이 문제에 대한 논의는 제4장에서 이루어진다.

은 최고통치자의 개인적 특성들과 연관되지 않을 수는 없다. 그럼에도 불구하고 정책전환은 특정한 대통령의 국정운영 스타일이나 퍼스낼리티에서 기인하는 것이 아니라 하나의 사회현상으로 이해되어야 한다.

정책전환이 흥미로운 탐구의 대상이 될 수 있는 것은 그것이 정치적 민주주의에 대한 상식적 기대를 벗어나기 때문만은 아니다. 정책전환의 문제는 민주주의의 사회경제적 결과에 관련된 것이기도 하다. 적지 않은 비용을 치르고 얻은 민주주의의 결과가 기존의 권위주의체제에서 정치적 침묵을 대가로 누렸던 경제적 안온함을 흔들어놓는 것이라면 그 민주주의는 과연 어떤 의미를 갖는 것인가? 민주주의의 핵심이 정부 구성의 정당한 방법으로서 선거가 갖는 자유로움과 공정함에 있는 것인지, 아니면 그런 절차를 통해 구성된 정부가 실질적으로도, 즉 사회경제적으로도 민주화의 효과를 실현시키는 데 있는 것인지를 정하는 일은 쉽지 않다.

이 책은 절차적으로 아무런 하자 없는 민주정부라 해도 사회경제적 불평등의 심화를 막지 못하면 존재의미가 없다고 주장하지 않는다. 그 대신 필자는 정치과정으로서의 정책전환에 초점을 둔다. 달리 말해 정책전환에 대한 탐구는 공공정책을 만들어내는 권위적 장치로서의 민주주의의 질에 관한 물음을 던지는 것이다.

넓게 보면 이 책은 정치적 민주화와 경제적 자유화라는 이중의 과정에 관하여 지난 20여 년 동안 비교정치경제 분야 학자들이 축적해온 연구의 전통에 속한다. 민주화의 "제3의 물결"[17]에 속하는 라틴아메리카, 동유럽, 동아시아의 여러 사례들은 "이중적 이행", 즉 정치적 경쟁

---

17) Samuel P. Huntington, "Democracy's Third Wave", *Journal of Democracy*, Vol. 2, No. 2(1991), pp. 12~34.

의 제도화와 경제의 시장화가 병행하는 과정을 보여주었다. 그러나 권위주의 통치로부터 빠져나오는 과정과 "개방적, 경쟁적 경제"[18] 로 옮겨가는 과정을 동시에 겪었던 나라들의 경험을 정확히 이해하기 위해서는 이중적 이행 자체의 다양성을 면밀히 살펴보는 것이 필요하다.

그 한 방법은 정치적 민주화와 경제적 자유화가 이루어지는 순서와 타이밍으로 체제변동 사례들을 유형화시키는 것이다. 이러한 작업에서는 권위주의체제하에서 시장지향적 경제개혁이 이루어지고 나서 정치적 경쟁이 제도화되었던 칠레의 사례와 권위주의 통치의 적폐를 일소하고 민주주의를 공고화시킨 이후에 국가의 경제개입을 완화시켰던 에스파냐의 사례가 대비된다. [19]

한국에서도 전두환 정권하에서 일련의 경제자유화 조치들이 취해지기는 했으나 발전주의 국가의 기본틀은 온존되었기 때문에 칠레와는 다른 경우라고 봐야 한다. 김영삼 정부가 사정개혁을 중심으로 한 군부권위주의 잔재청산에 상당한 성공을 거둔 뒤에 신자유주의 경제정책들을 본격적으로 추진했다는 점에서 에스파냐와 어느 정도 비슷하다고 볼 수 있다.

그러나 한국의 민주주의 공고화는 실질적 정권교체가 이루어진 김대중 정부 출범 이후부터라고 보는 것이 더 합당하기 때문에[20] 에스파

---

18) Omar G. Encarnación, "The Politics of Dual Transitions", *Comparative Politics*, Vol. 28, No. 4 (July 1996), p. 477.

19) *Ibid.*, p. 481.

20) 이렇게 볼 수 있는 주된 근거는 외환위기로 인한 극심한 경제침체에도 불구하고 권위주의로의 회귀가 이루어지지 않았다는 것이다. 한국의 군부통치는 애초에 그 제도적 기반이 허약했고 주로 인적 네트워크에 바탕을 두었기 때문에 김영삼 정부의 군부권위주의 청산이 민주주의 공고화에 기여한 정도는 과장되어서는 안 된다. 신생민주주의 생존에 경제침체가 갖는 중요성

냐와는 구별되어야 한다. 오히려 김영삼 정부하에서의 경제자유화 조치들은 민주화가 수반하는 국가통제력 이완을 틈타 이루어졌다는 점에서 폴란드 사례21)에 가깝다. 요컨대 한국의 이중적 이행은 경제운용 기제로서 국가의 역할을 축소하고 시장의 권능을 강화함으로써 이득을 얻는 세력들이 민주주의를 최대한 활용하는 유형에 속한다.

경제의 시장화에 가장 직접적으로 연관되는 정치행위자인 조직노동과 재계에게도 민주화는 서로 다른 내용의 변화를 가리키는 것이었다. 많은 나라에서 민주화가 조직노동에게 정치적 대표의 가능성을 열어준 것이었다면 재계에게 민주화는 기존의 국가규제가 이완될 수 있음을 의미했다.22) 노동자들의 경제적 이익이 시장에 대한 국가의 적절한 개입을 필요로 하는 반면에 자본가들은 민주화를 기존의 정부간섭을 줄일 수 있는 기회로 본다. 이처럼 상충되는 기대들에 대해 신생민주주의 정부들이 어떻게 대응했는가는 민주화 연구를 뒤이어 비교정치 분야의 주된 관심사가 되었다.23)

에 관해서는 Milan Svolik, "Authoritarian Reversals and Democratic Consolidation", *American Political Science Review*, Vol. 102, No. 2 (May 2008), pp. 153~156 참조.

21) Encarnación, "The Politics of Dual Transitions", p. 481.

22) 조효래, "민주화 시기의 노동정책에 관한 비교연구: 스페인·브라질·한국의 비교", 〈사회와역사〉 41권 (1994), pp. 125~189; 강문구, "노동정치를 매개로 한 민주화과정에 대한 분석적 설명과 실천적 함축", 〈경제와사회〉 26호 (1995), pp. 265~275; Eva Bellin, "Contingent Democrats: Industrialists, Labor, and Democratization in Late-Developing Countries", *World Politics*, Vol. 52, No. 2 (January 2000), pp. 175~205.

23) Joan Nelson, Jacek Kochanowicz, Kálmán Mizsei, and Óscar Muñoz Gomá, *Intricate Links: Democratization and Market Reforms in Latin America and Eastern Europe* (New Brunswick, N. J.: Transaction Pub-

한국에서도 조직노동과 재계는 정책전환의 핵심 이해관계자들로 등장하지만 그들 각각이 신생민주주의 정부들에게 무엇을 요구하고 무엇을 얻어냈는지는 이 책의 분석 중심이 아니다. 그보다는 개혁주의 정부 내부의 주요 행위자들이 민주화와 외환위기라는 호조건에도 불구하고 발전주의 국가의 한 부분인 기술관료집단 및 그들과 연관된 사회연합이 선호하는 정책 패러다임을 수용한 이유가 무엇인지를 묻는다. 필자는 개혁주의 정부들의 신자유주의 정책전환에 대한 면죄부를 경제위기 극복의 절박함에서 찾는 데 동의하지 않는다. 위기는 곧 기회이기 때문이다. 한국의 개혁주의 정부들은 왜 정치경제의 구조를 변화시킬 기회를 충분히 활용하지 못했는가? 이것이 이 연구의 본원적 질문이다.

이 분야의 많은 주제들과 크게 다르지 않게 정책전환도 라틴아메리카 나라들의 경험에서 그 개념적 탐사가 시작되었다. 역시 라틴아메리카 경험을 바탕으로 만들어졌던 관료적 권위주의(*bureaucratic authoritarianism*) 체제의 인과모형이 한국에 대해서도 적용될 수 있는지 여부에 한 세대 전에 한국의 많은 정치학자들이 관심을 가졌던 적이 있다.[24] 그러한 관심의 학문적 근거와 역사적 배경이 충분히 이해될 수 있음에도 불구하고 이 책은 그와는 상이한 형식을 취한다.

---

lishers, 1994); Edward L. Gibson, "The Populist Road to Market Reform: Policy and Electoral Coalitions in Mexico and Argentina", *World Politics*, Vol. 49, No. 3 (April 1997), pp. 339~370; Glen Biglaiser and Michelle A. Danis, "Privatization and Democracy: The Effects of Regime Type in the Developing World", *Comparative Political Studies*, Vol. 35, No. 1 (February 2002), pp. 83~102.

[24] 그러한 관심이 이론적으로 가치 있는 발견으로 이어졌다고 보기 어렵다는 견해로는 James Cotton, "From Authoritarianism to Democracy in South Korea", *Political Studies*, Vol. 37, No. 2 (1989), pp. 247~248 참조.

외래이론의 경험적 데이터베이스를 제공하는 것보다는 정책전환에 관한 기존문헌에서 개발된 개념과 이론틀을 적극적으로 활용하되, 학술적 기여와 정책적 함의에서 한국 사례의 분석을 통한 기존문헌의 이론적 보완이 더 필요한 작업이다. 기존문헌에서 주로 사용되었던 제도적 변수들에 국한시키지 않고 민주화와 발전주의 국가라는 맥락적 요인들에 초점을 맞춤으로써 한국 사례에 대해 더 풍부한 설명을 제공하는 것이 이 연구의 지향점이다.

라틴아메리카의 신생민주주의체제들에서 시장지향적 경제개혁이 자주 관찰되는 이유에 대해서는 다양한 좋은 설명들이 이미 제시되었다. [25] 오도넬의 위임민주주의론, [26] 세계화 또는 경제개방의 압력, 정부형태를 중심으로 한 제도적 요인 등에 의한 설명들이 기존문헌의 중심을 차지한다. 의회나 정당 같은 대의제도의 취약성, 민중주의 정치리더십의 유산, 세계화 및 경제개방의 압력 등이 한국의 개혁주의 정부들에 어떤 영향을 미쳤는지를 검토하는 것은 필요하고 의미 있는 작업이다. 그럼에도 불구하고 설명변수들의 기계적 대입은 피하는 분석적 사려가 요구된다. 예컨대 한국에서 개별 정치인 수준에서 간헐적으로 시도되는 민중주의 리더십은 라틴아메리카의 그것과는 달리 민중주의 정치경제체제에 바탕을 둔 것이기보다는 평등주의 정서와 계급정치의

25) 예로서 다음을 참조. Kurt Weyland, "Neoliberal Populism in Latin America and Eastern Europe", *Comparative Politics*, Vol. 31, No. 4 (July 1999), pp. 379~401; idem, *The Politics of Market Reform in Fragile Democracies: Argentina, Brazil, Peru, and Venezuela* (Princeton: Princeton University Press, 2002).

26) Guillermo A. O'Donnell, "Delegative Democracy", *Journal of Democracy*, Vol. 5, No. 1 (January 1994), pp. 55~69.

부재가 결합하여 생긴 부산물이다.

상이한 역사적 맥락에 너무 구애받지 않고 보편적으로 고려될 수 있는 독립변수는 아마도 제도적 요인들에서 쉽게 발견될 수 있을 것이다. 정당들과 의회가 안착된 민주주의에서처럼 사회 내 다양한 이익과 선호를 적정수준에서 집약하여 정치과정에 전달하는 역할을 제대로 수행하지 못하는 신생민주주의체제에서 정책전환이 일어날 개연성은 높다. 의회제보다는 대통령제를 채택하는 나라들에서 정책전환의 가능성이 높다고 말하는 것은 이론적으로 그리고 경험적으로 단순화의 위험이 크다. 그럼에도 불구하고 수상을 뽑는 선거가 따로 있을 수 없는 의회제와는 대조적으로 최고통치권자를 뽑는 선거가 따로 있어야만 하는 대통령제하에서 독자적 대표성을 확보하는 대통령이 정책전환을 감행할 개연성은 다소 높다고 말할 수 있다.

그러나 이러한 제도적 요인들은 신생민주주의체제의 정책선택 사례들을 모두 설명해주지 못하며, 더욱이 한국에서 김대중 정부와 노무현 정부가 시장지향적 정책전환을 입안하고 추진했던 강도를 충분히 설명해주지 못한다.

한국 신생민주주의체제하에서의 정책전환에 대한 기존문헌은, 논문이나 저서의 제목에 정책전환이라는 용어가 들어있는지에 집착하지 않는다면, 개혁주의 정부들 시기에 발생했던 정치경제적 변화의 여러 측면들을 다루는 연구들로 이루어져 있다. 특히 김대중 정부하에서 이루어진 경제개혁에 대한 연구는 그 개혁의 배경이었던 외환위기의 심각성을 반영하듯 꽤 방대한 규모로 존재한다.27) 노무현 정부 시기의 정

---

27) 예로서 다음을 참조. Hyun-Chin Lim and Joon Han, "The Social and Political Impact of Economic Crisis in South Korea: A Comparative

치경제적 변화에 대한 연구들은 경제개혁이라는 용어 자체를 잘 사용하지 않고 신자유주의라는 용어를 빈번히 쓰는 경향이 있다. 이는 금융위기 극복이라는 절박한 과제를 떠안고 있었던 직전 정부와는 달리 어느 정도 경제적 회복이 이루어진 상태에서 집권한 정부가 시장친화적 정책들을 유지하고 더 나아가 심화시켰던 것에 학술적 관심이 주어졌던 결과라고 해석할 수 있다.

그러나 한편으로는 김대중 정부하에서의 경제정책들에 대한 기존문헌 가운데 상당수가 그러하듯이 "정책학적" 연구들이 적지 않다. 특히 한·미 자유무역협정 추진에 대한 기존문헌의 지배적 경향은 미국과의 무역자유화가 가져올 혜택과 비용을 논의하는 것이다. [28] 그러한 편익 분석은 물론 중요하지만 여기서 필자의 주된 관심사는 아니다.

민중부문의 광범한 지지를 받아 집권한 두 정부의 시장지향적 경제정책에 대하여 가능한 설명은 크게 두 가지 상이한 관점에서 비롯된다.

첫 번째 관점은 정권의 사회적 지지기반과 조응하지 않는 방향으로 정책선택을 할 수밖에 없었던 환경에 주목하는 것이다. 이 시각에서 가장 중요한 요인은 1997~98년 경제위기의 충격이다. 전대미문의 외환위기를 모면하기 위해 불가피했던 국제통화기금(IMF) 구제금융은 국가개입주의와 정경유착으로 특징되는 한국식 발전모델의 폐기 또는 심

Note", *Asian Journal of Social Science*, Vol. 31, No. 2(2003), pp. 198~220; Sook-Jong Lee and Taejoon Han, "The Demise of "Korea, Inc.": Paradigm Shift in Korea's Developmental State", *Journal of Contemporary Asia*, Vol. 36, No. 3(2006), pp. 305~324.

28) 예로서 다음을 참조. Wonhyuk Lim, "KORUS FTA: A Mysterious Beginning and an Uncertain Future", *Asian Perspective*, Vol. 30, No. 4 (2006), pp. 175~187.

대한 수정을 조건으로 제공되었다. 김대중 정부는 외환위기를 계기로 한국을 덮친 세계화의 물결로 인해 시장친화적 경제정책을 받아들일 수밖에 없었다는 식의 설명이다. 그러나 이러한 외인론은 경제위기를 어느 정도 벗어난 시점에 집권한 노무현 정부가 시장친화적 경제정책의 기조를 유지했던 것을 설명하지 못한다. 굳이 설명하고자 한다면 한번 물꼬가 트인 세계화의 물결이 노무현 정부의 정책선택에 미친 영향이 컸다는 식으로 말하는 수밖에 없다.

상식적 수준에서 수용되기는 쉬운 이 외인론은 두 가지 결함을 갖는다. 하나는 경제정책의 결정과정을 기술적 과정으로 이해한다는 결함이고, 다른 하나는 경제위기의 심각함과 그로 인한 글로벌 금융의 압박 이외의 다른 구조적 요인들을 간과한다는 결함이다.

김대중 정부와 노무현 정부의 시장지향적 경제정책에 대한 두 번째 관점은 이 두 정부들이 부분적으로 자유주의 성향은 띠지만 진보적 성향을 지닌다고는 볼 수 없기 때문에 정책전환과 관련된 질문은 그 자체가 잘못 구성되었다고 보는 것이다. 이 설명은 한국전쟁의 경험과 이후 군부권위주의체제의 지속으로 인하여 한국에서는 제대로 된 진보정당 또는 중도좌파 정당이 만들어지기 어려웠고, 야당은 집권세력과 "순전히 정치적인" 이해관계를 달리할 뿐 사회경제적 쟁점에 대해서는 어떤 체계적 차이를 보이지 않았다는 정당구조론적 해석에 바탕을 둔다. 전혀 진보적이지 않은 정당이 집권했고 그 결과 시장지향적 경제정책이 입안되고 추진된 것은 충분히 예측될 수 있었던 일이며 별도의 설명을 필요로 하지 않는다는 것이다.

김대중 정부와 노무현 정부의 시장지향적 경제정책과 사회정책에 대한 기존문헌 가운데 상당수는 바로 이 구조적 시각에서 쓰인 것이고, 그 대부분은 학술적 목적과 더불어 두 정부의 "배신"에 대한 규범적 진단의 성격이 강하다.[29] 이러한 접근법은 정당의 이념적 위치가 나라마다 상이할 수밖에 없는 역사적, 정치적 맥락 안에서 정해진다는 점을 간과하며, 진보의 정의에 대해서도 매우 규범적이고 교의적일 수 있다는 단점을 지닌다.[30]

이 연구는 신자유주의 정책전환에 대한 외인론적 관점이 초래할 수 있는 정당화 효과와 정당구조론적 관점이 낳을 수 있는 환원주의 또는 기원론적 접근법의 위험[31]을 피하기 위한 새로운 해석을 제공한다. 그것은 신자유주의 정책전환을 한국정치경제 역사에 1970년대 후반 이래로 계속 존재해 왔던 정책 패러다임과 그것을 실현하기 위한 제도개혁의 동학이라는 관점에서 파악하는 것이다.[32]

필자는 이념적 차원에서 한국의 개혁주의 정부들이 좌파였는가 아니었는가에 관심을 두지 않는다. 이 연구는 그보다 개혁주의 세력들이 왜 독자적인 경제정책 패러다임을 갖지 못했는가를 엄중하게 물어야 한다는 문제의식에서 출발했다. 김대중 정부와 노무현 정부의 10년 동안 우

---

29) 한 연구자는 김대중 정부의 주도세력을 "부르주아 계급 내에서 비패권적 위치에 있으며, 지배계급 내에서 자신의 지위를 상승시키는 데 일차적 이해관계를 가질 가능성이 크다"고 보았다. 장상환, "김대중 정권 경제정책의 성격과 전망", 〈경제와사회〉 38호(1998), p. 143, 각주 1.

30) 그럼에도 불구하고 한국정당체제의 허약성과 보수적 편향이 정책전환을 빈번하게 만드는 요소라는 것을 부인하기는 어렵다. 이 문제는 제4장에서 다시 논의된다.

31) 이 두 가지 위험은 규범적으로는 개혁주의 세력의 패배주의를 배태할 수 있다는 점에서 더욱 심각하다.

32) 한국 내부의 제도개혁 필요성이 신자유주의화를 촉진시켰다는 견해로는 John A. Matthews, "Fashioning a New Korean Model out of the Crisis: The Rebuilding of Institutional Capabilities", *Cambridge Journal of Economics*, Vol. 22(1998), pp. 747~759 참조.

리가 잃은 것은 국가주도 산업화가 낳은 기술관료 - 재벌 - 보수지식집단의 폐쇄적 정책결정구조는 허물되, 발전주의 국가의 건전한 공공 - 민간 파트너십은 제도화시킬 수 있는 기회였다. 개혁주의 정부들이 이 중요한 기회를 놓치게 된 표피적 이유는 그들이 정치적으로 쟁점화하기 쉬운 문제영역들에 희소한 자원을 집중했기 때문이고, 그 근원적 이유는 사회경제적 쟁점들에 대한 소유권을 주장할 준비가 되어있지 않았기 때문이다.

2. 상징의 정치와 이익의 정치

  신자유주의 정책전환은 한 정치공동체 구성원들의 물질적 이해관계
에 직접적 영향을 미친다. 정책전환 이전의 정치경제체제가 민중주의
적 내용을 많이 갖고 있을수록, 그러한 체제가 낳은 경제적 실패가 클
수록, 그리고 경제위기가 심각할수록 신자유주의 개혁이 가져오는 충
격도 커질 수밖에 없다. 따라서 이 현상에 관한 비교정치경제 분야의
기존문헌 대다수가 인기 없는 경제개혁을 추진하려는 정부 또는 최고
통치권자와 그에 저항하는 사회집단들의 역학관계에 초점을 맞추는 것
은 자연스럽다.
  승자와 패자를 만들어내는 경제정책이 어떻게 만들어지는가를 설명
할 때 일반적으로 사용되는 방법은 올슨의 집합행위 이론[33]에서 그 지
적 연원을 찾을 수 있는 공공정책에 대한 편익분석이다. 이 논리에 의
하면 정책영역에 따라 신자유주의 경제개혁의 비용과 혜택의 분산 또
는 집중이 달라지며 그 차이는 해당정책에 대한 지지와 저항의 강도에
영향을 미친다. 금융자유화는 그 혜택은 소수 금융부문에 집중되는 반
면, 그 비용은 사회 전반에 걸쳐 분산되는 경향으로 인해 가시적 저항
을 촉발하는 경우가 매우 드물다. 그와는 대조적으로 무역자유화는 그
비용이 수입경쟁에 취약한 산업부문들에 집중되는 반면, 그 혜택은 사
회 전반에 걸쳐 분산되는 경향으로 인해 보호주의에 대한 요구강화로
귀결되는 경우가 많다.

---

33) Mancur Olson, *The Logic of Collective Action: Public Goods and the Theory of Groups* (Cambridge, Mass.: Harvard University Press, 1965).

이처럼 이익의 정치 (*politics of interest*) 에 초점을 맞추는 시각에서 본다면 신자유주의 정책전환도 금융보다는 무역에서 더 신중하고 조심스럽게 추진하는 모습을 기대할 수 있을지 모른다. 그러나 노무현 정부의 한·미 자유무역협정 협상 및 체결과정은 금융자유화 추진 못지않게 공격적으로 진행되었다. 미국과의 무역자유화는 상이한 사회경제적 위치에 따라 이해득실이 달라지는 게임보다는 글로벌 무한경쟁에서 살아남기 위한 일종의 고육책으로 표상되었다. 경제적 득실을 경험하는 것은 계급과 계층, 기업과 산업부문, 그리고 개인이다. 그럼에도 불구하고 물질적 이해관계를 둘러싼 갈등은 국가경쟁력 향상의 대의명분에 가려 부각되지 못했다. 상징의 정치 (*politics of symbolism*) 에 대한 분석이 필요한 이유이다.

이 책에서 필자가 제시하는 이익의 정치와 상징의 정치의 구분은 한 정치공동체 또는 사회에서 제기되는 쟁점들을 분류하는 기존문헌의 방식들 가운데 다음 두 가지를 융합한 것이다.

하나는 분배가능한 재화를 두고 이루어지는 갈등과 분배불가능한 재화를 두고 이루어지는 갈등을 구분했던 허쉬만의 통찰력이다. 34) 허쉬만이 "시장사회"라고 부르고 우리가 흔히 자본주의 시장경제체제라고 부르는 사회에서 전형적으로 나타나는 쟁점들은 희소한 물질적 자원을 둘러싼 계급 간, 부문 간, 지역 간 갈등에서 비롯되는 것들로서 그 본질은 누가 더 그리고 누가 덜 가지는가에 있다. 파이를 어떻게 나눌 것인가의 문제이며, 타협이 가능하고 특히 민주적 다원사회에서는 불가피

---

34) 허쉬만의 구분을 끌어들여 한국의 신생민주주의체제 공고화 문제를 다룬 논의로는 최장집, 《한국 민주주의 무엇이 문제인가》(서울: 생각의나무, 2008) 참조.

한 갈등이다. 산술적 해결책이 도출되기는 하지만 여기서 중요한 것은 그 타협이 일시적임을 갈등의 당사자들이 받아들인다는 점이다. 한 라운드에서의 승패가 영구적이지 않기에 타협이 이루어지는 것이다.

이와는 대조적으로 나누어 가질 수 없는 가치, 즉 종족, 인종, 언어, 종교, 젠더 등의 차이에서 발생하는 갈등은 그 속성상 산술적 배분이 불가능하며 종종 극한대립과 절멸주의로 치닫는다. [35]

이 두 가지 쟁점 또는 갈등의 경계선이 언제 어디서나 확고한 것은 아니다. 귀속적 성격이 매우 강한 특징들에서 비롯되는 분배불가능한 갈등은 실제로는 나눌 수 있는 갈등의 내용을 갖는 경우가 많다. 입학과 취업에서 흑인, 여성과 같은 가시적 소수집단들에게 우선권을 주는 적극적 차별시정 (*affirmative action*) 은 분배의 문제라고 볼 수 있다. 동시에 그것은 개인으로서의 권리와 집단으로서의 권리 가운데 어떤 것에 더 무게를 둘 것인가를 결정해야 한다는 점에서는 나눌 수 없는 쟁점이 된다. 아마도 나눌 수 없는 쟁점의 비교적 명백한 예는 낙태일 것이다. [36]

지난 20여 년간 미국정치를 연구하는 학자들에게 하나의 큰 퍼즐은 실제로 공화당과 민주당이 채택한 경제정책과 사회정책의 차이에 비해 의회 수준에서의 이념적 양극화가 더 크게 나타나는 이유가 무엇인가였다. 상징의 정치가 이익의 정치를 압도하는 경우들이 자주 관찰되었다는 것이고, 이는 설명을 필요로 하는 것이었다. 1960년대 이후 민주당의 자유주의가 전통적 뉴딜연합의 관심영역에 속하지 않는 여성, 환

---

35) Albert O. Hirschman, "Social Conflicts as Pillars of Democratic Market Society", *Political Theory*, Vol. 22, No. 2 (May 1994) pp. 213~214.
36) *Ibid.*, p. 215.

경 등의 "사회적 쟁점들"에 상대적으로 많은 정치적 자원을 집중시킴으로써 백인 노동계급의 공화당으로의 이탈현상이 나타났다. 반면에 이익의 정치에서 방어적이었던 공화당이 조세와 일자리 등의 쟁점들에서 적극적으로 목소리를 내게 되었다. 이는 문화적 상대주의에 대한 반동과 결합하여 오늘날과 같은 미국정치의 양극화가 지속되는 원인이 되었다. 37)

갈등의 두 유형이 현실에서는 얼마든지 중첩적으로 나타날 수 있기 때문에 상징의 정치와 이익의 정치를 구분하는 것은 그리 쉽지 않다. 대체로 이익의 정치는 분배가능한 쟁점들을 다루는 반면, 상징의 정치는 분배불가능한 쟁점들에 관한 것이다. 노무현 대통령의 2004년 광복절 경축사에서 시작된 과거사 청산 문제는 전형적인 상징정치의 쟁점이다. 한국에서 누군가를 친일파로 지목한다는 것은 누군가를 "빨갱이" 또는 "종북"으로 낙인찍는 것과 마찬가지로 다음 라운드에서 재기가 가능한 게임이 아니다. 당사자들이 사투를 벌일 수밖에 없는 문제영역이며, 민주화 이후 훨씬 개방적이고 자유로운 미디어 및 커뮤니케이션 환경에서 정치과잉을 야기한다. 문제는 상징적 쟁점에서의 정치과잉은 사회경제적 이익과 관련된 쟁점에 대한 대중의 관심을 위축시키는 데 있다.

미국의 예로 다시 돌아가도 이러한 현상을 찾아볼 수 있다. 레이건의 공화당만큼이나 월가(街)의 이익을 도모하는 데 적극적이었고38) 부시

---

37) Chansoo Cho, "Reembedded Liberalism and U. S. Foreign Economic Policy Change", 〈대한정치학회보〉 19집 3호(2012), pp. 294~296.

38) Robert Scheer, *The Great American Stickup*: *How Reagan Republicans and Clinton Democrats Enriched Wall Street While Mugging Main Street*(New York: Nation Books, 2010).

행정부가 시작한 북·미 자유무역협정(NAFTA)을 마무리했던 것이 클린턴의 민주당이었음에도 불구하고 정당 양극화가 심화된 것을 "문화적 쟁점들"을 둘러싼 양당의 이격[39]을 배제하고 설명하기는 어렵다.

또한 상징의 정치와 이익의 정치의 구분은 카마인스와 스팀슨이 쉬운 쟁점(*easy issue*)과 어려운 쟁점(*hard issue*)을 구분한 것과도 어느 정도 중첩된다. 쉬운 쟁점은 한 정치체제에서 오랜 시간에 걸쳐 형성된 일종의 구조로서 유권자들을 비롯한 정치행위자들에게 간소화된 메뉴를 제공한다. 반면에 어려운 쟁점은 유권자 또는 정치상품의 소비자가 상대적으로 주어진 질서 없이 시장에 펼쳐진 정책제안들에 대한 편익분석을 거쳐 최종결정을 내린다는 다운스적 시각에 바탕을 둔 개념이다.[40]

대체로 선진산업국들의 안착된 민주주의체제에서는 유권자들과 정치행위자들이 어려운 쟁점들을 접하고 그것들에 대한 판단을 내리는 것이 비교적 가능하다고 말할 수 있다. 어려운 쟁점들이 민주적 정치과정에서 생산되고 유통되기 위해서는 갈등의 내용과 원인에 대한 정보가 제한되지 않도록 정당들의 "전달벨트"(*transmission belt*)[41] 기능이

---

39) Geoffrey C. Layman, Thomas M. Carsey, and Juliana Menasce Horowitz, "Party Polarization in American Politics: Characteristics, Causes, and Consequences", *Annual Review of Political Science*, Vol. 9 (2006), pp. 85~86.

40) Edward G. Carmines and James A. Stimson, "The Two Faces of Issue Voting", *American Political Science Review*, Vol. 74, No. 1 (March 1980), p. 78.

41) 이 용어는 키르히하이머가 정당의 매개적 역할을 묘사하기 위해 쓴 것이다. Otto Kirchheimer, "The Transformation of the Western European Party Systems", in *Political Parties and Political Development*, ed. Joseph LaPalombara and Myron Weiner (Princeton: Princeton University Press, 1966), pp. 177~178 참조.

원활히 수행되어야 한다.

정당 제도화 수준이 낮은 경우가 많은 신생민주주의체제들에서 어려운 쟁점들이 주목받기 힘든 이유가 바로 여기에 있다. 김대중 정부와 노무현 정부하에서 상징의 정치 쟁점들 가운데 유난히 갈등의 파장이 컸던 북한문제나 과거사 청산 문제는 그 복합적 성격에도 불구하고 복잡한 생각을 필요로 하지 않는, 더 정확히 말하자면 복잡한 생각이 금지된, 쉬운 쟁점이었다.

이 책은 기존문헌이 공통적으로 설명하지 못하거나 간과하는, 민주화 이후 한국정치경제의 두 가지 특질이 있다고 지적하고, 그에 대한 새로운 설명을 제시한다. 신생민주주의체제하에서 한국의 개혁주의 정부들이 취해 온 경제정책들은 다른 어떤 나라보다도 외부 경제환경 만큼이나 국내 정치요인들에 의해 그 모습이 형성되었다.

첫째, 민주화는 상징의 정치를 이익의 정치로부터 분리시키는 효과를 가져왔다. 민주주의 성취를 위한 투쟁과정에서 다양한 상징적 자원들을 축적한 김대중과 노무현이 집권에 성공한 것이기 때문에 이익의 정치는 상징의 정치와 별개의 것으로 간주될 수 있었다. 이회창이 아닌 김대중이나 노무현이 실행에 옮겼기 때문에 그나마 사회적 저항을 크게 겪지 않으면서 시장지향적 경제정책이 집행될 수 있었다는 것이다.

둘째, 민주화는 한국 정치경제의 구조를 바꿀 만큼 근본적 변화를 가져다주지 않았다. 민주화는 발전주의 국가의 틀을 바꾸지 못했고, 그 결과 김대중 정부와 노무현 정부는 경제관료기구와 그 지적, 이념적 동맹세력에 의해 장악된 정책 패러다임에서 벗어나지 못했다. 그렇다면 한국의 민주화가 어떤 특징들을 가졌기에 신자유주의 정책전환의 원인을 제공하는 것인가?

라틴아메리카와 동유럽의 사례들과 비교해 볼 때 한국의 정치적 민주화와 경제적 자유화는 동시에 이루어진 측면이 없지 않으나 그보다는 순차적 이행에 더 가깝다. 한국의 체제이행은 경제적 자유화, 정치적 자유화, 정치적 민주화의 순서로 체제이행이 이루어졌다고 보는 것이 정확하다. 1987년 체제이행에 매우 중요한 배경을 제공했던 정치적 자유화도 집권세력이 강경파와 온건파로 분열된 결과가 아니라 정권의 "정당성과 안정성"에 대한 과도한 자신감에서 비롯된 것[42] 이라는 점에서 한국 사례는 여타 제3의 물결 사례들과 구분된다.

또한 군부권위주의체제하의 한국은 동유럽 나라들의 사회주의체제는 물론이고 라틴아메리카 나라들의 민중주의체제와 비교해보아도 매우 시장지향적인 경제구조를 갖고 있었다. 국가주도 산업화가 진행되는 과정에서 시장의 많은 부분이 아예 국가에 의해 창출되었고 미시적인 영역들에 대해서도 정부의 개입과 지도가 이루어졌다. 영미식 자본주의보다는 공동체에 가치를 부여하는 시장경제 모델이 만들어지기는 했으나 그것은 민중주의나 사회주의의 경제운용방식과는 매우 달랐다. 달리 말해 한국의 민주화는 라틴아메리카, 동유럽과는 달리 경제적 실패의 결과가 아니라 경제적 성공이 하나의 구조적 원인이 되어 나타난 현상이다.

단순화의 위험이 있기는 하지만 한국의 민주화는 립셋류의 근대화이론이 크게 틀리지 않았다는 것을 증명하는 사례로 볼 수 있다. [43] 립

---

42) Sunhyuk Kim, "State and Civil Society in South Korea's Democratic Consolidation: Is the Battle Really Over?", *Asian Survey*, Vol. 37, No. 12(1997), p. 1135.

43) 권위주의체제의 경제적 수행도와 민주화의 관계에 대해서는 Gerardo L. Munck, "Democratic Transitions in Comparative Perspective", *Comparative Politics*, Vol. 26, No. 3(April 1994), pp. 365~367 참조.

셋은 민주주의의 두 가지 사회적 요건으로서 경제발전과 정치적 정당
성을 제시하면서 정당성이 미약한, 달리 말해 아직 덜 공고화된 민주주
의체제가 붕괴를 면할 수 있는 경우는 경제적 수행도가 양호할 때라고
보았다.44) 경제발전과 정치발전의 인과관계에 집착하기보다는 경제위
기가 민주주의 붕괴를 초래하는 데 촉매제 역할을 하는 요인들에 주목
했던 린츠는 민주주의 붕괴 사례들에서 나타나는 공통적 요인들로서
대통령제, 허약한 정당체제, 실용적이기보다는 이념적인 성향의 정치
지도자들 등을 거론하였다.45)

   립셋과 린츠의 고전적 연구들이 파시즘의 경험에 바탕을 둔 반면에
정책전환과 관련된 분석의 초점은 민주화된 지 오래되지는 않았지만
그렇다고 해서 민주주의 이외의 대안적 정치체제가 뚜렷이 존재하지도
않는 나라들이다. 민주화 이후의 한국도 그러한 나라들 가운데 하나이
다. 그들이 제시했던 구조적, 제도적 요인들이 한국에서 민주주의의
질 저하를 가져왔다고 볼 수는 있으나 그 결과가 민주주의 붕괴는 아니
었다는 것이 간과되어서는 안 된다. 그러므로 한국 사례를 설명하는 데
경제위기와 민주주의 붕괴의 관계라는 시각을 사용하는 것은 그다지
유용하지 않다. 한국 사례에서 우리가 관심을 갖는 것은 경제위기로 인
한 민주주의의 붕괴 가능성보다는 급격한 사회경제적 변화로 인한 민
주주의의 질 하락이기 때문이다.

   따라서 한국의 신자유주의 정책전환을 제대로 이해하기 위해서는 민

---

44) Seymour Martin Lipset, "Some Social Requisites of Democracy:
   Economic Development and Political Legitimacy", *American Political
   Science Review*, Vol. 53, No. 1 (March 1959), pp. 69~105.

45) Juan J. Linz, *The Breakdown of Democratic Regimes: Crisis, Breakdown,
   and Reequilibration* (Baltimore: Johns Hopkins University Press, 1978).

주화가 정치경제체제 개혁에 어떤 가능성을 열어주고 어떤 가능성은 차단했는지를 살펴보아야 한다. 민주화의 성격을 파악하는 방법은 크게 두 가지이다.

하나는 체제이행의 유형을 들여다보는 것이다. 한국이 경험했던 단계적 이행이 신생민주주의에 가져다주는 효과는 긍정적 방향과 부정적 방향 모두 존재한다. 먼저 긍정적 효과를 보면, 경제위기로 인해 군부권위주의체제가 그 기술관료적 정당성을 상실하면서 민주화가 촉발된 것이 아니기 때문에 이행 자체가 부드럽고 안정적으로 이루어질 수 있다. 독재자와 그 지지세력이 정치권력은 내놓지만 경제적 자원들에 대한 통제를 비롯하여 사회 전반에 걸친 막강한 영향력을 거의 그대로 유지한 채 퇴장할 수 있게 된다. 이러한 단계적 이행의 부정적 효과는 군부권위주의하에서 형성된 경제구조나 정책결정방식이 그대로 민간정부에도 이전된다는 데 있다. 특히 군부권위주의체제의 경제정책을 입안하고 집행하는 데 실무를 담당했던 기술관료들의 인적 네트워크가 온존하는 한 단계적 이행은 사회경제적 영역에서는 큰 변화가 없는 공허한 민주화로 귀결될 가능성이 크다.

민주화의 성격을 파악하는 두 번째 방법은 민주주의 공고화의 정도를 측정하는 것이다. 한국의 신생민주주의는 이제 공고화 단계에 진입했는가? 이 질문에 긍정적으로 답하는 학자들과 관찰자들은 이제 적지 않다. 함재봉은 한국의 신생민주주의가 외견상 불안정한 요소들을 갖고는 있지만 충분히 공고화되었다고 볼 수 있는 근거로서 4가지를 제시한다.[46]

---

46) Chaibong Hahm, "South Korea's Miraculous Democracy", *Journal of Democracy*, Vol. 19, No. 3 (July 2008), p. 129.

첫째, 선거를 통한 정부교체가 이어지면서 민주주의라는 게임에 이해관계를 갖는 행위자들이 많아졌다. 김영삼과 김대중이 이끌었던 반독재연합은 1987년 대통령 선거에서 후보단일화에 실패함으로써 군부권위주의의 잔재가 당분간 남아있도록 만들었지만, 이후에 차례대로 집권하면서 영원한 야당이 아닌 국정운영의 책임을 맡는 경험을 하게 되었다.

둘째, 한국의 신생민주주의는 이념적 스펙트럼의 확장을 수반했다. 김대중 정부와 노무현 정부의 등장은 한국에서 더 이상 좌파적, 진보적 이념이 금지된 언어가 아니며 정부 정책에 영향을 줄 수도 있음을 의미했다.

셋째, 한국의 민주화는 시민사회로부터 조직화된 운동에 의해 추동되었다고 볼 수 있지만, 1987년 이후의 정부교체는 정치엘리트들 간의 협약을 통해 이루어졌다. 이는 최대강령주의자들에게는 민주주의 원칙에 배치되는 타협으로 간주되었고 일반시민들에게도 원칙 없는 정치적 카르텔 형성으로 인식되었지만, 그 결과 안정적 템포로 민주화가 사회 각 영역으로 확대될 수 있었다.

넷째, 내부적, 외부적 충격을 통해 한국의 신생민주주의는 붕괴되기보다는 공고화되었다. 1997년 외환위기는 김대중이 집권하는 데 결정적 역할을 하였으며, 호남과 진보적 이미지라는 이중적 불리함을 갖고 있었던 김대중의 집권은 그 자체가 민주주의 공고화를 가리킨다고 볼 수 있다는 것이다. 따라서 한국의 신생민주주의는 민주적 개방 이후 첫 10년 동안 공고화 단계에 진입했다는 결론이 나온다. [47]

---

47) Carl J. Saxer, *From Transition to Power Alternation: Democracy in South Korea, 1987-1997* (New York: Routledge, 2002).

그런데 함재봉이 유일하게 한국의 민주주의 공고화에 걸림돌이었다고 보는 것이 포퓰리즘과 좌파 민족주의이다. 48) 이러한 시각은 그 보수적 성격과는 별개로 노무현 정부가 상징의 정치와 이익의 정치를 분리시키는 경향이 있었던 것을 설명하는 데 도움이 될 수 있다. 노무현 대통령은 포퓰리즘과 좌파 민족주의에 밀접히 연관된 "386 세대" 정치인들과 사회세력의 지지를 받았다. 노무현 정부의 이른바 "코드 정치"는 상징의 정치에서 주로 그 힘을 발휘했고, 특히 북한문제를 중심으로 한 대미관계는 상징의 정치가 지배하는 영역이었다. 반면에 이익의 정치에서 노무현 정부에게 자연스럽게 기대될 수 있는 좌파적, 진보적 정책이념은 체계적으로, 일관되게 적용되지 못했다. 그 결과가 바로 신자유주의 정책전환인 것이다.

김대중과 노무현에게 지지를 보냈던 민중부문의 정치적 위임사항은 무엇이었을까? 이 질문에 대한 해답은 라틴아메리카 경험에 압도적으로 바탕을 둔 기존문헌의 이론틀 안에서 찾기보다는 한국과 라틴아메리카 나라들의 차이들을 깊이 염두에 둔 경험적 분석을 필요로 한다.

김대중 정부와 노무현 정부는 상당수 라틴아메리카 나라들에서 2000년대 중반에 접어들면서 집권하게 된 좌파정부들과 비교할 때 그 이념적 정체성이 중도보수에 훨씬 가깝다. 두 개혁주의 정부들의 핵심 지지기반인 호남지역 및 호남출신 유권자들이 대체로 사회경제적 지위가 낮거나 스스로 그렇다고 인지하는 점을 고려할 때 김대중 정부와 노무

---

48) Hahm, "South Korea's Miraculous Democracy", p. 139. 함재봉은 포퓰리즘과 좌파 민족주의를 뭉뚱그려서 "반체제적"(*antisystem*) 담론이라고 지칭하는데, 이러한 성격규정은 개혁주의 세력의 다양성을 간과하고 개혁주의 정부들이 제시했던 담론은 반체제적이기보다는 반기득권적(*anti-establishment*)이었음을 간취하지 못하는 위험을 안고 있다.

현 정부의 정책이념은 계급균열과 지역균열이 중첩된 결과로서 형성된 것이다. 따라서 핵심 지지세력이 두 정부들에게 위임한 것은 호남에 대한 오랜 배제의 시스템을 큰 폭으로 개선하는 것을 주된 내용으로 하는 광범한 의미의 정치경제적 개혁이었다.

물론 김대중 정부의 경우 경제위기 속에서 등장했기 때문에 라틴아메리카 나라들에서처럼 직전 정부의 경제정책 실패가 선거승리에 도움이 되었음을 부정할 수 없다. 라틴아메리카 좌파정부들이 경제회복의 압력을 유권자들로부터 받았던 것처럼[49] 김대중 정부에게 첫 번째 위임사항은 경제적 국난극복이었다. 그러나 이 위임사항은 김대중의 부동지지층이 원래부터 갖고 있었던 선호에서 비롯된 것이 아니라 외환위기라는 누구도 예기치 못했던 특수한 상황의 결과이다. 김대중을 지지해온 민중부문이 원했던 것은 수평적 정권교체에 걸맞은 지배블록의 개편과 그것을 통한 실질적 민주주의의 실현이었다고 봐야 한다. 1997 ~98년 외환위기는 한국 개혁주의 정부들이 선택한 시장지향적 경제정책을 가장 "직관적으로" 설명하는 요인이다. 그러나 이 "위기"라는 변수는 그 정의상 시간적으로 무한정 지속될 수 없는 것이며, 그 상황을 벗어났을 때는 다른 어떤 현상을 설명하는 요인으로 사용되기 어렵다.

요컨대 경제위기는 김대중 정부의 신자유주의 경제개혁을 부분적으로 설명할 수는 있으나 노무현 정부의 시장지향적 정책전환을 설명하는 데는 적합하지 않다. 경제위기에 대한 시장주의적 대증요법이 일종의 제도적 관성을 갖게 된 것으로 설명할 수는 있으나 경제위기와 그것이 낳은 제도적 관성은 엄밀히 구분되어야 한다.

---

49) Stephen Haber, "The Left Turn", *Hoover Digest*, No. 3 (July 2005), pp. 70 ~73.

민중주의 리더십의 유산이 신자유주의 정책전환의 한 요인이라는 점을 고려할 때 한국과 라틴아메리카 사례들의 비교는 더 어려워진다. 한국에 라틴아메리카 나라들에서와 같은 민중주의 정치경제체제가 존재한 적이 있었는가에 대해서는 논란의 여지가 작지 않기 때문이다. 정치경제를 움직이는 하나의 운영시스템으로서 민중주의가 존재했다고 말하기는 어렵지만 한국의 신생민주주의체제들은 민중주의의 한 중요한 특징인 사인적(私人的) 리더십을 중요한 집권의 기반으로 삼았고 체제 운영의 핵심축으로 사용하였다. 공정성과 공개성에서 큰 하자가 없는 선거를 통해 정당성을 확보한 최고통치권자가 집권 이전에 이미 강력한 사인적 리더십을 행사해온 대중정치인이라면 정책전환의 개연성은 높아진다고 말할 수 있다.

세계화로 인한 경제개방 압력에 대한 대응은 저항과 보상의 정치를 포함하는 경우가 많다는 점에서 글로벌 규모의 경제자유화가 곧 시장주의적 정책전환으로 이어진다고 보기는 어렵다. 그럼에도 불구하고 글로벌 경제의 압력은 외환위기에 직면했던 김대중 정부뿐만 아니라 노무현 정부의 정책전환에도 뚜렷한 영향을 주었다.

김대중 정부에 비해 노무현 정부에게 정치적으로 의미 있고 더 중요한 과제는 경제위기 극복이 아니라 경제위기의 후폭풍에 대비하는 것이었다. 두 대통령 모두 과반득표를 하지 못했지만 김대중은 경제위기로 인해 정책과정을 장악할 수 있었던 반면에 노무현은 평상시의 경제수행도를 보여주어야 한다는 압력을 더 크게 느꼈다.[50] 오랜 정치적 맞수였던 김영삼에 비해 경제문제에 식견을 갖고 있는 것으로 인식된 김대중과 달리 노무현은 포괄적 의미에서의 개혁정치인 이미지가 강했

---

50) Hahm and Lee, "Leadership Qualities and Political Contexts", p. 203.

고 경제운용능력에 관해서는 보수세력의 의구심이 유난히 강했기 때문에 경제수행도에 대한 강박감이 훨씬 컸다고 추정할 수 있다. 노무현 대통령의 업무수행 지지도는 한·미 자유무역협정 체결과 함께 급상승했는데, 이는 대부분 그의 정치적 반대세력이 표출한 긍정적 평가에 기인한다. 51) 신자유주의 정책전환이 보여주는 희비극이 아닐 수 없다.

비록 그의 대통령직 수행을 걷잡을 수 없을 정도로 파국으로 치닫게 만들기는 하였으나 상징의 정치는 노무현이 자신 있었고 주도권을 쥐고 있었던 영역이었다. 한·미 자유무역협정 체결로 인해 적들로부터 칭찬은 들었지만 이익의 정치는 노무현과 그의 측근들이 자신감과 주도권 모두 갖고 있지 못했던 영역이었다. 물론 보수세력도 상징의 정치를 추구한다. 기실 상징의 정치가 이익의 정치를 압도하도록 만드는 통치의 테크닉을 개발한 것은 군부권위주의체제였다. 그러나 그들이 실현하고자 하는 정치적 상징과 사회경제적 이해관계는 대체로 일치하며, 설혹 양자 사이에 긴장이 존재한다 해도 두 개혁주의 정부들이 보여주었던 것에 비견할 바가 되지 못한다.

김대중 정부와 노무현 정부하에서의 신자유주의 정책전환을 정당화하는 논리로는 두 가지 담론이 공존했다. 하나는 경제위기 극복을 위해 시장친화적 정책들이 불가피하다는 논리였고, 다른 하나는 글로벌 경제에서 살아남기 위한 한국경제의 쇄신책이 필요하다는 논리였다. 이 둘은 서로 긴밀히 연관되어있다. 김대중 정부 초기에는 전자의 논리가 강할 수밖에 없었지만 이내 후자의 논리가 경제정책과정을 관통하게 되었다. 이는 "고착된 관료제"(*entrenched bureaucracy*)의 조직적 외피로 감춰진 경제정책 패러다임의 연속성을 반영하는 것이다. 김영삼 정부

---

51) *Ibid*., p. 206.

의 "세계화" 정책은 민주적 개방 이후 첫 민간정부로서 무언가 다른 것을 보여주어야 한다는 정치적 욕구에서 비롯되었지만 그 경제적 담론은 국제경쟁력 강화를 위한 자유화 불가피론이었다. 기술관료들과 그 사회적 동맹세력이 꾸준히 견지했던 이 자유화 불가피론은 개혁주의 정부들 시기에도 패권적 위상을 잃지 않았다.

신자유주의 정책전환, 특히 김대중 정부하에서의 시장화 정책들은 금융위기와 떼어놓고 이해할 수 없고, 급박한 경제위기 상황은 전혀 아니었던 노무현 정부 시기에도 환란의 파장은 계속되는 시장화 정책들의 배경요인이었다. 따라서 1997년 금융위기의 원인을 어떻게 인식하는가는 한국에서 신자유주의 정책전환이 과연 얼마나 필요한 것이었는가를 판단하는 데 결정적 영향을 미친다.

그러나 금융위기 원인에 대한 별도의 엄밀한 분석은 또 다른 연구주제이며 이 책의 범위를 넘어서는 것이기 때문에 여기서는 기존의 지배적 해석들 가운데 하나인 정실자본주의론의 문제점을 지적하는 것에 그치고자 한다. 금융위기를 한국의 정실자본주의에서 비롯된 것이라고 보는 시각은 전형적인 내인론으로서 일련의 시장화 정책들을 구제금융에 대한 조건의 이행으로 파악한다. 이 시각의 가장 큰 문제점은 김영삼 정부하에서 적절한 방어기제를 갖추지 않은 채 경제개발협력기구(OECD) 가입과 세계화라는 국정지표의 이름으로 성급히 이루어진 자본시장 자유화가 금융위기의 촉발요인이었음을 간과한다는 것이다.

김대중 정부와 노무현 정부의 시장지향적 정책전환에 다른 그 어떤 설명변인보다도 직접적인 영향을 준 것은 미국과의 관계였다. 두 개혁주의 정부들이 존재했던 10년 동안 한미 관계는 벽화처럼 그 자리에 고정된 구조가 아니라 변화의 중심에 있었다. 한미 관계는 변형의 대상들 가운데 하나였다. 또한 한미 관계는 상징의 정치가 이익의 정치를 압도하는 현상이 두드러졌던 문제영역이다. 미증유의 경제위기 속에서 집권한 김대중 정부에게 국제통화기금을 비롯한 국제경제기구들에 대한 이념적, 재정적 패권을 행사하는 미국과의 관계는 민중부문의 오랜 지지를 받아왔던 김대중이 미국과 국제금융계가 기대했던 것보다 훨씬 높은 강도로 경제개혁을 추진하게 만든 요인이었다. 대북정책의 기조에서 부시 1기 행정부와 큰 이견을 보였던 김대중 정부는 안보와 경제라는 두 가지 핵심쟁점들을 두고 일종의 정치적 교환을 했던 것이다. 2002년 대통령 선거에서의 승리가 반미정서의 동원으로 어느 정도 설명될 수 있는가에 대해서는 논쟁의 여지가 남아있지만, 52) 젊은 유권자 집단의 반미정서를 전략적으로 활용했던 노무현 정부에게 집권기간 동안 미국과의 관계개선 필요성은 한·미 자유무역협정과 같은 정책전환을 결정할 때 중요한 고려사항이었다. 53)

한국정치사에서 유례가 없었던 대통령 탄핵으로 정점에 달했던 노무현 정부 시기 정치적 불안정은 동시에 한미 동맹의 기반을 흔들어놓았다는 관찰과 해석이 지배적이었다. 54) 한미 관계의 긴장은 노무현 정부

52) 2002년 대통령 선거에서의 반미주의의 효과에 대해서는 다음을 참조. Eui Hang Shin, "Correlates of the 2002 Presidential Election in South Korea: Regionalism, the Generation Gap, Anti-Americanism, and the North Korea Factor", *East Asia*, Vol. 21, No. 2(Summer 2004), pp. 18~38; Byong-Kuen Jhee, "Anti-Americanism and Electoral Politics in Korea", *Political Science Quarterly*, Vol. 123, No. 2(Summer 2008), pp. 301~318; Shale A. Horowitz and Sunwoong Kim, "Anti-Americanism in Electoral Politics: Insights from South Korea's 2002 Presidential Election", *International Interactions*, Vol. 34, No. 3(2008), pp. 258~281.

53) Lim, "KORUS FTA".

54) Sook-Jong Lee, "The Rise of Korean Youth as a Political Force: Implications for the U. S. -Korea Alliance", in *Brookings Northeast Asia*

로 하여금 앞선 김대중 정부에서와 마찬가지로 안보-경제 쟁점의 교환을 고려하게 만들었다. 물론 그러한 고려가 체계적이고 신중한 의사결정과정을 거쳐 한·미 자유무역협정이라는 선택으로 이어졌다고 볼 수는 없다. 여기서 주목하고자 하는 것은 한미 관계의 긴장이 시장지향적 정책전환의 중요한 압력요인으로 작용했다는 점이다.

김대중 정부와 노무현 정부 모두 북한문제를 핵심으로 하는 대미외교 자세 변화를 의식적으로 추진했고, 그 지지세력으로부터 그러한 변화를 가져올 것이라는 기대를 받았다. 미국과의 관계 재정립은 외교, 안보의 가장 중요한 축을 건드리는 것일 뿐만 아니라 국내정치의 한 요소였다. 냉전적 대북인식과 정책으로부터의 탈피를 선호하는 지지세력에게, 그리고 한미동맹의 공고화를 통해 북한의 고립과 붕괴를 선호하는 반대세력에게 정권의 정체성을 확인하는 결정적 시금석 가운데 하나가 한미 관계였다. 민주화 운동이 발전해오는 과정에서 필요 이상으로 좌파 또는 진보의 수식어를 부여받았던 김대중과 노무현에게 북한문제를 중심으로 하는 한미 관계는 이념적으로 활용하지 않으면 안 될 수단이었다.

한미 관계는 여느 양자 간 관계와 마찬가지로 우호적일 수도 있고 갈등적일 수도 있다. 실제로 한미 관계의 역사는 양국 간 힘의 비대칭성을 보여주는 동시에 긴장이 항존했음을 보여준다. [55] 한미 관계의 사안들은 얼마든지 다양할 수 있지만 민주화 이후에는 안보, 즉 대북관계와

Survey(Washington, D. C.：Center for Northeast Asian Policy Studies, Brookings Institution), p. 21.

55) 박태균, "한미 관계 위기의 본질은 무엇인가?", 〈역사비평〉 79호(2007), pp. 77~99; 박인휘, "박정희, 김대중의 국가이익과 한미 관계: 동맹-자주의 분절 혹은 통합", 〈세계지역연구논총〉 28집 1호(2010), pp. 23~45.

경제개방, 두 가지 쟁점들로 요약할 수 있다. 한국의 체제이행이 민주주의 공고화 단계에 들어선 이상 패권국가인 미국이 한국의 정치상황에 대해 어떤 관여를 할 필요는 거의 사라졌다. 이 새로운 상황에서 한국의 신생 민주정부들은 대북문제를 중심으로 하는 안보 사안과 경제개혁 및 경제개방을 중심으로 하는 경제 사안을 두고 우선권 교환의 게임을 하게 된 것이다. 안보 사안을 두고 미국과 다소간의 갈등적 관계에 놓이게 될 때 민주적 절차를 통해 선출된 한국의 민간정부는 경제 사안에서 미국이 선호하는 방향으로 정책선택을 고려했다.

한미 관계가 신생민주주의체제의 정책전환에 영향을 주는 외생적 압력에 가까운 것이라면, 발전주의 국가의 유산은 내생적 압력이다. 일반적으로 발전주의 국가의 가장 중요한 속성이 정부의 광범한 시장개입이라고 간주되기 때문에[56] 발전주의 국가의 존재와 시장지향적 정책전환은 반대의 흐름이라고 생각할 수 있다. 실제로 김대중 정부와 노무현 정부의 신자유주의 경제정책들을 비판적 시각에서 분석하는 많은 기존연구들이 발전주의 국가의 섣부른 해체가 1997년 금융위기의 핵심 원인일 뿐만 아니라 한국사회의 급속한 시장화를 가져왔다고 본다. [57]

이 책은 세계화와 경제개방 자체의 근원이 인터넷과 같은 정보통신기술의 발전과 운송기술의 혁신 등에서 발견되는 것만큼이나 여러 차

---

56) Meredith Woo-Cumings, ed., *The Developmental State* (Ithaca: Cornell University Press, 1999).

57) 장하준의 저작들이 이 경향을 대표한다고 하겠다. 예로서 다음을 참조. Ha-joon Chang, Hong-Jae Park and Chul Gyue Yoo, "Interpreting the Korean Crisis: Financial Liberalisation, Industrial Policy and Corporate Governance", *Cambridge Journal of Economics*, Vol. 22, No. 6 (1998), pp. 735~746.

원에서 정의된 국가이익을 추구하는 개별정부의 정치적 선택에서도 발견된다고 보는 시각58)에서 발전주의 국가 문제에 접근한다. 이러한 시각에서 발전주의 국가의 행태적, 조직적, 제도적 특징들은 세계화와 경제개방의 물결에 의해 휩쓸리는 것이 아니라 세계화와 경제개방의 시점, 속도, 방식을 결정하는 데 매우 중요한 역할을 한다.

한국정치경제의 신자유주의화가 프리드먼이 "황금 구속복"(*Golden Straitjacket*)이라고 부르는 글로벌 경제의 대세59)에 이끌려 들어간 결과이든 정치적 선택을 통해 참여한 결과이든 필자가 이 책에서 발전주의 국가와 관련하여 논증하려는 것은 두 가지이다. 첫째, 발전주의 국가의 대체나 소멸이 아닌 변형을 통해 신자유주의 정책전환이 이루어졌다는 것이다. 둘째, 발전주의 국가의 지속성은 고착된 관료제를 통해 확인된다는 것이다.

1960년대 초에 시작하여 30여 년 동안 지속된 한국의 발전주의 국가는 정책, 특히 경제정책이 만들어지는 과정을 독특하게 틀지음으로써 집권정당의 이념적 지향이나 그 지지세력의 사회경제적 기반과는 상대적으로 독립적인 정책선택이 이루어질 수 있게 만들었다. 군부권위주의체제하에서 구축된 발전주의 국가의 정부기구들은 최고통치권자의 국정운영방향과 의지를 가장 효율적으로 실행에 옮기는 역할을 담당했고, 이 "생산성의 정치" 기구들은 군부권위주의를 대체한 민간정부의

---

58) Eric Helleiner, *States and the Reemergence of Global Finance: From Bretton Woods to the 1990s* (Ithaca: Cornell University Press, 1994); Ethan B. Kapstein, *Governing the Global Economy: International Finance and the State* (Cambridge: Harvard University Press, 1994).

59) Thomas L. Friedman, *The Lexus and the Olive Tree*, 1st Anchor Books ed. (New York: Anchor Books, 2000), chap. 6.

최고통치권자에게도 매우 유용한 도구였다. 60) 민주화 이후에도 경제 문제는 항상 일종의 긴급사태로 인식되었고, 61) 긴급상황에 대처하는 정책들은 민주적 규범과 절차보다는 생산성의 정치라는 틀 안에서 만 들어졌다.

---

60) Judith Cherry, "Big Deal or Big Disappointment? The Continuing Evolution of the South Korean Developmental State", *Pacific Review*, Vol. 18, No. 3 (2005), pp. 327~354; Joo-Youn Jung. "Reinventing the Interventionist State", *Pacific Focus*, Vol. 23, No. 1 (2008), pp. 121~ 138. 마이어는 "정치적 쟁점들을 산출의 문제들로 변형"시키고 "성장에 대한 합의를 위해 계급갈등을 중단"시키는 것을 생산성의 정치라고 부른다. Charles S. Maier, "The Politics of Productivity: Foundations of American International Economic Policy after World War II", *International Organization*, Vol. 31, No. 4 (Autumn 1977), p. 607.

61) 정병기, "한국 역대 정권과 노동의 관계: 국가코포라티즘 이후 새로운 모색 의 장정", 〈진보평론〉 2008년 겨울호, p. 204.

3. 이 책의 접근법과 구성

한국에서 정책전환이 문제가 되는 이유는 그것이 정치적 민주주의와 사회경제적 조건의 괴리를 넓히는 효과를 낳기 때문이다. 한국의 민중부문 유권자들은 페루인들이 후지모리(Alberto Fujimori)의 정책전환에 보낸 지지를 김대중과 노무현에게 보냈다고 말하기 어렵다. 자신들의 핵심 지지집단을 경제적으로 어렵게 만든 김대중 정부가 그다음 선거에서 보수정부에 의해 교체되지 않고 노무현 정부로 이어질 수 있었던 것은 유권자들이 김대중 정부의 경제개혁에 대해 긍정적 인식을 갖고 있었기 때문이라고 말하기 어렵다. 경제위기로부터 탈출한 시점에 집권한 노무현 정부가 시장지향적 경제정책을 유지 또는 강화했던 것 또한 민중부문 유권자들이 외환위기 이후의 경제적 자유주의에 찬동했기 때문이라고 말하기 어렵다.

그렇다면 왜 한국에서는 좌파 성향에 가까운 정부가 우파 성향의 경제정책을 계속 사용하는 것인가? 그리고 좌파 성향에 가까운 정부가 그러한 정책전환을 하게 만드는 요인들은 무엇인가? 기존문헌에서 흔히 인용되는 대통령제와 허약한 정당체제 등 제도적 변수들을 그 원인으로 지목할 수 있을지 모른다. 이 책은 그러한 설명들을 부정하지 않으면서도 좀더 풍부한 설명을 제공할 수 있는 정치경제적 맥락들에 주목한다.

이 연구의 출발점이 되었던 논문[62]에서 필자는 파당적 기반과 이념

---

[62] 조찬수, "신생민주주의와 정책전환의 정치: 민주화 이후의 노사관계정책", 〈대한정치학회보〉 15집 3호(2008), pp. 97~119.

적 지향이 다소 상이하다고 간주되었던 김영삼 정부와 김대중 정부의 노사관계 정책을 비교함으로써 신생민주주의의 일부 속성들이 시장지향적 정책전환의 개연성을 높인다고 주장한 바 있다. 5년 단임의 대통령제와 의회, 정당 등 대의제 기구들의 허약성, 사인적 정치리더십의 지속 등이 정책전환이 되풀이되게 만드는 요인들로 지적되었다. 그러나 조직노동 자체가 내부적으로 분열되어 있고 어떠한 형태로도 사회적 코포라티즘의 안정적 운영을 경험해본 적이 없는 한국 사례를 대상으로 노사관계 영역에서의 정책전환을 분석하는 것은 한계가 있을 수밖에 없었다. 노동정책은 정책전환의 지표로서 복합적인 의미를 갖는다. 한국의 노동문제 자체가 대기업 중심의 조직노동을 어떻게 다룰 것인가를 한편으로 하고, 조직되지 않은 대다수의 노동자들의 경제적 안정을 어떻게 제공할 것인가를 다른 한편으로 하기 때문이다.

따라서 이 연구에서는 정책전환의 대상이 된 문제영역의 범위를 거시경제정책, 사회정책, 노동정책, 그리고 대외경제정책으로 넓혔다. 시기마다 주요 쟁점들의 차이가 있기 때문에 김대중 정부에 대한 분석에서는 거시경제정책과 사회정책에 많은 지면이 할애될 것이다. 반면에 노무현 정부와 관련해서는 대외경제정책, 특히 한·미 자유무역협정 체결에 대한 분석이 주를 이룰 것이다.

이 책이 다루는 시간적 범위는 김대중 정부와 노무현 정부 시기인 1998년에서 2008년까지이다. 두 민간정부는 각각 1987년 민주화 이후 세 번째와 네 번째 정부였지만, 실질적 정권교체라는 점에서 첫 두 민주화 이후 정부인 노태우 정부, 김영삼 정부와 구별된다. 그러나 필자는 김영삼 정부에 대하여 곳곳에서 언급하고, 특히 제5장에서 상당한 지면을 할애하는데, 그 이유는 두 가지이다. 첫째, 김영삼 정부는 군부권위주의와의 인적 고리를 체계적으로 단절한 첫 민간정부였다는 점에서 김대중 정부, 노무현 정부와 병렬시킬 수 있다. 더 중요한 것은 두 번째 이유인데, 김영삼 정부하에서 신자유주의적 "정책변화"가 일어나고 있었기 때문이다. 세계화를 국정의 모토로 삼기까지 했던 김영삼 정부의 경제정책 전반을 정책전환이 아닌 정책변화로 묘사하는 것은 이 정부의 사회적 지지기반이 김대중 정부, 노무현 정부와는 다소 차이가 있기 때문이다. 그럼에도 불구하고 김영삼 정부의 정책변화를 들여다보는 것은 이 책에서 강조하는 정책전환의 맥락, 즉 민주화의 효과와 발전주의 국가의 지속성을 이해하는 데 도움을 준다.

이 책에서의 분석방법은 변수지향적 설명에 바탕을 둔 사례지향적 접근법이다. 한국의 시장지향적 정책전환은 신생민주주의가 낳는 제도적, 행태적 특징과 더불어 발전주의 국가의 지속성이라는 맥락적 요인이 작용하여 발생한다는 것이 이 책의 핵심주장이다. 정책전환은 일회적으로 나타나는 사건이 아니며, 앞으로도 되풀이될 가능성이 상당히 높은 현상으로서 특정 개인의 리더십 스타일이나 퍼스널리티, 당시의 특수상황 같은 것들로써 충분히 설명될 수 없다. 그렇기 때문에 많은 학자들이 신생민주주의하의 정책전환을 설명할 때 주로 동원하는 변수들은 주로 제도적 성격의 것이다. 권력구조, 정부형태, 선거제도 등과 같은 제도적 요인들을 통해 한국의 신생민주주의체제하에서의 정책과정을 설명하려는 시도들은 지금도 꾸준히 이루어지고 있다.[63] 이 책에서도 대통령제, 정당과 정당체제, 선거제도 등의 요인들이 일차적으로 다루어질 것이다. 기존문헌에서 특정 국가나 지역에 구속받지 않

---

63) 예로서 다음을 참조. Jung Kim, "The Political Logic of Economic Crisis in South Korea", *Asian Survey*, Vol. 45, No. 3 (May-June 2005), pp. 453 ~474.

는 보편적 변수들을 사용하여 사례연구나 국가 간 교차분석이 이루어졌던 것과 마찬가지로 이 책에서의 분석도 변수지향적 연구의 성취물을 충분히 활용하고자 한다.

이 연구의 출발점이 되었던 학술지 논문에서 이미 제시되었던, 단임제하의 대통령제가 사회적 기반 위에 구축되지 못한 정당체제 및 사인적 리더십과 결합되어 정책전환에의 유혹을 크게 만든다는 논의는 여기서도 그대로 유지된다.[64]

그러나 앞서 밝힌 바대로 이 책에서의 필자의 목적은 기존문헌에서 대체적으로 받아들여지는 가설들을 한국의 사례에 적용하여 이론적 일반화에 기여하는 데 있지 않다. 이론적 일반화를 시도할 때 학자들이 부분적으로 포기해야 할 것은 개별 사례의 경험적 풍부함이다. 예컨대 미국의 정치적, 경제적 패권이 거의 아무런 도전 없이 행사되어왔던, 그러나 바로 그 때문에 이 패권국과의 관계가 정치적으로 매우 분열적인 요소가 되지는 못했던 라틴아메리카 나라들과는 달리 한국에서 일어나는 정책전환은 한미 관계가 가져오는 국내정치적 효과를 고려하지 않고서는 설명하기 어렵다.

그렇다고 하여 이 책이 특수주의적 설명을 지향하는 것은 아니다. 보편적 변수들 간의 인과관계가 어떤 나라든 비슷한 방향으로 진행되기보다는 각국이 처한 맥락에 따라 상당한 변이를 보인다는 점에 주목하는 것이고, 민주화의 효과와 발전주의 국가의 지속성이 강조되는 이유가 바로 여기에 있다.

---

64) 조찬수, "신생민주주의와 정책전환의 정치".

이 책은 서론을 포함하여 모두 여섯 장으로 구성된다.

제2장은 정책전환과 관련된 이론적 쟁점들을 민주주의 이론의 관점에서 검토한다. 한 정치체제가 민주주의로 분류될 수 있는 두 가지 기준인 반응성(*responsiveness*)과 책임성(*accountability*)의 개념을 논의하고, 그것이 정책전환과 직결되는 이유에 대해 알아본다. 또한 정책전환에 관한 경쟁적 설명들을 민주화 과정에 연관된 요인들과 제도적 요인들로 나누어 살펴본다.

제3장은 이 책의 종속변수를 서술하는 부분으로서 김대중 정부와 노무현 정부가 추진했던 신자유주의 정책전환의 내용과 그 사회적 결과를 살펴본다.

제4장은 한국 사례에 대한 제도주의적 설명을 제시한다. 또한 정책전환에 대한 기존문헌을 지배해 온 변수지향적 접근법의 효용을 검토하고, 인과관계 검증에서 맥락의 필요성을 지적한다.

제5장은 정책전환의 맥락으로서 민주화의 효과와 발전주의 국가의 지속성이 어떤 역할을 했는지를 살펴본다.

제6장은 결론으로서 이 연구의 이론적, 규범적 함의를 제시한다.

신생민주주의와 정책전환의 정치 :
기존문헌의 검토

제 2 장

1. 민주화와 정책전환

1) 정치적 대표와 정책전환

제 1장에서 그 잠정적 정의를 제시한 대로 정책전환은 자신의 지지세력이 선호하는 정책 패키지를 공약함으로써 집권한 정치인들이 정부를 구성한 뒤에 자신의 지지세력을 사회경제적으로 약화시키는 정책 패키지를 입안하고 추진하는 것을 일컫는다.

정책전환이 문제가 되는 이유는 그것이 오랜 권위주의 통치 이후에 민주화된 나라들에서 기대되는 정치적 대표(representation)의 원리에 배치되기 때문이다. 굳이 신생민주주의체제가 아니라 해도 민주적 선거를 통해 선출된 공직자는 자신에게 표를 던진 유권자들의 선호를 반영하여 공공정책을 입안하고 집행할 것으로 기대된다. 민주주의의 절차적 요건인 선거는 유권자들의 정책선호가 선출 또는 재선을 원하는 정치인들의 선거 후 행동에 압력을 가할 수 있도록 해주는 기제이다. 유권자들은 선거를 통해 정치인들에게 자신들이 원하는 정책이 무엇인지 신호를 보내며, 또한 현직자들에 대해서는 재임기간 중 자신들의 정책선호가 충분히 반영되었는지 확인한다. 물론 유권자들의 정책선호 역시 선거를 전후하여 변화할 수 있기 때문에 유권자들이 현직자들을 선거를 통해 처벌하는 이유는 반응성(*responsiveness*)으로서의 대표성이 제대로 실현되지 못한 것에 국한되지는 않는다.

그러나 논의의 단순화를 위해 유권자들의 정책선호가 일정하다고 가정할 때, 현직자들이 그 선호를 실제 정책에 반영하지 못한 것에 대해서는 낙선이라는 처벌이 가해진다. 정치인들이 후보 시절 공약했던 정책이 유권자의 선호와 일치했기 때문에 공직을 차지할 수 있었던 것이고, 그렇게 구성된 정부에 대한 평가기준은 공약이행 여부이지 그 공약을 실천에 옮긴 정책의 옳고 그름이 아니다.

이러한 논리는 유권자들이 정치인들에게 정책결정을 위임할 때 반응성을 기대할 것이라는 가정에 바탕을 둔다.[1] 서구 자유주의 정치철학의 전통에서 발전된 위임(*mandate*)의 관념은 주인(*principal*)과 대리인(*agent*)의 관계라는 틀에서 만들어진 것이다. 공직자는 자신을 뽑아준 유권자 대다수의 의견을 정책과정으로 옮겨주는 "전달벨트"(*transmission belt*) 이상의 역할을 할 필요가 없으며, 궁극적으로는 그 범위를 넘어서는 행동은 해서는 안 된다.

정치적 소비자인 유권자들에 대해 민감하게 반응한다는 의미에서의 대표성은 분명히 대의민주주의의 중요한 한 원칙이다. 대표성의 원칙이

---

1) 여기서의 논의는 다음에 바탕을 둔 것이다. Bernard Manin, Adam Przeworski, and Susan C. Stokes, "Elections and Representation", in *Democracy, Accountability, and Representation*, ed. Przeworksi, Stokes, and Manin(New York: Cambridge University Press, 1999), pp. 29~54.

지켜지기를 신생민주주의 나라들의 유권자들이 더 바라는 경향이 있다고 볼 수 있는 충분한 근거 또한 있다. 권위주의 통치하에서 자신들의 선호와 이익이 제대로 반영되지 못했던 것을 기억하는 유권자들은 다른 무엇보다도 새로이 등장한 민주정부가 자신들의 목소리를 들어줄 것을 기대하기 때문이다. 스톡스의 표현을 사용하여 요약한다면, 정부가 시민들의 선호에 반응적이라고 간주할 수 있는 경우는 "가상의 시민의회가 정부와 똑같은 정보를 갖고 있다면 다수결로 정했을 내용과 동일한 행동을 정부가 취할 때"이다.[2]

정책전환은 선출된 정치인들이 유권자들 또는 시민들로부터 위임받은 정책선호와는 다른 방향의 정책을 추구함으로써 민주적 대표성의 한 중요한 요건을 위반하는 것이다. 물론 선출된 정치인들이 종종 인기 없는 정책을 의도적으로 취하는 경우는 역사를 통해 반복되어왔다. 민주적 대표의 덕목이 반드시 유권자들의 단기적 선호를 그대로 반영하는 방식으로만 실현되는 것은 아니라는 믿음을 어떤 이유에서든 정치인들이 가질 수 있기 때문이다. 이때 정책전환은 유권자들의 선호와 집권한 정치인들의 선호가 상충하는 모습으로 나타난다.

정치인들이 이러한 생각을 할 수 있는 것은 민주적 대표는 책임성(accountability)이라는 또 다른 요건을 포함하기 때문이다. 책임성의 관점에서 선거는 정치공동체가 실제로 작동할 수 있도록 만드는 정부를 구성하기 위해 치러진다. 그리고 그렇게 구성된 정부가 민주적 권위체로 남아있기 위한 가장 중요한 조건은 그 정부가 주어진 시간 동안 시행

---

2) Susan C. Stokes, "Democratic Accountability and Policy Change: Economic Policy in Fujimori's Peru", *Comparative Politics*, Vol. 29, No. 2(January 1997), p. 210.

한 정책의 결과에 대해 책임을 져야 한다는 것이다. 다음 선거는 정부 또는 공직자가 공약한 대로 정책을 입안하고 추진했는가를 묻기보다는 그 정부 또는 공직자가 임기 동안 성공적인 정책수행을 했는가를 따지는 데 그 목적이 있다.

민주주의체제하에서의 대표성을 평가할 때 사용되는 두 가지 기준인 반응성과 책임성은 각각 정책결정의 과정과 결과에 무게를 둔다.

선출된 공직자는 어떤 정책을 만들 것인가를 결정할 때 일차적으로 시민의 요구와 선호에 반응적이어야 한다고 보는 관점에서는 정책의 결과보다는 정책이 입안되는 과정에서 만족스러운 민주적 대표성을 확보하는 것이 훨씬 중요하다. 반면에 대의민주주의는 시민들이 통치행위를 선출된 공직자에게 위임하고, 그 결과에 대해 공직자가 책임을 지도록 하는 제도적 장치를 갖추고 있으므로 정부 또는 최고통치권자가 선거공약대로 정책을 만들고 추진했는가는 중요하지 않다고 보는 견해 또한 존재할 수 있다.

이 두 번째 관점에서 선출된 공직자가 하지 말아야 할 것은 현실적으로 가능하지 않거나 바람직하지 못, 또는 둘 다에 해당하는 정책을 공약사항이었다는 이유로 추진하는 것이다. 시민들은 선출된 공직자에게 국정운영 전반에 관한 사항을 위임한 것이기 때문에 특정한 정치적 약속이나 타협에 얽매이는 것은 책임성의 결여로 간주된다. 이러한 시각에서 정책전환이 민주적 대표성에 배치되는지 여부를 판단할 때 기준은 그 정책변화가 바람직한 결과를 가져왔는지 여부이다.

스톡스는 여기서 더 나아가서 정책전환이 반드시 반응성 원칙의 위반이기만 한 것은 아니라는 점을 지적한다. 시민들의 선호에 반응적인 정책전환과 그렇지 않은 정책전환이 구분되어야 한다는 것이다.[3] 반응적인 정책전환은 선거공약과는 반대의 방향인데다 유권자들이 좋아하지도 않는, 그러나 중장기적으로 유권자들의 복리를 증대시킬 수 있는 정책을 선출된 공직자가 선택하고 추진할 때 발생한다.

이 유형의 정책전환은 다시 두 경우로 나누어 볼 수 있다. 첫 번째는 국정운영, 특히 경제적 쟁점과 관련된 핵심정보를 더 많이 갖고 있을 뿐만 아니라 선견지명이 있는 후보가 근시안적인 유권자들을 속이고 일단 당선된 뒤 몸에 좋지만 쓴 약을 처방하는 것이다. 이 경우는 현실적으로 거의 존재하지 않으며, 설령 있다 해도 객관적으로 증명하기가 너무 어렵다. 두 번째는 선출된 공직자가 당선 이전에는 갖지 못했던 국정운영 관련 정보를 더 많이 알게 됨에 따라 부득이하게 공약을 어기고 자신의 지지세력에게 불리한 정책을 추진하는 것이다. 이 경우는 "자리가 사람을 만든다"는 통속적 표현이 잘 말해주듯이 현실에서 어렵지 않게 관찰된다. 페루에 대해 사례연구를 수행한 스톡스는 후지모리가 선거 직후 대통령 당선자로서 캉드쉬(Michel Camdessus) IMF 총재 등 국제금융기관 엘리트들과 면담하면서 갖게 된 경험이 정책전환에 주요한 역할을 하였다고 추정한다.[4]

두 번째 유형인 반응적이지 못한 정책전환은 선거공약에 없었을 뿐만 아니라 유권자들도 원하지 않는 정책을 선출된 공직자 자신의 선호에 따라 입안하고 추진할 때 발생한다. 비반응적 정책전환을 설명하기 위해 스톡스는 "지대"(地代; *rent*)의 개념을 끌어들인다. 선출된 공직

---

3) Stokes, "Democratic Accountability and Policy Change", pp. 215~216.

4) *Ibid.*, pp. 217~220. 한국 사례에서도 비슷한 경우를 관찰할 수 있다. 김대중 대통령 당선자가 당선 직후인 1998년 1월에 소로스(George Soros)와 캉드쉬를 연이어 만났던 것은 당시 외환위기의 급박한 상황을 수습하기 위한 노력이기도 했지만 이후 시장지향적 정책전환을 위한 근거가 마련된 계기이기도 했다.

자가 어떤 정책을 구상하고 입법과정을 거쳐 집행할 때 유권자들의 복리보다 더 높은 우선순위를 부여할 만한 것들, 즉 지대의 목록에는 금전적 이득, 특정한 집단이나 부문에 대한 혜택, 이념적 순수성, 그리고 당연히 재선이 포함된다.[5] 스톡스는 후지모리의 정책전환이 재선을 비롯한 개인적 이득을 노리고 감행되었다고 추정할 수 있는 충분한 근거가 있다고 말한다.[6] 정책전환이 민주적 대표성의 원칙에 배치될 뿐만 아니라 정치발전의 여러 기준치들로부터 벗어나게 되는 것이 바로 이 두 번째 유형이다.

주로 라틴아메리카 나라들을 분석대상으로 삼아 신자유주의와 민주주의의 상호작용에 주목한 웨일랜드는 신자유주의적 경제개방이 신생 민주주의의 지속성을 강화해주는 반면 민주적 책임성은 약화시키는 경향이 있음을 지적한다.[7] 단순화의 위험을 무릅쓰고 말하자면 시장지향적 정책전환은 대의제 민주주의의 두 원칙인 반응성과 책임성 가운데 후자에 무게중심을 둠으로써 발생하는 것이다.

앞서 말한 대로 책임성은 정책의 과정보다는 결과를 평가의 기준으로 삼아야 한다고 보는 원칙이다. 대통령 또는 집권당, 또는 양자가 동시에 추구하고자 하는 정책이 반응성의 원칙에는 어긋난다 하더라도

---

[5] 또한 최고통치권자가 대체로 정치경력의 정점에 도달한 사람임을 고려할 때 역사에 기록될 치적을 남기고자 하는 욕구도 비반응적인 정책전환의 동인으로 포함될 수 있다. 이 요인은 대통령 단임제와 결합되어 한국 사례를 설명하는 데 중요한 역할을 한다.

[6] Stokes, "Democratic Accountability and Policy Change", p. 222.

[7] Kurt Weyland, "Neoliberalism and Democracy in Latin America: A Mixed Record", *Latin American Politics and Society*, Vol. 46, No. 1 (April 2004), pp. 135~157.

〈표 2-1〉 라틴아메리카 나라들에서의 대통령 선거와 정책전환(1982~1995)

국가	대통령 선거 연도	국가	대통령 선거 연도
아르헨티나	1983	에콰도르	1984
	1989 (정책전환)		1988 (정책전환)
	1995		1992 (정책전환)
볼리비아	1985	엘살바도르	1984
	1989 (정책전환)		1989
	1993		1994
브라질	1989	과테말라	1985
	1994		1990
칠레	1989		1995
	1993	온두라스	1985
콜롬비아	1982 (정책전환)		1989
	1986		1993
	1990	니카라과	1984
	1994		1990
코스타리카	1982	페루	1985
	1986		1990 (정책전환)
	1990 (정책전환)		1995
	1994 (정책전환)	우루과이	1984
도미니카 공화국	1982 (정책전환)		1989
	1986		1994
	1990 (정책전환)		1983
	1994	베네수엘라	1988 (정책전환)
			1993 (정책전환)

출처: Stokes, *Mandates and Democracy: Neoliberalism by Surprise in Latin America*(New York: Cambridge University Press, 2001), p.13, Table 1.1.

그것이 중장기적으로 국가이익에 더 도움이 된다고 판단된다면 집행하는 것이 오히려 민주적 가치의 실현이라고 보는 것이다. 문제는 단기적으로 상당한 또는 막대한 비용을 치르고 추진된 정책전환이 결국은 올바른 선택이었다는 것을 언제 어떤 방식으로 확인할 수 있는가에 있다.

민주화가 이루어지던 시점을 전후하여 발생하는 경제위기나 권위주의 통치하에서 쌓인 경제적 적폐로 인해 신생민주주의체제의 최고지도자는 단순히 정치적 게임의 승자가 아니라 글로벌 경제구조 안에서 국가가 생존할 수 있는 방법을 찾고 그것을 위한 (인기 없는) 정책들을 강력하게 추진해야 할 부담을 떠맡게 되는 경우가 많다. 민주주의의 환경자체가 서구 선진산업사회의 안착된 민주주의체제와는 매우 다르기 때문에 정치과정 역시 교과서적인 대의민주주의의 제도적 장치들이 제대로 작동하기를 기대하기 어렵다. 미국 주도의 신자유주의 국제경제질서로부터 구조개혁 압력이 가해졌을 때, 그리고 최고지도자 스스로가 집권과 함께 어떤 정책 패러다임의 급격한 변화를 일으켰을 때 신생민주주의하에서의 정책전환은 흔히 "충격요법"의 형태를 띤다. 시장지향적 경제개혁은 기존의 민중주의 정치경제에 익숙해져 있는 여러 계층 및 집단의 반대를 무릅쓰고 진행되어야 하는 것이기 때문에 정상적 정치과정을 통해서는 단기간에 행하기가 어렵다. 최고지도자의 파당적 기반이 과거의 비군부 민중주의체제에 있을 때 충격요법이 사용될 가능성은 더 높다.

2) 정책전환에 대한 대중의 지지

스톡스의 연구[8]는 라틴아메리카 나라들에서 신자유주의 정책전환이 야기하는 두 가지 상반되는 반응을 대조하면서 출발한다. 상식적 수준에서 그리고 일반 유권자들의 수준에서 정책전환은 자신들의 이익에 집착하는 정치인들이 국민을 배신하고 기만하는 행위에 지나지 않는다. 특히 민중주의체제의 정치경제적 유산들이 사회 곳곳에 깊이 뿌리내리고 있는 라틴아메리카 나라들에서 시장지향적 정책 패키지의 도입은 공공부문 고용과 국가보조에서 비롯되는 혜택에 상당히 의존해온 이들의 사회경제적 입지를 크게 약화시켰다.[9] 라틴아메리카에서 민중주의 정치경제는 군부권위주의체제하에서도 그 기본틀이 보존되었기 때문에 공공부문 고용축소, 복지지출 감축, 무역자유화 추진 등의 시장지향적 경제정책들은 민중부문의 물질적 기반을 흔들어놓기에 충분했다.[10] 1980년대를 통해 군부정권들이 외채위기를 맞아 국제통화기금(IMF)의 조건부 구제금융을 받아들이면서 안정화 정책들을 추진했던 나라들에서는 더욱 저항의 강도가 컸다. 새로 들어선 민주정부들은 전임 군부정권들의 안정화 정책이 낳은 사회경제적 불평등을 교정하겠다는 공약을 내걸고 집권한 경우가 많았기 때문에 민중부문 유권자들이 느끼는 배신감은 더욱 컸다.

---

8) Stokes, *Mandates and Democracy*.

9) Maria Lorena Cook, "Toward Flexible Industrial Relations? Neoliberalism, Democracy, and Labor Reform in Latin America", *Industrial Relations*, Vol. 37, No. 3(July 1998), pp. 311~336.

10) Jorge I. Domínguez, "Free Politics and Free Markets in Latin America", *Journal of Democracy*, Vol. 9, No. 4(October 1998), pp. 70~84. 외환위기 이전 한국의 "평생직장" 관행을 일종의 유사민중주의적 제도로 볼 수 있다면 라틴아메리카와의 공통점이 다소 부각될 수 있을지는 모르나 정치경제체제로서 민중주의는 라틴아메리카에 특유한 현상이다. 물론 정치적 민중주의는 한국에서도 존재해왔으며, 특히 노무현의 행로에서 가장 극적인 형태로 발견된다.

다른 한편으로 정책전환에 대하여 대체로 수긍하는 유권자들이 존재한다. 이는 대체로 민중주의체제의 직접 수혜자가 아닌 집단들 또는 개인들에서 발견되는 반응이다. 탈냉전과 경제적 자유주의의 확산으로 특징지어지는 1990년대에 시장지향적 정책전환은 쉽게 예견될 수 있는 것이었고, 미국의 패권적 영향력이 강하게 작용하는 IMF와 세계은행이 라틴아메리카 나라들로 하여금 다시 민중주의 정치경제로 돌아가게 놔두지는 않을 것을 몰랐다면 그것이야말로 심각한 문제라는 지적이다. 선거 당시 정치인들이 했던 공약은 어디까지나 선거전술로 보아야지 그것이 어떤 실효성 있는 정책으로 귀결되리라고 믿기는 어렵다는 것이다. 이러한 시각을 갖는 유권자들 일부는 정책전환은 오히려 국가의 장기적 이익을 위해 했어야만 하는 조치라고 생각하기도 한다. 이때 시장지향적 경제정책들에 대한 지지기반은 확대될 수 있다.

대내외적으로 여러 가지 압박을 받는 취약한 경제를 기존의 민중주의 원리에 따라 계속 운영하는 것은 국민경제의 파탄을 가져올 수 있으므로 정책전환과 민주적 책임성의 관계는 복합적일 수밖에 없다. 유권자의 정책선호가 시간이 흐르면서 바뀔 수 있듯이 정치인의 정책선호 역시 변화할 수 있다. 정상적인 민주주의 정치과정을 상정한다면 집권한 정치인의 정책선호가 바뀌었을 때, 그리고 그 정치인이 그러한 정책변화를 시도할 때 선행되어야 할 것은 정책전환 자체에 대한 양해를 구하는 것이다.

민주주의 이론의 규범적 기준에 비추어 볼 때, 신자유주의 정책전환 역시 여느 공공정책 결정과 마찬가지로 국정 최고의사결정자의 용단이나 기술관료적 행정의 결과가 아닌 민주적 정치과정의 대상이 되어야 하는 것이다. 우리가 서구의 오래된 안착된 민주주의 체제에서 정책전환 현상을 관찰하기 어려운 이유가 바로 여기에 있다. 결과적으로 성공한 정책전환이라 할지라도 정치인들이 선거 전의 공약과 배치되는 정책을 추구했을 때 그 대가는 컸다.

정책전환과 관련하여 기존문헌이 제기하는 또 다른 물음은 왜 노동계급 및 저소득계층은 자신들의 사회경제적 상황을 악화시킬 가능성이 높은 시장지향적 경제개혁에 지지를 보내는가이다. [11] 경제적 투표 이론의 일반적 가정에 의하면, 유권자는 경제상황이 좋을 때 정부에게 표로써 보상하며 경기가 나빠질 때 표로써 정부를 처벌한다. [12] 미국의 유권자와 마찬가지로 신생민주주의체제하의 유권자에 대해서도 경제상황과 정치적 선택 간의 직접적인 연계가 발견될 것이라고 가정할 때, 페루의 후지모리(Alberto Fujimori), 아르헨티나의 메넴(Carlos Menem), 브라질의 콜로(Fernando Collor)가 집권 직후 행했던 시장지향적 정책전환에 대한 국민적 지지는 하나의 퍼즐을 제공한다. 특히 큰 비용을 치렀던 구조조정을 실행한 뒤에도 재선에 성공한 후지모리와 메넴의 사례들을 경제적 투표 이론이 정합적으로 설명하기는 매우 어렵다. 굳이 시도한다면 사회적 경제투표(sociotropic voting)를 하는 유권자들의 행태로써 설명할 수 있을지 모른다.

페루와 아르헨티나의 유권자는 미국의 유권자와는 다른 기준에 의거

---

11) Kenneth M. Roberts and Moises Arce, "Neoliberalism and Lower-Class Voting Behavior in Peru", *Comparative Political Studies*, Vol. 31, No. 2 (April 1998), pp. 217~246; Kurt Weyland, "The Political Fate of Market Reform in Latin America, Africa, and Eastern Europe", *International Studies Quarterly*, Vol. 42, No. 4 (December 1998), pp. 645~674; Susan C. Stokes, ed., *Public Support for Market Reforms in New Democracies* (New York: Cambridge University Press, 2001).

12) Morris P. Fiorina, *Retrospective Voting in American National Elections* (New Haven: Yale University Press, 1981).

하여 정치인을 보상하고 처벌하는 것인가? 그렇다면 그 기준은 무엇인가? 1960년대라면 정치문화 접근법을 채택하여 라틴아메리카 유권자들의 신민적 문화(subject culture)가 카리스마적 지도자에 대한 합리적 평가를 힘들게 만든다고 설명해버릴 수도 있을 것이다. 정치문화적 설명이 반드시 어떤 방법론적 결함을 갖고 있다고 볼 수는 없지만, 정책전환에 대한 국민적 지지를 설명하는 기존문헌은 대부분 해당 나라들의 민중주의 전통 그리고/또는 민중주의적 정향을 가진 새로운 유권자들의 등장에 주목한다. 이는 특히 신생민주주의하에서 민간정치인들과 그 소속정당들이 유권자들로부터 높은 신뢰를 얻지 못하는 현상과도 직결된다. 또한 시장지향적 정책전환이 가져오는 실제적인 고통에도 불구하고 일반대중, 특히 민중부문으로부터 그러한 급격한 경제정책의 변화가 지지를 얻는, 또는 적어도 큰 저항에 부딪히지 않는 이유는 군부권위주의 통치가 지속되었던 1980년대에 외채위기까지 겪었던 라틴아메리카 나라들의 특수한 경험에서 찾아볼 수 있다. [13]

민주화에 관한 기존문헌에서 라틴아메리카 나라들 대다수는 동유럽 사회주의권 나라들과 마찬가지로 경제적 실패가 정치적 개방을 가져온 유형에 속한다. 군부권위주의체제는 앞선 민중주의체제나 전통적 권위주의체제를 밀어내면서 수입대체 산업화 중심의 내수확대 정책을 주로 사용했다. 군부정권들은 형식적 정당성의 결여를 보충하기 위해 체제유지에 가장 필수적이면서도 동원이 손쉬운 특정집단들, 즉 군인, 교사, 공무원과 같은 공공부문 근로자들의 고용 및 복지혜택을 경제규

---

13) Stephan Haggard and Steven B. Webb, eds., *Voting for Reform: Democracy, Political Liberalization, and Economic Adjustment*(New York: Oxford University Press, 1994).

모에 맞지 않을 정도로 관대하게 유지했다. 더불어 사회안정 도모 차원에서 생활필수품뿐만 아니라 다양한 재화 및 용역의 가격결정에 직접 개입함으로써 시민들의 정치적 불만을 경제적 편의로 무마하였다.

그러나 이처럼 정치적 논리에 의해 입안되고 실행된 경제정책들은 1980년대 초 세계경제가 하강국면으로 들어가면서 한계에 직면했다. 수입대체 산업화의 효과가 소진되면서 대부분의 라틴아메리카 나라들은 선진국 및 국제금융기구로부터 차관을 도입했고, 이는 국민경제 수준에서 어떤 새로운 소득원천이 확보되지 않은 상황에서 심각한 외채위기로 발전하였다.

군부권위주의체제로부터 정권과 더불어 경제위기를 물려받은 페루, 브라질, 아르헨티나의 신생민주주의 정부들에게 처음부터 가장 중요한 위임사항은 경제회복이었다. 그리고 그 방법은 미국이 주도하는 국제경제기구들의 권고사항을 어떤 의미 있는 수정 없이 받아들여 이행하는 것이었다. 민간정부들은 정부 재정지출을 줄이기 위해 공공부문 고용을 동결하거나 감축했고, 각종 가격보조를 감축 또는 폐지했으며, 기존의 부과식에서 적립식으로서의 연금재정 개혁에 착수했다. 동시에 기업환경 개선, 특히 외국투자자 유치를 위해 민중주의 정치경제의 특징인 규제와 국가개입의 요소들을 급격히 제거하고 금융시장 개방을 단행했다. 이러한 일련의 개혁조치들에 대한 유권자들의 반응은 대체로 긍정적이었다. 과거의 경제적 실패가 너무 고통스러웠기 때문에 유권자들이 정부를 평가하는 방식이 미래의 경제적 가능성을 토대로 점수를 주는 방식으로 바뀌었다고 볼 수 있다. 내일의 경제적 이득을 위해 오늘의 비용을 감수하는 유권자들이 등장하는 것이다.[14]

---

14) Adam Przeworski, *Democracy and the Market*: *Political and Economic*

군부권위주의 정권들도 쉽게 이루지 못했던 정책목표들을 이처럼 상대적으로 짧은 시간에 신생민주주의 정부들이 달성할 수 있었던 이유는 어디에 있는가? 웨일랜드는 민중주의와 신자유주의 간의 "예기치 않은 친화성"을 지적한다.[15] 1990년대에 들어선 페루, 브라질, 아르헨티나의 민간정부들은 그 최고지도자들이 군부 출신이 아니었다는 점에서 민간정부였던 것은 명백하나 군부체제보다 더 제도화된 정책결정 및 국정운영의 시스템을 갖추었다고 보기는 어렵다. 그들은 기본적으로 개인적 인기에 의존하여 선거연합을 구성하고 집권에 성공했던 민중주의 성향의 정치인들이었다. 유권자들의 지지가 어떤 특정의 정당이나 정치세력에게 향한 것이 아니라 사인적 리더십에 주어졌기에 그들이 추진하는 정책들은 국가의 장래를 위한 것으로 포장될 수 있었다.[16]

문제는 민중주의 정치와 신자유주의 경제 사이에 존재하는 깊은 부

Reforms in Eastern Europe and Latin America (New York: Cambridge University Press, 1991), p. 168.

15) Kurt Weyland, "Neopopulism and Neoliberalism in Latin America: An Unexpected Affinity", *Studies in Comparative International Development*, Vol. 31, No. 3 (Fall 1996), pp. 3~31; idem, "Risk Taking in Latin American Economic Restructuring: Lessons from Prospect Theory", *International Studies Quarterly*, Vol. 40, No. 2 (June 1996), pp. 185~207; idem, "Neoliberal Populism in Latin America and Eastern Europe", *Comparative Politics*, Vol. 31, No. 4 (July 1999), pp. 379~401.

16) 이러한 지배적 시각과는 달리 손혜현은 신자유주의 경제개혁에도 불구하고 페론당이 지지율을 유지할 수 있었던 것은 대통령의 민중주의 리더십이나 국가-개인 간의 직접적인 후원-수혜관계가 잘 작동해서라기보다는 권위주의 통치 및 민주화 과정을 통해 축적된 페론당의 비공식 네트워크가 지지세력 이탈을 막았기 때문임을 논증하고 있다. 손혜현, "메넴 개혁정부시기 (1989~1999) 페론당(PJ)의 안정적인 지지요인 분석", 〈한국정치학회보〉 43집 2호(2009), pp. 147~168.

조화이다. 신자유주의는 단순한 자유방임의 재현이 아니라 적절한 제도들로써 뒷받침될 때 원활히 작동하는 정치경제체제이다. 민중주의 리더십은 기존의 국가주도 경제체제에 익숙해 있던 집단들과 부문들의 저항을 무릅쓰고 시장지향적 정책전환을 "단행"하는 데는 매우 효과적일 수 있다. 그러나 경제적 자유주의가 민간기업, 노동시장, 공공부문, 금융부문에 골고루 확산되고 정치경제체제 전반을 지배하는 조직원리로 자리 잡기 위해서는 한 사람의 민중주의 지도자 이상의 제도적 네트워크가 요구된다. 요컨대 민중주의는 경제적 자유주의의 "공고화"에는 적절하지 못한 정치적 환경이다.

그러나 여기서 우리가 관심을 갖는 시점은 경제적 자유주의가 도입되는 때이며, 적어도 이 시점에 가장 큰 힘을 발휘하는 정치적 동원양식은 민중주의이다. 그렇다면 민중주의적으로 동원된 유권자들이 여러 가능한 경제정책 패러다임들 가운데 신자유주의를 받아들이는 이유는 무엇인가? 웨일랜드는 민중주의와 신자유주의가 공유하는 가장 중요한 특징은 사회와 정치의 기본단위로서 집단보다는 개인에 주목한다는 점이라고 지적한다. [17]

민중주의는 무정형의 대중이 만들어내는 현상이다. 대중은 계급이나 이익집단과는 달리 어떤 확정된 테두리를 갖지 않는다. 대중은 원자화된 개인들로 구성된다. 개인들은 서로를 민중, 또는 대중이라는 한 집단의 구성단위로 인식하지도 않는다. 이 개인들이 기존의 정치경제체제에서 정당한 지위를 부여받은 생산자 집단(*producer groups*)이나 지위집단(*status groups*)에 속하지 못한, 사회경제적으로는 소외된 이들인 경우에 민중주의와 신자유주의의 결합가능성은 높아진다.

---

[17] Weyland, "Neopopulism and Neoliberalism in Latin America", p. 9.

상대적으로 동질적인 사회경제적 또는 문화적 성격을 갖는 개인들의 연합으로서 집단이 정치적으로 중요한 역할을 한다는 점에서 다원주의와 코포라티즘은 정도의 차이만을 갖는 이익대표체계들이다. 이러한 집단의 틀을 통해 개인들이 국가와 효율적으로 연결될 수 있다고 생각하는 것 자체가 대의민주주의의 운영원리와 조화를 이룬다. 다원주의와 코포라티즘은 대표되는 이익집단의 단위, 규모, 성격에서 차이가 있는 것이지 대의민주주의의 이익대표체계라는 동일한 범주에 속한다. 반면에 민중주의와 신자유주의는 개인들과 국가를 무매개적으로 연결하는 사조이며 직접민주주의의 요소들과 쉽게 결합한다. 개인을 기본단위로 가정하는 경제적 자유주의가 정당과 이익집단이 중요한 행위자로 존재하는 정치체제와 충돌을 일으킬 수 있는 소지가 발생하는 것이다. 정치적 자유주의가 충분히 성숙하지 않은 상태에서 경제적 자유주의가 서둘러 도입될 때 그 충돌의 가능성은 더욱 높아진다.

　　마지막으로 스톡스가 지적한 대로[18] 시민들이 최고통치권자나 정부를 평가할 때 들여다보는 쟁점은 하나가 아니라 여러 가지임을 상기할 필요가 있다. 하나의 쟁점이 다른 모든 쟁점들을 압도하는 경우가 종종 존재하지만, 스톡스가 주된 분석의 대상으로 삼았던 페루는 외채위기, 민중주의 경제구조의 경직성, 소득불균형의 심각성, 좌파 게릴라의 체제전복 위협 등 다양한 정치불안정 요소들을 갖고 있었다. 이런 나라에서 시민들이 단일쟁점에 초점을 맞추기는 어렵다. 한 쟁점에서 실망스러운 정책을 펼친 정부가 다른 쟁점에서는 상당한 성과를 거둘 수 있다. 유권자들은 신자유주의 정책전환이 자신들의 사회경제적 상황을 악화시켰다 해도 정부가 다른 불안정 요인들을 제거하거나 완화시켰다

---

18) Stokes, "Democratic Accountability and Policy Change", p. 222.

면 지지를 완전히 철회하지는 않는다. 달리 말해 정책전환을 감행한 정부에 대한 지지는 정책전환 자체에 대한 지지와 혼동되어서는 안 된다.

3) 정책전환은 왜 신생민주주의에서 더 많이 발생하는가?

정책전환과 관련된 이 세 번째 논점은 더 좁게 표현한다면 정책전환이 라틴아메리카 나라들에서 유독 많이 발생하는 이유를 묻는 것이다. 이 물음은 다시 한국에서 관찰되는 정책전환이 라틴아메리카 사례들을 설명할 때 사용됐던 변수들로써 설명될 수 있는가라고 바꿔 물을 수 있다.

이 책에서 신생민주주의는 정책전환이라는 현상이 발생하는 정치적 환경 또는 어떤 점에서는 한 중요한 원인이라고 말할 수 있다. 물론 필자는 정책전환이 빈번히 발생하는 이유를 신생민주주의로 못 박는 것이 부적절하다는 관점에서 이 책을 쓰게 되었지만, 민주주의의 신생성, 즉 태어난 지 얼마 되지 않은 민주주의체제의 미성숙과 낮은 제도화 수준이 정책전환과 밀접한 연관이 있다는 것은 분명하다. 둘 사이의 인과관계를 추정하는 것은 쉽지 않지만 상관관계는 충분히 존재하는 것이다. 따라서 신생민주주의를 어떻게 정의할 것인가는 정책전환이라는 현상을 이해하기 위한 전제조건으로서 고민해야 할 문제이며 그것을 설명하는 작업과 직결된다.

신생민주주의를 정의할 때 부딪히는 기본적인 난점은 "신생"이라는 수식어가 가리키는 시간성의 차원이다. 분석의 엄밀성을 위해서는 몇 살까지의 민주주의를 신생이라고 불러야 할지를 결정해야 하는데 그 판단이 사뭇 자의적일 수 있다. 신생민주주의는 자기완결적 개념이 아니기 때문이다.

신생이라는 수식어가 여러 가지 복합적인 의미들을 전달해주기는 하지만, 하나의 독자적인 유형을 구성하기에는 신생민주주의라고 분류될 수 있는 나라들 사이의 경제발전, 정치갈등의 구조, 사회계층, 문화적 균열 등에서의 차이가 너무 크다. 따라서 여기서 신생민주주의라는 용어가 어떤 분석력이 갖도록 하기 위해서는 최소한의 정의를 채용할 수밖에 없다. 신생민주주의는 과거의 권위주의체제로부터 벗어나서 절차적 의미의 민주주의가 실현되고는 있으나 정치적 경쟁과 관련된 규범과 제도들이 아직 자리 잡지 않은 체제를 가리키는 것으로 정의될 수 있다. 달리 표현하자면 신생민주주의는 아직 공고화되지 않은 민주주의인 것이다.

그렇다면 충분히 공고화되지 않은 민주주의는 무엇을 의미하는가? 민주주의의 공고화를 어떻게 정의하고 측정할 것인지를 정하는 것은 여전히 쉽지 않다. 예컨대 12년 동안 중단 없이 유지된 민주주의체제를 공고화되었다고 판단하는 것이 기존문헌에서 대체로 가장 엄격한 기준으로 간주된다 하더라도 모든 학자들에게 받아들여지기는 어렵다.[19] 오히려 공고화되지 못한 민주주의는 자유주의적 요소들이 충분히 발전되지 않은 민주주의라고 정의하는 것이 현실의 더 많은 사례들을 설명하는 데 도움이 된다.

여기서 자유주의적 요소들은 특수이익의 제어, 개인적 수준의 권리와 소수자 권리의 보호, 그리고 집합적 심의[20] 등이라고 말할 수 있다.

---

19) Michael Bernhard, Timothy Nordstrom, and Christopher Reenock, "Economic Performance, Institutional Intermediation, and Democratic Survival", *Journal of Politics*, Vol. 63, No. 3 (August 2001), p. 778, fn. 5.
20) 이 세 가지 요소들은 다음에서 차용한 것이다. Robert O. Keohane, Stephen Macedo, and Andrew Moravcsik, "Democracy-Enhancing

이러한 자유주의적 요소들은 형성되고 민주적 정치제도 속에 안착하는 데 상당한 시간을 필요로 한다. 어떤 측면에서 자유주의적 요소들은 그 근본속성이 수의 정치일 수밖에 없는 민주주의의 부정적 측면들을 교정하기 위한 목적으로 도입된다고 볼 수 있다. 자유주의적 요소들을 강조하는 관점에서 민주주의는 기본적으로 민중주의적일 가능성이 높기 때문이다.

이러한 특징들을 갖는 신생민주주의와 정책전환 사이에 존재하는 상관성 또는 친화성에 대해 정리해보자. 안착된 민주주의, 또는 안착된 권위주의에 비해 신생민주주의에서 정책전환이 더 빈번하게 발생한다면 그것은 두 가지 요인들로 설명할 수 있다.

첫 번째 요인은 정치적 성격의 것이다. 만들어진 지 얼마 되지 않았다는, 바로 그 신생성으로 인하여 민주주의가 안착되기 위한 기본요건인 반응성과 책임성에 대한 인식이 결여되어 있기 때문에 정책전환이 발생할 가능성이 높아진다고 볼 수 있다. 이 첫 번째 요인에 대해서는 앞에서 상세히 살펴보았다. 두 번째 요인은 사회경제적 성격의 것이다. 신생민주주의 국가들의 사회경제적 특성 또는 환경이 정책전환을 부추기는, 또는 정당화하는 역할을 한다. 이 두 번째 요인에 관련해서는 이중적 이행(*dual transition*)과 경제위기에 대해 논의할 필요가 있다.

정책전환은 민주적 선거를 통해 선출된 정부수반 또는 최고통치권자와 의회가 유권자들의 선호에 조응하는 정책을 입안하고 집행하였는지 여부만을 묻는, 정치과정에만 해당하는 현상이 아니다. 비교정치경제 분야에서 작업하는 학자들이 관심을 갖는 정책전환의 핵심내용은 사람

Multilateralism", *International Organization*, Vol. 63, No. 1 (January 2009), pp. 5~9.

들의 물질적 삶에 깊은 영향을 미치는 경제정책과 사회정책의 시장지향적 재편이다. 선출된 공직자들이 선거유세 때 유권자들에게 했던 공약대로 정책을 만들고 추진했는가 여부보다 더 중요한 물음은 공약과는 거리가 먼 방향으로 추진된 정책이 어떤 효과를 갖는 것인가이다. 공약을 어긴 결과가 더 큰 물질적 이익과 더 공정한 분배로 귀결된다면 정책전환을 집요하게 문제 삼을 유권자는 많지 않을 것이다. 정책전환이 관심의 대상이 되는 것은 그것이 해당 정부 또는 최고통치권자에게 지지를 보낸 유권자들 대다수의 사회경제적 이익을 축소시키는 효과를 낳기 때문이다. 또는 적어도 그렇다고, 그럴 것이라고 인식하기 때문이다.

요컨대 정책전환은 정치와 경제의 상호작용에 관한 문제이다. 그리고 그 문제는 정치의 민주화와 경제의 자유화가 비슷한 시기에 이루어지는 이중적 이행과 깊은 연관이 있다.

정치적 민주화는 누가 통치할 것인가를 정기적으로 공정하게 치러지는 선거를 통해 결정하는 절차가 주요 행위자들 사이에서 받아들여지는 상태를 기본전제로 한다. 절차적 민주주의 실현이 민주화의 일차단계이자 필수조건인 것이다. 실질적 민주주의, 즉 사회경제적 영역에 대해서도 시민적 권리를 확대적용하는 단계가 뒤따라야 한다는 주장이 있으나 민주화된 정치체제의 최소요건에 포함되지는 않는다. 그러나 실질적 민주주의의 요소들을 민주화된 정치체제의 내용으로 편입시키지 않는다 해도 그것들은 민주적 정치질서가 어느 정도의 정당성을 갖는가에 큰 영향을 미친다. 이중적 이행의 상황이 아니라 해도 시민들 대다수의 사회경제적 조건이 민주화 이후 향상되었는지 악화되었는지는 신생민주주의의 생존과 안정에 종종 결정적 요인으로 작용한다. 신생민주주의 국가들 가운데 이전의 권위주의체제가 상대적으로 우월한 경제적 수행도를 보이고 고강도의 억압을 사용하지 않았던 경우에 권위주의로의 회귀가 종종 발생하는 이유가 바로 여기에 있다.[21]

권위주의 회귀까지는 아니더라도 민주화 이후의 사회경제적 불만은 민주정부 통치능력의 약화로 이어지는 경우가 많다. 예컨대 친노동 성향의, 정확히 말하면 친노동 성향이라고 간주되었던, 정부가 들어서면서 오히려 노사관계가 악화되는 경우를 많은 신생민주주의체제들에서 볼 수 있다. 칠레가 좋은 보기를 제공한다. 1990년부터 중도좌파 반독재연합이 민주정부를 구성했던 칠레는 2000년에 아옌데 정부 전복 이후 27년 만에 좌파후보인 라고스(Ricardo Lagos)가 대통령으로 선출되는 상황을 목도하게 되었다. 사회당 후보였던 라고스는 "평등과 함께하는 성장"(crecimiento con igualdad)을 표어를 내걸고 선거유세를 했고, 조직노동의 이익과 부합하는 방향으로의 노동법 개정을 약속했다. 그러나 좌파정부에 의해 민주화의 효과가 사회경제적 영역으로 확대될 것으로 기대했던 것과는 달리 군부권위주의 통치가 종식된 후 처음으로 총파업이 발생했다.

민주화가 권위주의체제하에서 억압되었던 다양한 사회경제적 요구들이 분출되는 환경을 조성하는 것은 자연스러운 일이다.[22] 문제는 민주화와 함께 갑자기 치솟는 여러 사회집단들의 기대와 민주정부의 수

---

21) 이 논점에 대해서는 다음을 참조. Guillermo O'Donnell, "Transitions, Continuities, and Paradoxes", in *Issues in Democratic Consolidation : The New South American Democracies in Comparative Perspective*, ed. Scott Mainwaring, Guillermo O'Donnell, and J. Samuel Valenzuela (Norte Dame: University of Norte Dame Press, 1992), pp. 31~37.

22) 조돈문, "칠레 민주정권 시기의 노사관계와 노동조합의 선택: 신자유주의 세계화 시대 좌파정부 집권과 노동의 딜레마", 〈라틴아메리카연구〉 19권 3호(2006), pp. 6~8.

용능력 사이에 큰 차이가 발생한다는 데 있다. 민주주의에 대한 기대와 민주주의의 수용능력의 간극이 제도적 방식으로 관리되지 못할 때 사회집단들은 직접행동에 나서게 된다. 정부에 대한 기대와 정부의 수행력의 차이에서 비롯되는 실망감은 단순히 정치적 지지의 철회를 넘어 민주주의에 대한 환멸(disillusionment)로 이어지기도 한다. 이러한 현상은 어떤 이념적 성향의 정부에서도 관찰될 수 있는 것이지만 특히 좌파정부에서 심한 경향이 있다.

신생민주주의체제에게 닥치는 경제위기는 다른 어떤 요인들보다도 신자유주의 정책전환에 직접적인 영향을 끼친다고 볼 수 있다. 한국처럼 경제위기에 바로 뒤이어 정책전환을 겪은 사례들을 설명할 때 이 요인은 다른 모든 요인들을 압도하는 수준까지는 아니더라도 필수불가결한 독립변수로 간주된다. 경제위기가 정책전환을 아주 잘 설명하는 요인으로 간주되는 이유는 그리 이해하기 어렵지 않다. 경제위기는 대체로 국가나 여타 비경제적 권위체에 의해 경제운용방식이 결정되는 체제에서 발생하는 경향이 있고, 그것을 해결하기 위해서는 민중부문의 지지를 얻어 집권한 정부라 하더라도 시장기제에 의존하는 정책들을 사용해야 하는 압력에 노출되기 때문이다. 라틴아메리카 나라들의 정책전환 사례들 가운데 상당수가 경제위기를 통해 민중부문에 기반을 두는 정부가 시장지향적 경제개혁을 감행할 수 있는 논리를 부여받은 경우이다.

그런데 여기서 유의해야 할 것은 경제위기가 민주화 과정의 어느 시점에 발생하는가이다. 민주화와 관련하여 경제위기의 발생시점은 다음의 3가지 유형으로 구분될 수 있다.

첫째, 권위주의체제하에서 발생한 경제위기가 정권의 정당성 위기를 유발하여 민주화를 촉진시키는 경우이다. 아르헨티나를 비롯한 적지 않은 수의 라틴아메리카 나라들이 여기에 속한다.

둘째, 비경제적 요인들로 인해 민주화가 진행된 상태에서 경제위기가 발생하여 민주주의 공고화 단계에 진입하지 못하고 정치적 불안정이 계속되는 경우이다.

셋째, 비경제적 요인들로 인해 민주화가 진행되어 민주주의 공고화단계까지 진입할 즈음 또는 그 이후에 경제위기가 발생하는 경우이다. 한국은 세 번째 유형에 가깝다.

경제위기는 흔히 민중부문이 자신들의 선호를 대변해야 할 정부가 시장지향적 경제개혁을 강행할 때에도 정치불안을 가져올 정도의 저항을 하지는 않는 현상을 설명하는 요인으로 자주 사용되어 왔다.

그러나 신자유주의 경제정책들에 대한 대중적 지지를 설명하는 또다른 방식은 유권자들이 생산자 집단의 일원으로서보다는 개별 경제주체로서, 특히 소비자로서 어떤 선호를 보이는가에 초점을 맞추는 것이다. 이 접근법은 모든 형태의 경제개방에 적용되기는 어렵고 대체로 무역자유화에 대한 대중의 지지를 설명하는 데 적합하다. 개발도상국의 유권자들은 경제구조상의 이유와 정치사회적 이유에서 자유무역을 선호할 개연성이 높다. 많은 개발도상국들, 특히 라틴아메리카 나라들은 권위주의체제하에서 수입대체 산업화를 오랫동안 경험했다. 수입대체산업화는 국내산업기반을 닦고 고용을 창출하는 순기능이 있지만 그 대가로 소비자들은 저품질 상품을 세계시장에서 거래되는 가격보다 비싸게 구매해야 한다. 23) 자유무역이 양질의 상품을 기존보다 낮은 시장

---

23) Andy Baker, "Why Is Trade Reform So Popular in Latin America? A Consumption-Based Theory of Trade Preferences", *World Politics*, Vol. 55, No. 3 (April 2003), p. 433.

가격에 소비할 수 있게 해준다면 이를 마다할 소비자는 없다. 한층 낮아진 가격으로 인한 손실은 수입장벽으로 보호받아왔던 특정한 산업부문과 기업들에 집중될 것이고, 그러한 기득권 세력에 대한 인식이 부정적일수록 무역자유화에 대한 지지는 높아질 가능성이 크다. 반면에 고용안전이나 생활비 보조에 영향을 주는 신자유주의 경제정책들에 대한 저항은 크게 나타난다. 요컨대 경제적 자유화에 대한 개인들의 태도는 그것이 어떤 영역에서 이루어지는 것인가에 따라 상이하다.

그러나 이러한 논리는 내수시장이 작고 제조업 기반이 매우 협소한 일부 라틴아메리카 나라들에는 들어맞을지 모르나 상대적으로 내수시장이 크고 내부적으로 다양한 산업구조를 갖춘 1997년 시점의 한국에 적용하기에는 무리가 따른다.[24] 한국의 경제개방론자들이 자유무역의 긍정적 효과로서 보호장벽 제거로 인해 상품과 서비스의 가격과 다양성에서 소비자들에게 돌아갈 혜택을 강조하기는 했으나 정부가 무역자유화를 추진할 때 훨씬 더 강조했던 것은 글로벌 시장경쟁의 효과를 통한 국내기업 경쟁력 제고 및 경제체질 개선이었다.

한국의 경우에서 오히려 특기할 만한 것은 세계화와 경제개방에 대한 대중들의 이중적 태도이다. 한국인들은 세계화에 대해서는 긍정적인 인식을 보이면서도 그것이 가져올 수 있는 주권침해 등의 위험에 대해서는 민족주의적 반응을 일으키는 경향이 있다.[25] 이는 상징의 정치가 이익의 정치를 압도할 수 있는 환경이 엘리트 수준에서 급조되는 것만큼이나 대중 수준에서 조성되어 있음을 시사한다.

---

24) *Ibid.*, pp. 434~435.
25) 최영종, "세계화를 둘러싼 국내적 갈등에 대한 연구: 한미 FTA 사례를 중심으로", 〈한국정치외교사논총〉 31집 2호(2010), pp. 297~298.

정책전환이 신생민주주의 또는 내부적, 외부적 위협에 아직 취약한 민주주의체제에만 국한되는 현상이 아님은 분명하다. 서유럽, 북미, 오세아니아의 오래된 안착된 민주주의체제들에서도 정책전환이 일어나는 경우가 없지 않다. 26)

제1장에서의 개념정의를 엄격히 받아들인다면 정책전환보다는 정책역전(*Policy Reversal*)에 가깝다고 할 수 있으나 캐나다의 경험을 살펴본다. 1984년 캐나다 연방선거에서 26년 만의 압승을 거두며 집권한 진보보수당(Progressive Conservatives)의 멀루니(Brian Mulroney) 수상은 1983년 당내경선에서는 미국과의 자유무역협정 체결에 반대했으나 집권 후인 1986년 협상에 착수하여 1988년 협정체결을 마무리하였다. 캐나다 건국 이후 대외무역정책의 기조였던 국가정책(*National Policy*)이 보수당에 의해 유지되어왔고 그 핵심내용은 미국에 대한 고관세 정책이었다. 특히 미국과의 자유무역이 주된 쟁점이었던 1911년 연방선거에서 보수당은 보호주의적 경향을 분명히 보여주었다. 이러한 역사적 맥락과 1984년 선거를 전후로 한 입장변화를 감안할 때 멀루니는 일종의 정책전환을 한 것이었다.

자유당이 미국과의 무역자유화에 대해 훨씬 긍정적이기는 했으나 미국경제로의 흡수를 우려한 역대 캐나다 정부들은 대체로 보호주의 정책을 대미무역의 기조로 삼았다. 양국 간 자유무역협정의 밑바탕을 이루었던 1965년 자동차 협정(Auto Pact) 조차도 부문별 무역자유화 이상이 아니었다. 이처럼 저항의 강도가 컸던 정책을 선거 전의 공약을

---

26) 스톡스는 1982년의 호주와 1983년의 뉴질랜드를 라틴아메리카 밖에서 발생한 정책전환 사례들로 언급한다. Stokes, "Democratic Accountability and Policy Change", p. 210.

뒤집으면서까지 추진했던 멀루니의 선택이 어떤 경제적 결과를 낳았는가에 대해서는 아직도 논쟁의 여지가 있다. 27) 그러나 그 정치적 결과는 즉각적이었고 명백했다. 멀루니의 대미 경제개방은 캐나다 국내 제조업 부문이 가장 밀집되어 있는 온타리오 주에서의 보수당 지지도를 크게 낮추는 대가로 이루어졌다. 온타리오 주는 가장 많은 유권자를 가지고 있을 뿐만 아니라 캐나다 정치경제의 중심이기 때문에 서부 캐나다와 퀘벡의 불안정한 결합에 의존했던 멀루니의 전략은 퀘벡문제의 연방주의적 해결이 좌절되자 1993년 연방선거에서 종지부를 찍었다. 28)

　이처럼 안착된 선진민주주의 나라들에서 정책전환 자체가 일단 힘들뿐만 아니라 그 정치적 대가도 큰 반면에 라틴아메리카, 아시아, 동유럽의 신생민주주의체제들에서 정책전환은 민주적 정치과정의 틀을 벗어난 경우가 많았기 때문에 절차적 난점이 적었다. 이는 이 지역 나라들이 군부권위주의체제로부터 벗어난 이후에도 오도넬이 "위임민주주의"라고 불렀던 비자유주의적 통치관행과 정치행태가 계속됨으로써 서구적 의미에서의 대의민주주의의 발전을 가로막아왔던 것과 밀접한 연관이 있다. 29)

---

27) Julian Beltrame, "Canada-U. S. Free Trade Agreement: 25 Years On, Not All Agree Deal Was A Success Story", *The Canadian Press*, October 3, 2012.

28) 멀루니 연합의 성격에 대해서는 다음을 참조. Michael Lusztig, *Risking Free Trade: The Politics of Free Trade in Britain, Canada, Mexico, and the United States* (Pittsburgh: University of Pittsburgh Press, 1996), chap. 4; 조찬수, "퀘벡 분리주의와 신자유주의: 그 선택적 친화성의 정치경제적 설명", 〈국제정치논총〉 45집 4호(2005), pp. 389~390.

29) Guillermo A. O'Donnell, "Delegative Democracy", *Journal of Democracy*,

한 사람의 카리스마적 지도자를 형식적 민주주의의 절차에 따라 "정당하게" 선출한 민중주의 성향의 유권자들은 이 사인적 리더십에 제도적으로 가능한 모든 권능을 부여한다. 이 최고지도자는 선거유세 당시 자신이 한 공약에 얽매이지 않으며, 자신이 정의한 국가이익을 추구하기 위해 어떤 내용의 정책도 입안하고 시행할 수 있다. 대의민주주의의 혈관이라 할 정당은 이 인격화된 리바이어던에게 효율적인 통치도구가 되기 어렵다. 정당정치는 사실상 선거정치의 하위개념에 지나지 않게 되고, 실제적으로 최고지도자가 의존하는 정치적 기제는 여러 가지 모습의 운동이다. 완전한 사조직에서 광범한 대중조직에 이르기까지 다양한 성격을 갖는 운동은 정상적인 정치과정을 대체하거나 우회하며 최고지도자와 민중주의적 유권자들을 직접 연결하는 역할을 한다. 이때 정당들, 특히 민주화 이전의 파당적 기반에서 비롯된 정당들은 신생민주주의에 위협적 요소로 인식되기도 한다. 이러한 반(反)정당의 요소는 신자유주의 정책전환과 좋은 짝을 이룬다.

물론 민중주의가 라틴아메리카의 전유물은 아니다. 위임민주주의는 서구 정치발전의 역사에서도 드물지 않게 찾아볼 수 있는 현상이며, 전간기 파시즘의 등장은 위임민주주의의 요소들이 강한 나라들에서 이루어졌다. 위임민주주의는 어떤 의미에서 대의민주주의보다 더 민주적인 정치체제라고 볼 수 있다. 유권자들과 최고 지도자가 어떤 "불필요한" 매개도 없이 연결됨으로써 일종의 직접민주주의가 실현되기 때문이다. 단지 문제는 위임민주주의는 대의민주주의보다 "비자유주의적"일 개연성이 크다는 것이다. 비자유주의적 정치체제에는 미합중국 헌법 수정조항 1~10번이 담고 있는 개인의 보편적 권리에 대한 깊은 인

Vol. 5, No. 1 (January 1994), pp. 55~69.

식과 제도적 뒷받침이 결여되어 있다.

자카리아가 말하는 "비자유주의적 민주주의의 흥기"[30] 는 거의 대부분의 사례들에서 위임민주주의의 특징들을 드러낸다. 정당, 의회, 사법부는 개인적 수준에서의 권리를 보장하고 실현하는 기구일지는 모르나 최고 지도자가 국가이익이라고 정의한 내용을 효과적으로 추구하는 과정에서는 걸림돌이 될 가능성이 높은, 그리고 종종 "반동적" 역할을 담당하는 구체제의 유산으로 인식된다.

이러한 특징들은 위임민주주의가 사회적, 경제적 위기 속에서 민주주의로의 체제이행을 이룬 나라들에서 자주 발견된다. 1990년대는 냉전의 해체 이후 세계정치경제 속에서 미국의 패권이 확고해진 시기였고, 그와 더불어 미국과 영국 주도의 시장주의적 정책공세가 가속화된 때였다. 1980년대 중반 이후부터 탈권위주의화를 경험해온 라틴아메리카와 아시아의 여러 나라들은 경제적 자유화와 정치적 민주화를 동시에 추진해야 했다. 외채위기, 국가경쟁력 제고, 또는 국제적 기준의 도입 등 그 이름은 각양각색이지만 내용은 크게 다르지 않았다. 한편으로는 급증하는 외부로부터의 경제적 압력에 노출되었고, 다른 한편으로는 국내적으로 시장지향적 정책이념이 힘을 얻게 되었다. 국제적 냉전과 국내적 권위주의체제라는 짝이 존재했던 시기에는 충분히 가능했던 민중주의 정치경제가 갑자기 보호막이 사라지면서 급격한 해체의 위기에 몰린 것이었다. 정책전환은 이러한 정치경제적 공백을 틈타 발생한다.

---

30) Fareed Zakaria, "The Rise of Illiberal Democracy", *Foreign Affairs*, Vol. 76, No. 6 (November-December 1997), pp. 22~43.

4) 정책전환에 대한 사회부문의 대응: 정부-노조 상호작용

신생민주주의하에서 신자유주의 정책전환이 이루어지는 문제영역들 가운데 정부와 그 지지세력 간의 관계를 들여다보는 데 분석적 효용이 높은 한 영역은 노사관계이다. 경제정책의 다른 영역들과 사회정책에 비해 노사관계는 노조라는 조직화된 생산자집단과의 대면을 중심내용으로 갖기 때문이다. 여기서는 무리요가 정부-노조 상호작용에 대해 구축한 유형론을 중심으로 신자유주의 정책전환이 이루어질 때 그 영향에 가장 많이 노출되어 있는 사회집단인 조직노동이 어떻게 상이한 반응을 보이는지를 살펴본다.

무리요는 신자유주의 정책전환에 대해 노조가 어떤 대응을 하는지, 그리고 그 결과 어떤 정책적 성과를 얻어내는지를 4가지 경우로 나누어 보고 있다. [31] 그녀의 유형론은 이미 시작된 시장지향적 경제개혁에 대해 노조가 어떤 전략적 대응을 했고, 그 선택에 따른 정부의 대응은 어떠했으며, 최종결과는 무엇인지에 초점을 두고 구축된 것이다. 반면에 한국 사례에서는 노사관계 영역에서 신자유주의 정책전환 자체가 왜 이루어졌는가가 더 중요한 질문일 수 있다. 정부 정책에 대한 노조의 대응보다는 애초에 정부의 시장친화적 노동정책이 만들어지고 집행되었던 맥락이 무엇인지를 파악하는 것이 이 책의 분석적 목적에 더 부합한다는 것이다.

그럼에도 불구하고 무리요의 유형론을 일별하는 이유는 시장지향적

---

31) Maria Victoria Murillo, *Labor Unions, Partisan Coalitions, and Market Reforms in Latin America*(New York: Cambridge University Press, 2001), p. 12.

<table>
<tr><td rowspan="4">시
장
개
혁</td><td rowspan="2">전투적인
노조</td><td>유형 Ⅰ : 정부가 양보 → 효과적인 전투성</td></tr>
<tr><td>유형 Ⅱ : 정부가 양보하지 않음 → 비효과적인 전투성</td></tr>
<tr><td rowspan="2">자제하는
노조</td><td>유형 Ⅲ : 정부가 양보 → 효과적인 자제</td></tr>
<tr><td>유형 Ⅳ : 정부가 양보하지 않음 → 비효과적인 자제</td></tr>
</table>

〈표 2-2〉 시장지향적 경제개혁하에서의 정부 – 노조 상호작용의 유형론

출처: Murillo, *Labor Unions, Partisan Coalitions, and Market Reforms in Latin America*, p.12, Figure 2.1.

경제개혁이 단행되는 과정에서 정부와 노조는 직접적이든 간접적이든 상호작용할 수밖에 없기 때문이다. 그 상호작용의 성격에 따라 개혁의 내용과 속도가 영향을 받는다는 점에서 무리요의 유형론은 이 책에서의 분석에 대해서도 상당한 적실성을 갖는다.

〈표 2-2〉의 유형 Ⅰ은 정부의 신자유주의 정책전환에 대해 노조가 전투적 대응을 했을 때 정부가 양보로 반응하는 경우이다. 유형 Ⅱ는 신자유주의 정책전환에 대해 노조가 전투적 대응을 했을 때 정부가 양보하지 않고 시장개혁을 계속 추진하는 경우이다. 유형 Ⅲ은 신자유주의 정책전환에 대해 노조가 곧바로 저항하기보다는 추이를 지켜보면서 대화할 때 정부가 보상 조치를 취하거나 일부 정책들을 철회하는 경우이다. 유형 Ⅳ는 노조가 시장개혁에 대해 즉각적인 반대입장을 취하지 않고 상당히 협력적인 자세를 보였는데도 불구하고 정부가 일체의 보상조치나 정책철회를 하지 않는 경우이다.

정부-노조 상호작용의 여러 형태들을 보여준다는 점에서 유용하기는 해도 〈표 2-2〉의 유형론은 왜 이처럼 상이한 대응들이 나오는지를 설명하지는 못한다. 정부-노조 상호관계의 다양한 모습을 설명하기 위해 우리가 사용할 수 있는 설명변수들은 대체로 두 가지이다.

첫째, 정당 간 경쟁의 양태를 볼 수 있다. 집권당과 제1반대당 사이 또는 집권당과 반대당 연합 사이의 경쟁이 합의적인지 또는 갈등적인 지에 따라 노사관계 정책은 상당한 영향을 받을 수 있다. 특히 해당사 안이 어떤 것인가에 따라 집권당과 반대당 또는 반대당 연합의 관계는 합의적일 수도 갈등적일 수도 있다.

둘째, 조직노동 내부의 리더십 경쟁을 볼 수 있다. 이를테면 한국노 총과 민주노총이 전국조직으로서 경쟁하는 양태, 그리고 그들 각각이 전체 정치경제체제 안에서 인정받는 정도에 따라 정부-노조 관계는 영 향을 받는다. 두 전국조직의 리더십 경쟁은 서로의 노선 차이를 조정하 는 방향이거나 각자 노선을 독자적으로 추구하는 방향일 수 있다.

따라서 정부-노조 상호작용의 패턴을 결정짓는 주된 두 요인을 정당 간 경쟁의 양태와 조직노동 내부의 리더십 경쟁으로 볼 때, 다음과 같 은 가설구축이 가능하다. 정당 간 경쟁이 노동문제에 대해서는 합의형 에 가깝고 조직노동 내부의 리더십 경쟁으로 인하여 정상조직(peak association)의 대표성이 불안정할 때 정부-노조 상호작용은 유형 Ⅱ(비 효과적 전투성)나 유형 Ⅳ(비효과적 자제)의 모습으로 나타날 개연성이 높다.

이 가설을 한국 사례에 적용해보면 다음과 같은 추론이 가능하다. 정 당 간 경쟁이 경제정책 및 사회정책의 주요 쟁점들을 둘러싸고 이루어 지기보다는 지역갈등을 매개로 이루어질 때, 사인적 대통령제의 특징 들이 정책과정을 지배할 가능성이 높아진다. 대통령은 집권당과 반대 당 모두 노동문제에 집중하지 못하는 공백을 틈타 독자적인, 때로는 초 당적인 정책개입을 할 수 있다. 조직노동이 내부의 리더십 경쟁으로 인 해 정상조직 수준에서 효과적인 대표성을 갖고 있지 못할 때 사인적 대 통령에 의한 시장중심적 노사관계 정책에 적절한 대응을 하지 못할 개연성이 높아진다.

전후 프랑스의 조직노동이 극심한 내부 분파주의와 동시에 대외적 전투성을 보였던 것[32]과 마찬가지로 한국에서도 한국노총과 민주노총의 경쟁은 후자의 급진주의를 북돋는 효과를 가졌다. 조직노동 내부의 리더십 갈등은 민주주의 정부들로 하여금 생산성의 정치를 더욱 강력하게 추진하는 빌미를 제공했다. 기존의 권위주의체제하에서 노동의 대표권을 독점했던 한국노총에 도전하는 대안적 노조연맹이 제도권 밖의 수단들에 의존할 때 발전주의 국가의 인적 네트워크에 의해 포위된 집권당은 생산성의 정치를 유일한 대안으로 제시하게 된다.

---

32) Chris Howell, *Regulating Labor: The State and Industrial Relations Reform in Postwar France*(Princeton: Princeton University Press, 1992).

2. 정책전환의 제도적 기반

정책전환의 사례들은 신생민주주의뿐만 아니라 오래도록 안착된 민주주의에서도 발견되며, 대통령제뿐만 아니라 의회제에서도 발견된다. 또한 지역적으로도 기존문헌이 주로 분석의 대상으로 삼아온 라틴아메리카에만 국한되지 않으며, 아시아를 비롯한 다른 대륙들에서도 정책전환의 사례들은 관찰된다. 이는 정책전환에 대한 설명은 특정지역의 경험에 바탕을 두고 만들어진 개념들과 분석틀을 활용하되 그 시각은 비교적이어야 할 필요가 있음을 보여준다. 사회경제적 발전수준과 민주주의의 정착도에서 상당한 차이를 보이는 나라들을 비교할 때 학자들은 흔히 제도주의적 접근법을 사용한다. 특히 정책전환은 대통령, 또는 "대통령화된" 수상에 의해 주도되는 경우가 많기 때문에 이 현상의 원인이 정부형태를 비롯한 정치제도에 있다고 볼 충분한 근거가 있다. 한국의 정책전환을 설명할 때도 빼놓을 수 없는 요인이 1987년 민주화의 결과로 도입된 대통령 5년 단임제라는 점에서 제도주의적 접근법은 그 분석적 효용이 작지 않다.

이 절에서는 정책전환의 제도적 기반으로서 거시제도적 구조, 선거제도, 그리고 정당과 정당체제를 논의한다.

1) 거시제도적 구조

비교정치 문헌에서 말하는 거시제도적 구조(*macro-institutional struc-ture*)는 보통 정부형태라고 불리는 것을 가리킨다. 한 정치체제의 성격을 규정하는 가장 높은 수준의 제도적 틀인 거시제도적 구조는 행정부와 입법부의 관계를 핵심내용으로 한다. 따라서 대통령제와 의회제라는 두 이념형에 바탕을 둔 정부형태 구분이 이루어진다. 두 정부형태 가운데 대통령제는 정책전환과 매우 긴밀한 연관을 갖는다. 〈표 2-3〉에서 볼 수 있듯이 가장 많은 수의 정책전환 사례들이 관찰되는 라틴아메리카 나라들뿐만 아니라 중남미 국가들을 포함한 전체 정책전환 사례들의 정부형태는 절반 이상이 대통령제였다.

물론 대통령제 국가들에서 정책전환이 훨씬 높은 빈도로 관찰되는 것은 라틴아메리카 지역에 특유한 정치경제적 성격으로 설명될 수도 있다. 그럼에도 불구하고 〈표 2-4〉에 제시된 것처럼 대통령제 국가들 중에서 정책전환이 발생한 비율이 의회제와 준대통령제에 비해 현저하게 높다는 것은 대통령제와 정책전환 사이의 인과관계는 차치하고라도 상관관계를 부정하기는 어려움을 시사한다.

그렇다면 이렇게 시장지향적 정책전환과 대통령제 사이의 상관관계가 분명하게 확인되는 이유는 무엇인가? 그 이유는 대통령제라는 정부형태 자체가 갖는 특성과 분점정부와의 연관성에서 찾을 수 있다. 먼저 정부형태로서 대통령제가 어떤 특성을 갖는지를 의회제와 비교하여 살펴보기로 한다.

대통령제는 권력분립의 원칙 위에 만들어진 정부형태이다. 행정부의 수반인 대통령을 뽑는 선거와 입법부를 구성하기 위한 선거가 따로 있기 때문에 대통령과 의회가 시민을 대신하여 행사하는 권력의 정당성이 독자적으로 주어진다. 이 헌법구조하에서 대통령과 의원 모두 임기가 정해져 있는 직위이다. 임기가 있다는 것은 특별한 사유가 없는 한 대통령과 의회가 서로에 대해 퇴출을 시도하기 어렵다는 것을 의미한다. 더 정확히 말하자면 대통령이 의원을 면직시킬 수 없듯이 의회가 대통령을 그 직위에서 제거하기는 매우 어려운 일이다.

〈표 2-3〉 국가별 정책전환 사례 (1978~2002)

국가	정책전환 연도	정부형태
그리스	1981	의회제
그리스	1985	의회제
도미니카공화국	1982	대통령제
도미니카공화국	1990	대통령제
독일	1998	의회제
루마니아	1992	준대통령제
몰도바	1996	준대통령제
몰도바	2001	의회제
베네수엘라	1988	대통령제
베네수엘라	1993	대통령제
볼리비아	1989	대통령제
아르헨티나	1989	대통령제
아일랜드	1987	준대통령제
에콰도르	1988	대통령제
에콰도르	1992	대통령제
에콰도르	1996	대통령제
에콰도르	2002	대통령제
인도	1991	의회제
코스타리카	1990	대통령제
코스타리카	1994	대통령제
파나마	1994	대통령제
페루	1990	준대통령제
폴란드	1993	준대통령제
프랑스	1995	준대통령제
프랑스	1997	준대통령제
한국	1997	대통령제
호주	1983	의회제

출처: David J. Samuels and Matthew S. Shugart, *Presidents, Parties, and Prime Ministers: How the Separation of Powers Affects Party Organization and Behavior* (New York: Cambridge University Press. 2010), p.236, Figure 8.1.

<표 2-4> 정부유형별 정책전환 발생비율(1978~2002)

정부유형	정책전환 빈도	전체 사례 수	비율(%)
대통령제	14	83	16.9
준대통령제	7	99	7.1
의회제	6	157	3.8

출처: Samuels and Shugart, *Presidents, Parties, and Prime Ministers*, p.237, Figure 8.2.

물론 의회는 대통령을 탄핵할 수 있다. 미국에서는 앤드루 존슨과 빌 클린턴이 하원에 의해 탄핵받았으나 상원 탄핵재판에서 하원 결의안이 기각됨으로써 직위를 유지했고, 워터게이트 사건으로 탄핵이 거의 확실시되었던 닉슨은 하원 탄핵안 통과 이전에 사임했다.

라틴아메리카의 경우에는 특유의 정치적 불안정으로 인해 탄핵의 사례도, 대통령이 직위에서 제거된 사례도 많은 편이다. 1992년과 2004년 사이에 라틴아메리카 나라들은 6명의 대통령이 탄핵소추 대상이 되고 그 가운데 4명은 직위에서 물러나는 것을 목도했다.[33] 한국에서는 2004년 헌정사상 처음으로 대통령 탄핵소추안이 여소야대 국회에서 통과되었으나 헌법재판소가 이를 기각하면서 노무현 대통령이 직위를 유지했다. 라틴아메리카를 부분적 예외로 친다면 대통령 탄핵은 현실적으로 매우 어렵다고 말할 수 있다. 대통령은 의회에 책임성을 갖지 않고, 의회 역시 대통령에게 책임지지 않는 대통령제가 달성하고자 하는 최대목표는 견제와 균형이다.

이와는 대조적으로 의회제는 권력융합의 원칙 위에 만들어진 정부형

---

33) Aníbal Pérez-Liñán, *Presidential Impeachment and the New Political Instability in Latin America* (New York: Cambridge University Press, 2007), p. 1.

태이다. 행정부의 수반인 수상을 시민들이 직접 뽑는 선거가 따로 없고, 수상은 의회선거에서 최다의석을 확보한 정당의 당수가 맡게 된다. 행정부의 수반은 곧 입법부를 장악한, 또는 최대 영향력을 행사하는 정당의 지도자이기 때문에 행정부와 입법부의 구분이 별 의미를 갖지 못한다. 수상이라는 직위를 선출하기 위한 선거가 없으므로 임기도 있을 수 없다. 대부분의 의회제 국가들에서 수상의 재임기간은 그와 그의 내각이 추진한 정책이 의회에 의해 불신임을 받을 때 종료된다. 수상을 비롯하여 장관들 대다수가 의회선거에서 뽑힌 사람들이므로 시민들이 권력을 위임한 대상은 오로지 의회뿐이다. 따라서 내각은 정당한 권력의 유일한 피위임자인 의회에 책임성을 갖는 것이다.

오랜 권위주의 통치, 그리고 전통사회 시기부터 전수된 중앙집권적 국가의 영향으로 한국인들은 대통령이 행사하는 권력이 민주화 이후에도 거의 절대적이라는 인식을 버리지 못한다. 그러한 인식이 전혀 근거가 없는 것은 아니지만, 정책과정과 관련하여 볼 때 대통령은 의회제, 특히 웨스트민스터 모델 의회제의 수상과 비교해 볼 때 절대적인 권력 행사의 주체라고 보기 어렵다.

영국과 캐나다에서 고전적 형태로 적용되고 있는 웨스트민스터 모델은 단순다수 소선거구제에 바탕을 둔 의회제를 가리킨다. 비례대표제에 바탕을 둔 의회제와는 달리 웨스트민스터 모델은 양당제로 귀결될 가능성이 높기 때문에 소수정부라도 단일정당에 의해 내각이 구성되는 경우가 일반적이고 연립내각이 만들어지는 경우는 드물다. 따라서 과반수 의석을 확보한 집권당의 당수인 수상은 불신임을 받기 전까지는 자신이 추진하고 싶은 정책을 제1야당이 아무리 반대해도 진행시킬 수 있다. 대통령제와는 달리 의회제하의 내각의 장관으로 선택된 인물에 대한 인사청문회가 열리는 경우가 거의 없으므로 수상은 자신이 쓰고 싶은 사람을 야당은 물론이고 집권당의 눈치를 보지 않으며 기용할 수 있다. 그리고 웨스트민스터 의회제하의 정당들은 강력한 당내 기율을 특징으로 한다. 일견 이 거시제도적 구조는 정책전환을 하기에 최적의 조건을 제공한다고 생각할 수 있다.

안착된 민주주의 국가들 가운데 정책전환 현상을 찾아볼 수 있는 나라들인 호주, 뉴질랜드, 캐나다가 모두 웨스트민스터 의회제를 취하고 있다는 점에서 이 생각은 아주 근거가 없는 것은 아니다. 그러나 이 사례들과 영국을 비교해보면 정책전환의 원인이 수상이 마음먹은 대로 할 수 있는 제도에만 있기보다는 해당국가의 국제경제적 위치, 정책이념의 변화, 정당체제 안정성 등의 차이에서 발견됨을 알 수 있다.

〈표 2-2〉가 보여주는 대로 의회제를 취하는 나라들에서 정책전환의 비율이 낮은 것은 의회제가 최고의사결정자인 수상을 뽑는 선거가 따로 없는 제도이기 때문이다. 의회를 구성하기 위한 단 하나의 선거만이 존재하고 이 선거에서 최다의석을 차지한 정당의 당수가 수상이 되기 때문에 이 직위의 대표성은 대통령과는 달리 간접적일 수밖에 없다. 유권자들은 의회선거에서 후보자 개인에 초점을 두고 투표하든 후보자 소속정당에 초점을 두고 투표하든 수상을 선출한 것은 아니므로 선거공약을 뒤엎는 정책을 추진할 만큼의 대표성을 수상은 누리기 어렵다.

대통령제하에서 시장지향적 정책전환이 빈번하게 발생하는 것과 연관된 또 다른 현상은 분점정부이다. 대통령과 의회를 선출하는 선거가 따로 있을 수밖에 없는 대통령제하에서, 그 나라의 선거가 비교적 공정하고 자유롭게 이루어진다면, 분점정부는 얼마든지 가능한 현상이다. 대통령 소속 정당과 의회를 장악한 정당이 다를 수 있는 것이다.

그렇다면 분점정부는 신자유주의 정책전환과 어떤 관계가 있는가? 일견 분점정부는 대통령을 정점으로 하는 행정부의 정책입안과 전반적인 국정운영 능력을 입법부가 제한하고 심지어는 구속할 수도 있는 상황을 만들어낸다고 이해될 수 있다. 그러나 의회와는 달리 별도의 선거를 통해, 그것도 지역구를 대표하는 개별 의원들과는 달리 나라 전체를 선거구로 삼는 경쟁에서 이긴 대통령이 분점정부의 상황을 수동적으로만 받아들이기는 어렵다.

분점정부는 신자유주의 정책전환과 복합적인 관계를 가진다. 한편으로 분점정부는 정책전환 자체를 힘들게 만드는 조건일 수 있다. 행정부를 장악한 정당과 의회 다수를 차지한 정당이 다를 때, 행정부에서 입안되고 발의된 법안이 의회를 통과하기가 쉽지 않을 것이기 때문이다. 정책전환이 유권자가 기대했던 방향과는 반대로 정책을 입안하고 집행하는 것을 가리키는 것이라면, 대통령 또는 대통령 소속 정당이 추구할 것이라고 기대되었던 정책방향의 반대는 분점정부하에서 의회 다수를 장악한 정당의 정책방향과 가깝거나 일치할 가능성이 높다. 그러한 경우에라도 의회 다수당인 반대당이 집권당 또는 대통령의 정책전환을 반대한다면, 그것은 정책의 내용과는 상대적으로 무관한 파당적 반대라고 볼 수 있다. 이러한 상황은 정책의 구체적 내용과는 별도로 경쟁하는 정당들 간에 이념적 갈등이 고조되었을 때 나타난다.

대통령제와 정책전환의 관계를 설명하는 데 빠뜨려서는 안 될 요인은 대통령 임기제한 여부이다. 권위주의 통치를 경험한 많은 신생민주주의 국가들이 단임제를 도입하거나 중임은 허용하더라도 연임은 못 하게 하는 이른바 "one term out" 제도를 채택하였다. 특히 단임제하에서 대통령은 정책전환의 유혹에 활짝 노출되어 있다고 말할 수 있다. 정치경력의 최정점에 도달한 대통령이 자신의 눈앞에 펼쳐진 시간적 한계를 어떻게 인식하는가는 형식논리적으로 판단하기 쉽지 않다. 한 번밖에 할 기회가 없기 때문에 자신의 정치적 업적을 극대화할 수 있는 방향으로 정책전환을 할 가능성은 당연히 높다.

그러나 라틴아메리카 정책전환 사례들 가운데 가장 많이 주목을 받았던 페루는 5년 임기에 1회에 한해 연임이 가능하다.[34] 중임이 가능한 제도적 여건하에서도 대통령은 얼마든지 정책전환을 시도할 수 있으며, 특히 첫 번째 임기에 추진했던 정책들에 대한 반응이 좋을 때 두 번째 임기까지 그러한 정책들이 지속될 가능성이 높아진다. 또는 신생민주주의의 정치적 불안정성을 고려할 때 두 번째 임기를 보장받는 가장 확실한 방법은 뭔가 뚜렷한 업적을 쌓는 것이라고 믿는 대통령에게 정책전환은 버리기 힘든 유혹일 수 있다.

2) 선거제도

신생민주주의의 정치과정에 영향을 미치는 제도적 변수들 가운데 선거제도는 일견 거시제도적 구조와 정당 및 정당체제에 비해 그 영향이 간접적이라고 말할 수 있다. 그러나 선거제도가 민주적 정치과정에 미치는 영향은 근원적이다. 그 이유는 두 가지이다. 일차적으로는 정책결정에 참여하는 주요 행위자들이 선거를 통해 공직에 앉을 수 있고, 정당들이 사회운동을 비롯한 여타 형태의 정치조직들과 구분되는 것도 선거를 통해 정책을 내놓기 때문이다. 더 중요한 두 번째 이유는 선거제도가 정치인들과 정당들의 편익분석에 근본적인 영향을 미치기 때문이다.

---

34) Inter-American Dialogue, "Overview of Latin American Electoral Systems". http://pdba. georgetown. edu/Elecdata/systems. html (검색일: 2014. 6. 8).

선거제도는 단순다수제와 비례대표제로 대별할 수 있다. 단순다수 소선거구제는 후보로 나선 정치인들로 하여금 상호연관성이 매우 높은 두 가지 행태를 보이게끔 만든다.

첫째, 정치인들은 중위수 투표자를 최대한 확보하기 위해 이념적, 정책적 선명성보다는 포괄적이고 애매모호한 강령들을 제시하게 된다. 정치인들과 유권자들의 관계 자체가 낮은 상호적 충성도로 특징된다. 단순다수제하에서는 유권자들 스스로가 사표(死票)를 방지하기 위해 전략적 투표를 하는 경향이 있으며, 이는 자신이 선택한 후보와 정당에 대한 몰입도가 떨어질 수밖에 없도록 만든다. 정치인들도 이러한 구조에서 유권자 집단과의 유기적 관계를 형성하기 힘들다.

둘째, 정당보다는 후보 중심의 선거경쟁은 정치인들로 하여금 정책경쟁보다는 인물경쟁에 몰두하게 만든다. 이러한 논리를 따를 때 단순다수 소선거구제 방식으로 의회를 선출하고 역시 단순다수제로 대통령을 선출하는 신생민주주의체제에서 정책전환의 개연성이 크다고 말할 수 있다. 후보 중심의 선거경쟁은 정당 제도화에 부정적으로 작용하며, 집권당과 반대당 모두 이념적 뿌리와 사회적 기반이 약할 때 사인적 리더십에 의존하는 대통령이 신자유주의 정책전환을 시도하기 쉽다고 추론할 수 있다.

그러나 정책전환의 사례들이 가장 많이 발견된 라틴아메리카에서 1946~2000년 기간에 치러진 모든 선거들의 76.83%가 비례대표제를 사용했다는 사실[35]은 단순다수제와 대통령제의 조합보다는 비례대표제와 대통령제의 조합이 훨씬 더 정책전환을 부추기는 환경임을 보여준

---

35) Matt Golder, "Democratic Electoral Systems around the World, 1946~2000", *Electoral Studies*, Vol. 24, No. 1 (March 2005), p. 115, Table 5.

다. 이는 정책전환에 더 큰 영향을 미치는 것은 선거제도보다는 정당과 정당체제의 문제임을 시사한다. 단순다수제하에서는 양당구도가 자리잡을 가능성이 높으며, 그러한 상황에서 상대방 정당의 정책이념에 가까운 경제개혁을 할 이유는 별로 없다. 그럼에도 불구하고 한국의 경우 정책전환이 발생하는 것은 선거제도보다는 정당 제도화 수준이 낮고 정당체제가 현실에 존재하는 사회균열을 반영하지 못하기 때문이다.

3) 정당과 정당체제

정당의 권력구조는 당수나 당지도부가 소속의원들에게 선거와 관련하여 얼마나 영향력을 행사하는가에 따라 당중심적 구조와 후보중심적 구조로 나누어 볼 수 있다. 후보중심적 지도부 선출과정을 통해 형성된 리더십은 일반 의원들에게 행사할 수 있는 영향력을 무기로 삼아 일반 의원들이 개별적으로 또는 집합적으로 반대할 소지가 큰 경제정책을 추진할 개연성이 높다. [36] 신생민주주의체제하의 정당들은 그 역사적 기원, 사회적 지지기반, 코포라티즘과의 연관성 등과는 상대적으로 무관하게 후보중심적 성격을 띠는 경향이 있다. 그 이유들 가운데 특기할 만한 것은 정당의 재정구조에서 발견된다. 산업화와 민주주의 발전이 대체로 병행하였던 유럽의 정당들과는 달리 대부분이 개발도상국의 경제발전 수준에 있는 신생민주주의 나라들의 정당들의 재정에서 당원들이 내는 당비에 의존하는 비율은 매우 낮다. 일부 나라들에서는

---

36) Daniel L. Nielson, "Supplying Trade Reform: Political Institutions and Liberalization in Middle-Income Presidential Democracies", *American Journal of Political Science*, Vol. 47, No. 3 (July 2003), pp. 472~473.

집권당이 웬만한 기업 못지않은 탄탄한 재정기반을 갖고 있으나 반대당들의 재정기반은 사회경제적 발전의 미비함으로 인해 취약할 수밖에 없다. 동아시아와 라틴아메리카의 대다수 나라들에서 반대당이 재산이 많은 특정 개인의 리더십에 의존하여 만들어지고 유지되는 이유가 바로 여기에 있다. 37)

반면에 정당구조가 안정적일수록 아무리 개인적 수준에서 강력한 카리스마와 권위를 갖고 있는 대통령이라 하더라도 정책전환을 하기는 쉽지 않다. 물론 의회제인 경우에는 안정적 정당구조가 정책전환을 가능케 하는 요인이 되기도 한다. 정당체제가 불안정하다 해도 그 체제를 구성하고 있는 개별 정당들이 내부적으로 안정된 구조를 갖고 있으면 시장지향적 경제정책이 추진될 개연성은 높아진다. 38)

이 논점을 제시한 닐슨은 군소정당들이 난립하는 서유럽 소국들에서 경제개방이 큰 국내적 저항에 부딪히지 않고 추진될 수 있었던 것에 주목했던 카첸스타인의 연구39)를 언급한다. 그러나 카첸스타인이 서유럽 소국들의 경제적 성공을 설명하기 위해 강조했던 요인은 정당과 정당체제 자체가 아니라 코포라티즘이다. 물론 제대로 작동하는 코포라티즘은 정당 내부의 안정성과 높은 상관성을 보인다. 코포라티즘이 이익대표기제로서 자리 잡은 나라들의 정당들은 오랜 시간에 걸쳐 형성된 사회균열에 기반을 두고 만들어졌고, 그 기반 위에서 정책들이 입안되는 경향이 강하다. 정당체제는 분절적이지만 정당은 그렇지 않을 수

---

37) Vicky Randall and Lars Svåsand, "Party Institutionalization in New Democracies", *Party Politics*, Vol. 8, No. 1 (2002), p. 18.

38) Nielson, "Supplying Trade Reform", p. 475.

39) Peter J. Katzenstein, *Small States in World Markets: Industrial Policy in Europe* (Ithaca: Cornell University Press, 1985).

있는 것이다. 40)

그러나 정책전환이 발생하는 환경은 서유럽 소국들의 "민주적" 코포라티즘에 바탕을 둔 다당제와는 상당히 거리가 멀다. 라틴아메리카 나라들에서도 코포라티즘의 흔적들은 찾아볼 수 있지만, 그것들은 자발적으로 조직된 사회단체들과 국가의 대면을 통해 구축된 이익대표체계보다는 권위주의적, 민중주의적 리더십에 의해 위로부터 창출된 통제기제에 가까웠다. 또한 한국처럼 정당체제의 분절성은 높지 않지만 정당의 내부구조가 불안정하고 지속성이 낮은 조건에 대통령의 강력한 권력행사가 결합될 때 신자유주의 정책전환은 최적의 환경을 만난다.

40) Nielson, "Supplying Trade Reform", p. 475.

제 3 장

한국 개혁주의 정부들의 정책전환

1. 개혁주의 정부들에 대한 기대의 복합성

1997년 12월 18일에 한국의 투표자들은 새로운 대통령으로 오랜 야당 지도자 김대중을 선택했다. 김대중은 유효표의 40.3%인 1,032만여 표를 얻었고, 그에 맞서 접전을 벌였던 집권당 후보 이회창은 38.7%를 득표함으로써 두 후보의 표차는 390,557표였다.[1] 김대중이 서울, 경기 지역과 충청, 호남지역을 가져가고, 이회창이 부산, 대구, 경북, 강원 지역을 가져간, 지역주의적 분할이 뚜렷했던 선거였다.

지역균열의 재확인이라는 씁쓸한 사실에도 불구하고 이 선거는 1987년 절차적 민주주의로의 이행 이후에도 계속되었던 군부권위주의 및 구체제와의 공존을 마감하고 정치적 반대세력이 선거를 통해 집권에 성공하는 결과를 낳았다. 수평적 정권교체를 가능하게 했던 요인들 가운데 김영삼 정부 말기에 발생한 외환위기의 비중은 결코 작지 않다.

---

1) 〈동아일보〉 1997년 12월 20일, 1면.

<표 3-1> 1997년 대통령 선거에서의 소득수준에 따른 주요 후보 지지도*

소득수준 \ 대통령후보	김대중	이회창
상위	41.1%	40.4%
중상위	39.8%	40.8%
중하위	43.7%	37.1%
하위	51.9%	36.1%
총계	43.1%	38.7%

* 한국선거연구회 설문조사 결과

출처: Sonn, Hochul, "Neoliberalism and Democracy in South Korea", *Korean Political Science Review*, Vol.43, No.5(2009), p.83.

1997년 대통령 선거는 민주화 과정에서 이념과잉과 정치과잉으로 특징되었던 그 앞의 선거들과는 달리 경제투표의 성격이 좀더 두드러졌다고 볼 수 있는 것이다.

〈표 3-1〉은 1997년 대통령 선거에서 중하위 및 하위 소득집단이 김대중에게 이회창과의 뚜렷한 차이로 지지를 보냈음을 확인시켜준다. 군부권위주의체제하에서의 지역 간 불균등 발전으로 인해 호남지역 출신 유권자들의 사회경제적 조건이 불리할 가능성이 많다는 점을 고려할 때, 민중부문의 김대중 지지는 상당한 정도로 지역주의적 기반에서의 지지를 포함하지 않을 수 없다. 달리 말해 중하위 및 하위 소득집단의 김대중 지지는 순수하게 경제투표의 효과로만 보기 어려운 현상이다. 그러나 상위 소득집단에서도 김대중에 대한 지지도가 이회창에 비해 약간 높게 나타나는 것은 외환위기 말고는 달리 설명하기가 어렵다. 따라서 1997년 대통령 선거가 경제투표의 성격을 가졌다면 그것을 더욱 분명하게 확인시켜주는 것은 민중부문보다는 상위 소득집단에 속하는 유권자들이다.

당선이 확정된 12월 19일에 김대중은 내외신 기자회견을 가진 자리에서 남북정상회담 제의와 아울러 국제통화기금(IMF)과의 기존 협의사항 준수, 기업에 대한 정치적 압력의 제거 및 사회경제적 약자의 보호를 그 내용으로 하는 "민주적 시장경제"로의 발전을 강조했다. 미증유의 경제위기가 아니었다면 30년 이상의 세월에 걸쳐 군부권위주의체제에 의해 위험한 좌파 성향의 선동정치인으로 채색되었던 이 노회한 야당 지도자가 4번만의 도전 끝에 대통령에 당선될 수 있었을 것인가라는 질문은 그 자체가 정치한 분석을 요구한다.

이미 상당한 기존연구들이 축적되어 있는 김대중 당선요인에 대해 여기서 재론할 필요는 없다. 그보다는 당선 직후 기자회견에서 강조되었던 정책현안 및 국정운영방향에서 신자유주의 정책전환의 예후가 관찰된다는 점에 주목할 필요가 있다.

사회경제적 약자에 대한 배려를 강조했다는 것은 김대중 정부가 넓은 의미에서의 민중부문을 주된 지지기반으로 삼아 성립될 수 있었음을 의미한다. 군부권위주의체제의 부당한 시장개입을 바로잡겠다는 의미로 전달하려고 애쓴 흔적이 보이기는 하지만 대통령 당선자의 향후 경제정책은 시장 메커니즘을 중심으로 한 신자유주의적 개혁이 될 것임을 숨길 수 없었다. "민주적 시장경제"라는, 얼핏 듣기에 나쁘지 않으나 곱씹을수록 그 내용이 모호한, 용어는 민중부문의 지지를 받아 집권한 정부가 금융위기에 직면하여 신자유주의적 경제개혁을 정책의 최우선순위로 삼을 수밖에 없었던 당시 상황을 반영했다.

1997년 11월에 외환위기가 총체적인 경제위기로 확산되면서 그 효과는 즉각적으로 사회와 경제 모든 부문에서 느껴졌다. 하루 평균 100개의 기업체들이 도산했고, 그 가운데 특히 단기부채율이 높은 중소기업들의 피해는 컸다. 환율의 급등으로 인해 수출업체들은 사실상 조업을 중단했고, 공공부문과 민간부문 모두 지출을 급격히 줄일 수밖에 없었다. 소비위축은 당연한 귀결이었다. 많은 한국인들에게 대공황과도 같았던 이 경제위기는 새로 선출된 정부의 어떠한 조치들과도 관련 없이 이루어진 그야말로 자연적인 시장의 응징이었다. 김대중 정부가 공식적으로 출범하기도 전에 이미 경제위기의 여러 징후들은 엄청난 충격으로 전달되었다. 김대중 정부는 관치금융과 정경유착으로 특징되는 동아시아적 발전주의 국가의 전형적 사례인 한국의 경제구조 개혁에 유리한 환경 속에서 등장했다.2)

김대중 정부 집권 초기 경제개혁의 내용과 지향점은 한국의 다른 어떤 역대 정부보다도 분명하고 구체적인 형태로 제시되었다. 직전 정부와의 차별화를 위해 국정지표를 새로이 설정하고 그 내용을 서술한 국정운영계획 안내책자 같은 것들을 간행하는 것은 일종의 관행이었다. 정권교체가 정치적 격변의 과정인 경우가 많았던 한국에서 이 관행은 형식적이기는 하지만 상당한 의미를 갖는 행위였다. 그런데 김대중 정부와 이전 정부들과의 차이가 하나 있다. 대통령 자신이 이미 경제개혁에 대한 비교적 구체적인 청사진을 야당 지도자 시절에 저서 형태로 발표했고, 이를 토대로 집권 첫해에 경제개혁의 방안과 방향이 제시되었다는 점이다. 재정경제부와 한국개발연구원이 공동으로 펴낸 《국민과 함께 내일을 연다: 국민의 정부 경제청사진》과 김대중의 저서인 《대중참여경제론》은 외환위기를 계기로 정부가 어떤 경제개혁을 진행할 것인가를 어느 정도 가늠할 수 있게 해주는 자료였다.

2) Sunhyuk Kim, "The Politics of Economic Recovery in South Korea: A Comparative Perspective", *Pacific Focus*, Vol. 17, No. 1(March 2002), pp. 29~45.

먼저 《대중참여경제론》의 내용을 살펴본다. 1986년에 《대중경제론》이라는 제목으로 출간되었던 것을 새로 펴낸 이 책의 제1장 "한국경제에 대한 나의 비전"에서 김대중은 "자본주의 사회에서 시장경제의 기본은 자유경쟁과 자기책임원칙"이라고 말한다. 또한 군부권위주의 체제하에서의 관치경제가 한국경제의 여러 문제점들을 야기했다고 주장한다. 이를 김대중이 개인을 기본단위로 하는 영미식 자본주의를 주창하는 대목이라고 생각할 필요는 없다. 그보다는 그의 민주적 시장경제 이념은 군부권위주의체제하에서의 정치투쟁의 산물이었음을 보여주는 것으로 이해하는 것이 더 정확하다. 한 문장을 더 인용한다. "민주적 경제관리를 위해서는 무엇보다도 정부는 기업의 영역에 개입하는 것을 최대한 자제하여 기업활동의 자율성을 보장하는 동시에 자유로운 노조운동을 보장해야 한다."[3] "기업활동의 자율성"과 "자유로운 노조운동"이라는, 일견 상호갈등적일 수 있는 요소들이 나란히 제시되고 있는 것은 김대중의 궁극적인 목표가 권위주의 통치의 경제적 적폐 해소에 있음을 보여주는 것이다.

김영삼 정부 이후 재벌집단이 상당한 자율성을 확보한 상황에서 기업활동의 자율성을 강조하는 것은 권위주의 정권들에 의해 왜곡되었던 시장질서를 되돌려놓는 것이기보다는 대기업 중심의 경제구조를 공고히 하는 것일 수 있었다. 경제학자가 아닌 야당 지도자가 쓴 책의 내용이 얼마나 객관적이고 균형적인 분석을 담고 있는가를 논하는 것은 여기서의 목적이 아니다. 중요한 것은 김대중이 강조했던 경제개혁이 시장원칙에 대한 강조의 외피를 쓰고 있다는 점이다.

《대중참여경제론》 제2장은 "경제개혁 프로그램의 목표와 기본원칙"

---

3) 김대중, 《대중참여경제론》(서울: 산하, 1997), p. 27.

이라는 제하에 경제성장, 소득의 공정분배, 물가안정의 조화를 강조하고 있다. 현실에서 동시에 실현하기가 너무나 어려운 3가지 가치들의 중요성을 각각 논하고 나서 김대중은 "민주적 경제개혁의 원칙"을 다음의 4가지로 나누어 상술한다.

첫째, "시장기능 의존"의 원칙으로서 이는 "기술개발과 경제발전을 위해 시장에서의 자유로운 경쟁은 기본적으로 보장되어야 한다"는 것이다. 한국의 급속한 경제발전은 흔히 일부 영미권 학자들의 해석처럼 시장기능에 의존함으로써 가능했다기보다는 권위주의 정부의 과도한 시장개입을 통해 이루어졌고, 그 발전은 "외연적 산업화"의 성격을 지녔기 때문에 한 단계 높은 산업발전을 위해서는 관치경제의 요소들이 철폐되어야 한다고 지적한다.

둘째, 정부가 "시장실패의 보정" 역할을 담당해야 함을 역설하고 있다. "통화정책 및 재정정책 등의 거시경제정책을 사용하여 통화가치와 경제를 안정"시켜야 함을 강조하는 동시에 "정부가 시장에 개입하더라도, 그것은 시장의 운동원리를 교란하지 말아야 한다"는 단서를 붙이고 있다.

셋째, 기업가의 사회적 책임이 이행될 수 있는 환경이 마련되어야 함을 강조하는데, 여기서도 정부의 적절한 역할이 필요하다고 지적한다.

넷째, 노조의 권리만큼이나 의무도 중요하다는 것을 강조하고 있다. [4] 김대중은 앞의 다른 원칙들을 논하면서도 계속 협력적 노사관계의 필요성을 역설하고 있는데, 이는 외환위기 이후 그의 정부가 취했던 노동정책들에서 어느 정도 반영되었다고 볼 수 있다.

야당 지도자 시절에 쓰어진 《대중참여경제론》이 군부권위주의체제

---

4) 앞의 책, pp. 36~44.

에 대한 저항의 한 부분으로서 국가주도 산업화의 문제점 지적에 초점을 두었다면, 집권 이후 공식문건인 《국민과 함께 내일을 연다》는 외환위기 이후 한국경제의 체질개선을 위한 정책방향 제시의 성격을 갖는다.[5] "DJ노믹스"라는 용어를 표지에 담고 있는 이 책자에서 김대중 정부의 경제이념을 집약하는 동시에 상당한 논란을 야기했던 것이 "민주주의와 시장경제의 병행발전"이라는 관념이다. 《대중참여경제론》과의 연속성을 강조하는 시각에서 본다면 개발독재 관치경제의 한계를 넘어서고 그 부작용을 바로잡는 최선의 해결책이 민주주의와 시장경제의 조화라는 것이 김대중의 오랜 믿음이었다고 말할 수 있을지 모른다.

시장경제의 의미를 설명하는 절의 말미에 이 책자는 "시장경제 질서 유지를 위한 정부역할"이라는 글상자를 달고 있다.[6] 여기서 김대중 정부의 경제개혁이 영미식의 개인주의적, 자유주의적 철학보다는 독일의 프라이부르크 학파로 대표되는 질서자유주의(Ordoliberalismus)에 바탕을 둔 것임을 내비친다. 질서자유주의는 자유방임주의 경제학의 요체인 시장의 자동성 관념을 비판하면서 자유로운 시장경제는 강력한 국가에 의한 개입을 필요로 한다고 주장한다.[7] 질서자유주의는 보편적 복지국가와 긴밀히 연결되며,[8] 이는 김대중 정부의 복지확대에 어느 정도 영향을 주었다고 볼 수 있다. 그러나 여기서 중요한 것은 질서자유주의에 대한 간헐적 강조와는 대조적으로 《국민과 함께 내일을 연

---

5) 재정경제부 · 한국개발연구원 공편, 《국민과 함께 내일을 연다: 국민의 정부 경제청사진》(서울: 대한민국 정부, 1998).

6) 앞의 책, pp. 60~61.

7) Werner Bonefeld, "Freedom and the Strong State: On German Ordo-liberalism", *New Political Economy*, Vol. 17, No. 5 (2012), pp. 633~656.

8) 이연호, "DJ개혁의 신자유주의적 한계", 〈계간사상〉 2001년 여름호, p. 108.

다》의 지면 대부분은 시장친화적 개혁의 구체적 조치들과 그 정당화에 할애되었다는 점이다.

　김대중은 1997년 대통령 선거 공약으로 "대기업(재벌)에게는 자율을 주고, 중소기업은 육성하며, 가정경제를 보호한다"는 유세표어를 사용했다.[9] 주요 경제행위자에 대한 균형적 혜택의 필요성을 강조하는 것이지만, 실제로 이 표어의 핵심내용으로 주목받았던 것은 대기업에게 자율성을 부여하겠다는 약속이었다. 이는 김대중 정부의 재벌개혁이 기업지배구조의 변화보다는 김영삼 정부 시기부터 재벌이 줄기차게 요구했던 탈규제를 대폭 허용하는 방향으로 진행될 수 있음을 보여주는 것이었다. 야당 지도자였을 때부터 김대중을 지지했던 민중부문 지도자들에게 시장질서의 복원을 강조하는 김대중의 모습은 분배정의를 강조하는 김대중의 모습에 가려져 있었다. 지역 간 불균등 발전의 문제점들이 가장 집중되었던 호남 출신의 정치인으로서 김대중이 분배정의를 강조할 때 그 호소력은 대단했다. 그가 아무리 시장 메커니즘의 자율성을 역설한다 해도 그것은 분배정의를 실현하기 위한 수단에 가까운 것으로 인식되었다. "DJ노믹스"의 체계라는 것이 적어도 있다면 그 안에서 시장질서의 원활한 작동이 얼마나 중요한지, 그리고 그것을 실현하기 위해 기존의 발전주의 국가가 어떻게 변형되어야 하는지에 대한 고민은 김대중의 지지세력들에게는 그리 절박하지 않았다.

　2002년 12월 19일 제16대 대통령 선거에서 집권당 후보 노무현은 불과 몇 달 전만 해도 안정적 표차로 승리를 거둘 것으로 기대되었던 야당 후보 이회창을 득표율 2.3% 포인트 차이로 물리쳤다. 김대중이

---

9) 장상환, "김대중 정권 경제정책의 성격과 전망", 〈경제와사회〉 38호(1998), p. 150.

대통령이 되기 전 오랜 세월에 걸쳐 사회경제적 쟁점들에 관한 나름대로의 정책노선을 세우고 그것들을 논리적으로 다듬었던 반면에, 노무현은 탈권위주의적 정치개혁을 이끌 수 있는 지도자로서의 이미지가 훨씬 강했던 인물이다. 2002년 대통령 선거 당시 노무현에 대한 유권자들의 기대를 쟁점영역별로 보면 "정치개혁 및 정당 민주화"가 12.4%, "과거사 청산 및 권위주의 폐습 타파"가 13.1%, "부패척결 및 사회투명성 강화"가 15.7%를 차지한 반면에, "분배개선 및 사회복지 확충"은 7.8%에 그쳤다. [10]

정치인으로서 노무현의 최대자산은 그의 "서민적" 이미지였고, 민주당 대선 예비후보 시절 그가 내세운 브랜드 역시 "중산층과 서민을 위한 대통령"이었다. [11] 그러나 "급진적 경제정책을 펼칠 것이라는 보수층의 우려"에 대해서 노무현은 자신을 "개혁적 보수"라고 변호했다. 노무현의 당시 인터뷰 발언을 좀더 상세히 들여다보자.

보수 성향의 사람들이 나를 싫어하지 않는다. 여론조사 결과 월 200만 원 이상 소득자들의 지지율이 오히려 저소득층보다 더 높게 나온다. 일부에서 나를 근거 없이 무고하는 측면은 여론의 호도가 없으면 좋겠다. 개혁적 보수란 말이 나의 성향에 맞지 않겠나. 국민의 60% 이상이 개혁

---

10) 강원택, "제17대 대선에서 나타난 유권자의 정치인식과 한국 정치의 변화", 《변화의 시대', 대통합민주신당의 나아갈 길: 공개토론회》(한반도전략연구원, 2008) ; 정상호, "민주적 관료통제의 정치적 요인에 대한 분석: 김대중 정부의 대북정책과 노무현 정부의 사회경제정책을 중심으로", 〈사회연구〉 2008년 2호, p. 31에서 재인용.
11) 전홍기혜, "TV 속의 주자들 〈4〉 노무현: '조선이 언제까지 1등이겠나'", 〈프레시안〉 2002. 1. 25. http://www.pressian.com/news/article_printhtml?no=69765(검색일: 2014. 1. 27).

을 지지하며 우리는 개혁의 흐름 위에 있다. 12)

이러한 자체평가는 실제로 근거가 없는 것이 아니었다. 대통령 선거를 1년 정도 남겨 두고 실시된 한 여론조사에 의하면 노무현은 "화이트 칼라"와 "월 201만~300만 원 소득자"들로부터 상대적으로 높은 지지를 받았다. 13)

노무현의 대통령 선거 경제분야 공약에서 재벌개혁은 가장 큰 비중을 차지했다고는 볼 수 없으나 노무현의 서민적 이미지로 인해 보수세력의 관심이 집중된 정책영역들 가운데 하나였다. "재벌 계열사 간 상호출자·채무보증 금지 및 출자총액 제한을 유지"하고 "재벌기업의 금융기관 사금고화를 방지"하기 위한 금융회사 계열분리 청구제 도입과 증권분야 집단소송제 조기도입이 재벌개혁 공약의 핵심내용이었다. 14)

인수위 단계에서도 노무현 정부의 경제정책이념은 "자유롭고 공정한 시장질서 확립"을 경제분야 국정과제로 제시하는 수준을 넘어서지 않았다. 경제를 망칠 좌파라는 비난을 피하기 위해 재벌개혁은 "경제구조를 건전화시켜야 한다"는 시장복원주의 원칙의 담론으로 포장되었다. 15) 노동문제에 대한 공약도 명백하게 친노동적이기보다는 노사관

12) "인터뷰: 민주주자 노무현 고문", 〈매일경제〉 2002년 1월 11일.

13) 조용준, "'내년 대선 경제에 달렸다' 48.7%", 〈주간동아〉 2001년 12월 27일. http://www.donga.com/docs/magazine/weekly_donga/news315/wd315cc010.html (검색일: 2014. 1. 20).

14) "노무현의 약속: 4대 비전·20대 기본정책·150대 핵심과제". http://knowhow.pa.go.kr/roh/vision_1/policy/view.asp?bid=3&pid=167&cp=2&num=1 (검색일: 2014. 3. 19).

15) 안철현, "16대 대선 주요 정당 후보들의 공약에 관한 연구", 〈사회과학연구〉 20집 1호(2004), p. 92.

계의 조율자로서의 정부의 역할을 지향하는 내용에 가까웠다. 노동시장 개입을 통한 고용안정 및 비정규직 처우개선을 강조하면서도 "전면적인 노동자 경영참여"에 대해서는 분명한 반대입장을 밝혔다. [16]

김대중 정부와의 관계에 대해서는 "나는 일찍부터 김대중 정부의 자산과 부채를 인수하겠다고 말해온 만큼 당선되면 생산과 복지, 남북화해와 협력 정책, 민주적 시장경제 등 김대중 대통령의 노선과 이념을 확실히 계승하겠다"[17]고 밝혔다. 그러면서도 노무현 정부는 직전 정부가 추진한 시장친화적 정책들이 외환위기 극복을 위해 불가피했다 하더라도 부문 간, 계층 간 소득불평등을 심화시켰음을 감안하여 "성장과 분배의 선순환"을 강조하였다.

지역주의적 분할구도에서 벗어나 정치경력을 쌓아온 노무현 대통령은 지역주의적 정치균열의 한가운데 서 있었던 김대중 대통령과 비교할 때 훨씬 더 강력한 포퓰리즘의 호소력을 갖고 있었다고 말할 수 있다. 최초의 수평적 정부교체이자 실질적 권력중심의 이동이었던 김대중 정부의 수립이 의미했던 여러 가치들의 실현을 감안하여 시장친화적 정책전환의 비용을 감수했던 유권자들에게 노무현 정부는 경제적 이해관계를 다시 정치적 갈등의 중심에 놓을 수 있는 환경이 조성되었음을 의미했다. 달리 말해 노무현 정부는 김대중 정부와는 달리 상징의 정치보다는 이익의 정치에 더욱 몰입해야만 했고, 그럴 수 있는 지지기반을 갖고 있었다.

김대중과는 달리 개인적 수준에서의 지역적 지지기반이 약하고 아웃

---

16) 앞의 글, p. 94.

17) 오종석, "DJ이즘 차별화냐 … 계승이냐 … 與주자 '득표속셈' 고민", 〈국민일보〉 2002년 1월 19일.

<표 3-2> 2002년 대통령 선거 연령별 후보 지지도

연령대 \ 후보	노무현	이회창	기타	응답자 수
20대	67.6%	24.6%	7.9%	293명
30대	61.1%	32.6%	6.3%	334명
40대	48.5%	44.8%	6.7%	299명
50대 이상	45.7%	49.5%	4.8%	184명

출처: Won-Taek Kang, "How Ideology Divides Generations: The 2002 and 2004 South Korean Elections", *Canadian Journal of Political Science*, Vol.41, No.2(2008), p.478, Appendix 1.

사이더 이미지가 강한 노무현에게 표를 던진 유권자들은 넓은 의미에서의 민중부문에 속한다는 점에서는 1997년 대통령 선거에서 김대중에게 표를 던진 유권자들과 다르지 않지만 내부적으로 의미 있는 차이를 보인다. 가장 특기할 만한 차이는 세대갈등의 전면부상이었다.

〈표 3-2〉는 노무현에 대한 20대 유권자들의 지지도가 이회창에 비해 2배 이상, 30대 유권자들의 경우 2배에 가까운 차이가 있었음을 보여준다. 1997년 대통령 선거에서도 20대 후반과 30대 초반의 젊은 유권자들은 상당한 격차로 이회창보다는 김대중을 지지했으나[18] 2002년에 그 격차는 세대가 정치균열의 한 축이 될 수 있음을 보여주는 것이었다. 〈표 3-3〉은 이러한 세대별 정치지향의 분화가 노무현 정부 출범 이후에도 지속되었음을 보여준다.

노무현 지지자들은 김대중 지지자들에 비해 호남지역 연관성이 다소

---

18) 〈한겨레신문〉이 1997년 12월 18일 대통령 선거 당일에 유권자 1천 명을 대상으로 실시한 투표행태조사에 의하면 20대 후반과 30대 초반 유권자들에서 김대중의 우세는 각각 20.3%포인트, 12.5%포인트였다. 원성연, "20, 30대 '김대중'-여성은 '이회창' 대선 연령-성별 투표행태 분석", 〈한겨레신문〉 1997년 12월 22일.

약하며, 더 자기중심적이고 탈물질주의적(*postmaterialist*)인 성향을 띠는, 1970년대 이후 출생자[19]를 다수 포함한다. "경제성장, 군사적 안보, 그리고 국내질서"[20] 등과 같은 가시적이고 물질적인 가치들에 우선권을 부여하는 기성세대와 "자유, 자기표현, 그리고 삶의 질"과 같은 비물질적 가치들을 중시하는 젊은 세대 사이의 갈등은 고속성장을 겪은 한국에서 더욱 두드러진다.[21]

〈표 3-3〉 2004년 국회의원 선거 연령별 정당 지지도

투표유형	정당 연령대	20대	30대	40대	50대 이상
후보투표	열린우리당	62.6%	62.7%	43.5%	41.3%
	한나라당	22.2%	25.1%	42.8%	50.0%
	민주노동당	7.6%	7.4%	5.2%	1.2%
	새천년민주당	7.6%	4.8%	8.5%	7.6%
	응답자 수	198명	271명	271명	344명
정당투표	열린우리당	58.5%	58.9%	37.2%	38.3%
	한나라당	18.0%	20.7%	39.7%	47.2%
	민주노동당	18.5%	15.6%	15.9%	6.2%
	새천년민주당	5.0%	4.8%	7.2%	8.3%
	응답자 수	200명	270명	277명	339명

출처: Kang, "How Ideology Divides Generations", p.478, Appendix 1.

---

19) 이 새로운 세대의 유권자들에 대해서는 정진민·황아란, "민주화 이후 한국의 선거정치: 세대요인을 중심으로", 〈한국정치학회보〉 33집 2호(1999), pp. 118~119 참조.

20) Ronald Inglehart and Scott C. Flanagan, "Value Change in Industrial Societies", *American Political Science Review*, Vol. 81, No. 4 (December 1987), p. 1297.

21) Ronald Inglehart and Paul R. Abramson, "Economic Security and Value Change", *American Political Science Review*, Vol. 88, No. 2 (June 1994), pp. 336, 348.

신세대 유권자들의 자기중심적이고 탈물질주의적인 성향은 이 책의 분석적 목적에 비추어 볼 때 의미 있는 두 가지 결과를 낳는다. 한편으로 이러한 새로운 세대의 유권자들이 노무현에게 기대했던 것은 정치개혁과 더불어 경제적 불평등의 해소였다. 기층민 출신 대통령의 이미지가 강한 노무현이 이끄는 정부의 경제정책은 훨씬 분배지향적일 것이라는 기대가 컸다고 볼 수 있다. 자기중심적 성향은 기성세대에 비해 서구적 개인주의에 훨씬 많이 침윤되어 있는 신세대 유권자들의 특징이며, 이는 개인적 수준에서 부딪히는 사회경제적 쟁점들에 대한 관심이 높아진 것과 깊이 연관된다. 다른 한편으로 신세대 유권자들의 탈물질주의적 성향은 그들이 집합적 수준에서의 사회경제적 쟁점에 대한 관심보다는 개인적 수준에서의 가치의 문제에 더 주목하게 만드는 요인이다. 탈물질주의적 성향이 강한 개인들은 이익의 정치에 결코 무심하지 않지만 물질주의적 성향의 개인들 또는 집단구성원들에 비해 상징의 정치에 민감하게 반응한다.

이처럼 이익의 정치를 부각시킬 수 있는 요소와 상징의 정치를 두드러지게 할 요소를 동시에 갖고 있는 지지기반의 존재는 노무현 정부의 신자유주의 정책전환에 복합적인 영향을 주었다. 노무현 정부의 가장 대표적인 정책전환 사례인 한·미자유무역협정에 대한 신세대 유권자들의 반대는 충분히 예상할 수 있는 것이지만 개인적 수준에서 표출되는 반대의견을 집합적 수준의 저항으로 상승시킬 수 있는 환경은 존재하지 않았다.

2. 신자유주의 정책전환의 내용

두 개혁주의 정부들이 대통령 선거 당시 공약이나 집권 전 드러냈던 정책이념과는 달리 어떻게 신자유주의 정책전환을 실행에 옮겼는지를 상세히 살펴보기에 앞서 김대중 정부와 노무현 정부의 정책전환 양태가 상당한 차이를 보인다는 점을 지적할 필요가 있다.

김대중 정부는 경제위기에 대한 대응책으로 시장화 정책들의 입안과 집행을 정당화할 수 있었던 반면에 노무현 정부는 경제위기의 급박한 상황은 일단 벗어난 조건에서 집권했기 때문에 정책전환의 적당한 근거를 찾기가 쉽지 않았다. 따라서 노무현 정부의 정책전환 근거는 김대중 정부의 그것보다 한편으로는 더 추상적이고 다른 한편으로는 더 실용적이었다. 경제체질 개선과 같은 목표설정이 바로 그러한 예이고, 한·미 자유무역협정에 대한 정당화는 그러한 중장기적 비전을 근거로 제시하면서 이루어졌다. 대통령 단임제인 한국의 권력구조에서 정책전환은 대통령의 사인적 리더십과 통치스타일에 밀접히 연관되어 있을 수밖에 없다. 특히 참여정부의 경우에는 노무현 대통령의 개인적 성향이 정책결정에 두드러지게 반영된다는 인식이 강했다.

김대중 정부의 신자유주의 정책전환은 두 시기로 나누어 볼 수 있다. 첫 번째 시기는 집권 직후이다. 이미 외환위기가 진행 중이었던 1997년 대통령 선거 유세과정에서 재차 김영삼 정부의 IMF 협상과는 다른 내용으로의 위기해결방식을 강조했음에도 불구하고 당선과 함께 김대중 정부는 빠른 속도로 신자유주의 처방책을 실행에 옮겼다. 이제 여당이 된 새정치국민회의의 공식문서는 "민주적 시장경제체제 확립과 외국자본 투자유치 확대로 IMF 관리체제를 1년 반 이내에 극복한다. …각종 경제규제를 과감히 철폐하고 선진국형 자유시장 경제체제를 확립하여 기업의 자율적인 경영을 유도한다"는 정책목표를 제시하고 있다. 22) 민주적 시장경제가 지향하는 바에 대해서도 민주주의 원리에 의해 통제되는 시장보다는 시장중심적 체제에 훨씬 가깝다는 것을 김대중 정부는 숨기지 않았다. 23) 오히려 외환위기 극복 국면에서는 새로이 들어선 정부가 그 지지기반의 상당 정도가 민중부문임에도 불구하고 시장친화적임을 보여주어야 할 필요가 있었다. 1998년 2월 25일 취임한 김대중 대통령은 금융, 기업, 노동, 공공부문의 4개 핵심분야에 대한 국가개혁을 제시했는데, 그 내용은 압도적으로 시장친화적 경제운용으로의 전환이었다. 24)

두 번째 시기는 집권 중반 이후이다. 1999년을 기점으로 경기가 회복세를 보이면서 김대중 정부는 당면한 외환위기 극복이 최우선과제였던 집권 직후와는 달리 신자유주의 경제개혁에 제동을 걸 수 있었다고 말할 수 있을지 모른다. 그러나 금융위기의 급박함이 상당히 완화된 이 두 번째 시기에 김대중 정부는 "IMF 원안보다도 강도 높은 구조조정 대책"25) 을 확대하고 심화시키는 정책들을 추진했다.

첫 번째 단계에서 김대중 정부가 경제개혁의 핵심과제로 내세운 것은 국가파산으로 귀결될 수도 있는 금융위기를 초래하는 데 책임이 있다고 여겨졌던 재벌에 대한 개혁이었다. 두 번째 단계에서 김대중 정부는 금융위기가 국가파산까지 악화되는 것은 일단 막았다는 판단하에

---

22) 장상환, "김대중 정권 경제정책의 성격과 전망", p. 146에서 재인용.

23) 앞의 글.

24) Kim, "The Politics of Economic Recovery in South Korea".

25) 신장섭, "한국경제, 무엇이 문제인가: 산업금융씨스템의 실종", 〈창작과 비평〉 2005년 봄호, p. 343.

보다 폭넓은 의미에서의 시장친화적 경제개혁을 추진하였다. 두 번째 단계에서의 경제개혁이 어떻게 전개될 수 있었는지를 이해하기 위해서는 첫 번째 단계에서의 조치들, 특히 재벌개혁의 내용과 한계를 들여다보지 않으면 안 된다.

김대중 정부는 IMF로부터 단기 구제금융의 조건으로서 경제체질 개선을 요구받았고, 그 구체적인 표적은 재벌이었다. 김영삼 정부의 세계화 공세가 3당합당이라는 변칙적 방식을 통해 집권했던 문민정부의 결점을 보완하기 위한 대외적 이미지 제고가 중요한 동기였던 반면에, 김대중 정부의 세계화 노선은 경제와 사회에 실질적인 영향을 깊고 넓게 미치는 정책들로 구체화되었다. 달리 말해 김영삼 정부하에서 세계화가 실질적 정책들로 귀결되기보다는 기존의 관치경제를 유연화하는 방향으로의 개혁을 포장하는 상징 이상이 되기 어려웠던 반면에, 김대중 정부는 세계화라는 용어를 즐겨 사용하지는 않았지만 역대 그 어떤 정권보다도 워싱턴 컨센서스에 충실한 정책들을 추진했다.

김대중 정부는 외환위기를 계기로 1980년대의 부분적 경제자유화 조치와 민주화 이후 꾸준히 진행된 자본시장 개방조치를 통해 심화되었던 재벌로의 경제력 집중을 완화시킬 수 있는 기회를 부여받았다. 아직 국민의 정부가 공식출범을 하지 않은 시점이었던 1998년 1월 13일에 발표된 4대 재벌 총수들의 차기정부와의 합의내용은 "기업경영의 투명성 제고, 상호지급보증제의 해소, 재무구조의 획기적 개선, 핵심부문의 설정과 중소기업과의 협력관계 강화, 지배주주(사실상의 지배주주 포함) 및 경영진의 책임 강화"의 5개항을 담고 있었다. [26]

---

26) 김진방, "김대중 정부의 재벌개혁에 대한 중간평가", 〈황해문화〉 1999년 가을호, p. 334.

한국 정치경제의 역사에서 신자유주의 정책전환의 출발점을 적시하는 것은 쉽지 않은 일이다. [27] 전두환 정부에서 진행되었던 자유화 조치에서 그 싹을 찾을 수도 있고, 김영삼 정부가 세계화를 국정지표로 내세웠던 것에서 본격적인 신자유주의 정책이념으로의 지향을 관찰할 수도 있다. 그러나 금융, 기업, 노동, 공공부문 등 주요 경제영역에서 시장친화적 정책들이 전면적으로 추진된 것은 역시 김대중 정부에서였다. 미증유의 금융위기에 직면하여 시작된 정책전환이었지만, 칼 폴라니의 표현을 빌려 "거대한 전환"[28] 이라고 묘사할 수 있을 경제정책의 변화는 금융위기로부터 벗어난 이후에도 멈추지 않고 계속되었다. 한 저널리스트가 "김대중 정권이 역대 정권 중 가장 진보적인 정권이었던 건 사실이지만, 양극화는 가장 심화시킨 정권"[29] 이라고 지적한 것은 결코 과장이 아니었다.

공공부문에 대한 신자유주의 정책전환은 김대중 정부 집권 첫해에 이루어진 공기업 민영화에서 출발했다. 1998년 7월에 발표된 민영화 계획은 시행 2년도 채 안 되는 짧은 시간 안에 공기업 수를 108개에서

---

27) 신자유주의 정책이념 자체는 이미 1970년대부터 경제관료들 사이에서 자리 잡았다고 볼 수 있다. 황병주, "유신, 신자유주의 그리고 하이에크", 〈경향신문〉 2013년 8월 30일. http://news. khan. co. kr/kh_news/art_print. html?artid=201308302149205 (검색일: 2014. 1. 30).

28) Karl Polanyi, *The Great Transformation: The Political and Economic Origins of Our Time* (Boston: Beacon Press, 1957〔1944〕).

29) 2006년 5월 28일 손석춘의 발언. 지승호·문성현, "인터뷰: 정태인 전 청와대 국민경제비서관: 한미 FTA, 그 비밀스럽고 위험천만한 진실", 〈인물과사상〉 2006년 7월호, p. 27에서 재인용. 이 인용구에 등장하는 양극화는 저널리즘과 정치담론에서 느슨하게 사용되는 용어이므로 그 의미는 소득불평등 심화로 이해되어야 한다. 제 1장 각주 8 참조.

90개로 줄이고 공기업 정원 37,013명을 줄이는 가시적 결과를 낳았다.[30] 이처럼 단기간에 공기업 민영화가 추진되었던 것은 두 가지 요인들로 설명될 수 있다. 첫째, 재벌을 비롯한 민간부문과는 달리 공기업들은 정부기관들로 간주되었기 때문에 구조조정에 대한 정치적 저항은 감당할 만한 것이었다. 둘째, 대통령 단임제의 효과가 극명하게 드러난 사례였다. "대통령 재임기간 동안에 대규모 민영화 계획을 일거에 실행하고자 하는 단기적 시야"[31]에서 비롯된 현상이라고 볼 수 있다.

김대중 정부의 공기업 민영화는 담배인삼공사처럼 "수익성이 강한 기업"을 우선적 대상으로 삼았으나 공공서비스 영역에 속하는 한국전력공사, 한국가스공사, 한국전기통신공사도 포함되었다. 공기업들의 경영실적 및 재무구조가 국제적 비교를 통해 보더라도 그렇게 나쁜 상태가 아니었음에도 불구하고 전통적으로 공공성이 강한 전기, 가스, 통신 분야의 공기업들까지 민영화시켰던 것은 외환위기라는 특수상황보다는 "국민경제에서 차지하는 공기업 비중의 대폭 축소"라는 신자유주의 정책 패러다임의 영향이 컸다.[32]

노동개혁과 관련해서 김대중 정부의 신자유주의 정책전환은 대통령 선거 직후부터 매우 뚜렷하게 나타났다. 김대중 대통령 당선자는 1998년 1월 18일 TV와 라디오로 생중계된 "국민과의 TV 대화"를 통해 다음과 같이 말했다.

---

30) 곽채기, "김대중 정부 공기업 민영화 정책에 대한 평가", 〈광주·전남행정학회보〉제7호(2000), p.160.
31) 앞의 글, p.161.
32) 박노영, "김대중 정부하에서의 공기업 민영화에 관한 비판적 고찰", 〈동향과전망〉2001년 가을호, pp.63~64, 66.

나라가 망하면 100%를 잃는다. 그러나 정리해고를 하면 20%가 해고되고 80%는 해고를 피할 수 있다. 정리해고를 해서 기업이 살아나면 나머지 20%도 직장을 다시 얻게 된다. [33]

정리해고제 도입이 실업해결의 최선책이라는 논리를 제시하면서 김대중 대통령 당선자가 약속한 것은 노조의 정치활동 자유화였다.

김대중 정부를 지지했던 핵심집단들 가운데 이 반세기 만의 정권교체가 한국의 현대사에서 존재한 적도 없는 시장의 복원을 뜻하리라고 생각했던 집단은 많지 않았다. 바로 앞선 정권이었던 김영삼 정부의 세계화 및 신자유주의 정책들에 대한 비판적 견해 역시 김대중 정부 지지자들 사이에서는 광범하게 공유되었다. [34] 특히 1997년 노동법 개정으로 이미 정부와 날카롭게 대치했던 조직노동은 야당 시절부터 친노동적 인식을 보였던 김대중 대통령에게 기대하는 바 컸다. 김대중 정부의 친노동 레토릭은 단순히 레토릭이 아니었고, 현실적인 추동력을 갖고 있는 정책선언이었다. 실제로 김대중 정부는 한국노총의 지지를 공식적으로 확보했고, 이는 집권 직후 김대중 정부가 "민주적 시장경제"라는 포괄적인 정책 패러다임 안에 친노동적 정책구상들을 담을 수 있었던 요인이었다. 또한 임기 말에 노동법 개정을 여당 단독으로 통과시켰던 김영삼 정부와는 달리 김대중 정부는 — 물론 그 성과 여부에 대해서는 많은 논란이 있으나 — 노사정위원회를 출범시켜 경제위기로 인한

---

33) 〈동아일보〉 1998년 1월 19일, 종합3면.

34) 물론 김영삼 정부하에서의 나름대로 철저한 사정개혁을 통해 군부권위주의 체제의 인적 구성이 파편화된 것은 김대중 정부하에서 민주주의가 유일한 정치적 경쟁의 규칙 (*the only game in town*) 이 되도록 하는 데 기여한 선행조건이었다.

구조조정과 노동시장 유연화에 대한 합의를 이끌어내려 시도했다.

국제통화기금 구제금융의 조건들로 제시된 각종 정부 규제철폐, 기업지배구조 투명성 제고, 금융기관 정비 등과 함께 노동시장 유연화를 실행하기 위해서는 아무리 위기상황이라 하더라도 일종의 합의기구가 필요했다. [35] 1998년 1월 김대중 대통령 당선자에 의해 발족된 노사정위원회는 1999년 5월 24일 "노사정위원회 설립 및 운영 등에 관한 법"의 제정, 공포를 통해 상설기구화될 수 있는 근거를 마련했다. [36] 양대노총, 한국경영자총협회, 전국경제인연합회 등 노사 양측의 주요 조직들이 참여했던 노사정위원회는 최초의 3자간 협의체라는 점에서 주목받았지만, 그 기본성격은 경제위기 상황에서 불가피하게 취하게 되는 구조조정의 결과, 특히 정리해고제를 조직노동이 받아들일 수 있도록 설득하는 것이었다. 또한 당면한 위기상황을 극복한 이후에도 지속될 가능성이 큰 해외자본의 지속적 유치를 위해서도 노사정위원회와 같은 제도화된 사회적 합의기구가 있다는 것은 긍정적이라는 판단을 정부는 갖고 있었다. [37]

김대중 대통령이 집권 초기부터 사회민주주의 성향을 갖고 있는 듯한, 또는 적어도 독일식의 사회적 시장경제를 지향하는 듯한 정책노선을 강조했던 것과는 대조적으로 실제의 노사정위원회는 "위기관리 차

---

35) Joohee Lee, "Micro-Corporatism in South Korea: A Comparative Analysis of Enterprise-Level Industrial Relations", *Economic and Industrial Democracy*, Vol. 19, No. 3 (August 1998), pp. 443~474.

36) 이주희·안성우, "경제세계화와 노사관계의 전환: "경쟁력 있는" 조합주의는 가능한가?", 이주희(편), 《21세기 한국노동운동의 현실과 전망》(서울: 한울, 2002), p. 345.

37) 유현석·모종린, "노동개혁: 민주화 이후 노동법 개정 사례", 모종린(편), 《한국경제개혁 사례연구》(서울: 오름, 2002), p. 223.

원에서 이루어진 정부 주도의 일시적인 타협"[38]에 가까웠다. 조직노동의 노사정위원회에 대한 태도 역시 불신 또는 조건부 참여의 성격을 처음부터 띠었다. 노사정위원회 발족 이전부터 이 기구의 가장 중요한 목적이 경제위기 타개를 위한 강도 높은 구조조정의 비용을 노동에게 분담시키는 것이라는 점을 알면서도 조직노동, 특히 민주노총의 경우 무조건 참여거부를 표명할 수도 없었던 딜레마를 안고 있었다. 결국 어떤 형태로든 수용해야 할 구조조정이라면 당시 여론의 표적이기도 했던 노사정위원회 참여를 거부함으로써 조직노동의 운신의 폭을 좁히기보다는 참여함으로써 구조조정의 충격을 최소화하는 방안을 찾는 것이 중요하다고 인식되었다.

그러나 노사정위원회는 애초에 민주노총이 제안했던 유럽식의 정책결정기구와는 거리가 먼, 하나의 자문기구에 지나지 않는 것이라는 인식이 정부와 관료기구를 장악하고 있었다. 김대중 정부의 고위관료들은 노사정위원회가 어떤 합의를 도출하지 못한다 해도 그것이 행정부 차원에서 정책을 입안하고 집행하는 데 걸림돌이 될 수는 없다고 생각했다.[39] 김대중 대통령 자신의 정치이념 안에 사회민주주의적 요소들이 어느 정도 포함되어 있다고 하더라도, 새로운 정부의 지지기반이 친노동적 성향이 강하다 하더라도 실제로 정책과정에 참여하는 인사들은 앞선 김영삼 정부나 권위주의체제하에서의 기술관료들과 크게 다르지 않은 사고를 갖고 있었다. 경제관련 영역에서 "고착된 관료제"의 영향

---

38) 신광영, "새로운 민주주의와 새로운 노동운동: 민주화, 세계화와 노사관계 구조변화", 한국정치학회(편), 《세계화 시대 노사정의 공존전략: 서유럽 강소국과 한국》(서울: 백산서당, 2005), p. 262.
39) 유현석・모종린, "노동개혁: 민주화 이후 노동법 개정 사례", 모종린(편), 《한국경제개혁 사례연구》(서울: 오름, 2002), p. 226.

력은 민주화 이후에도 지속되고 있었던 것이다. 더욱이 경제위기는 이러한 고착된 관료제에 의한 신속한 정책결정과 과단성 있는 정책집행을 정당화해줄 수 있었다.

경제위기하에서 노사정위원회의 가장 중요한 임무는 시급한 경영상 이유가 발생했을 때의 정리해고를 법제화시키는 것이었고, 시급한 경영상 이유란 기업의 인수, 합병 등을 포함했다. 조직노동은 정리해고제를 받아들이는 대신 사회안전망의 확충과 노조의 권리 확대를 요구했으며, 이는 어느 정도 김대중 정부에서 실현되었다.[40] 1998년 6월에 발족된 제2기 노사정위원회에서도 사회복지는 중요한 후속의제로 다루어졌으나, 노사관계 영역의 의제들, 이를테면 노조의 경영참가 등은 사용자측의 강력한 반발에 부딪혔다. 1999년 9월에는 공공부문 및 금융부문의 구조조정, 부당근로행위, 근로시간 단축 등의 의제들이 채택되었다. 대체로 노사정위원회의 전개과정을 보면, 제1기에 가장 중요한 정리해고제 안건이 정리되면서 사용자측에서 더 이상 적극적으로 참여해야 할 필요를 느끼지 못하게 되고, 민주노총 역시 노사정위원회의 합의결과에 대해 반발하면서 그 존재 자체가 의문시되는 상황에 이르게 되었다.

요컨대 김대중 정부의 세계화는 직전 정부의 그것과는 달리 OECD

---

40) Yeon-Myung Kim, "Welfare State or Social Safety Net? Development of the Social Welfare Policy of the Kim Dae-jung Administration", *Korea Journal*, Vol. 41, No. 2 (Summer 2001), pp. 169~201; Hye Kyung Lee, "Globalization and the Emerging Welfare State: The Experience of South Korea", *International Journal of Social Welfare*, Vol. 8, No. 1 (January 1999), pp. 23~37; Dong-Myeon Shin, "Financial Crisis and Social Security: The Paradox of the Republic of Korea", *International Social Security Review*, Vol. 53, No. 3 (July-September 2000), pp. 83~107.

가입을 위한 형식적 요건의 충족에 그치지 않고 노동시장의 유연화를 핵심으로 하는 본격적인 시장화 정책들의 입안과 실행으로 이어졌다. 국제통화기금이 1997년 금융위기의 근본적 요인으로 지목했던 기업지배구조의 변화를 유도한다는 것을 보여주기 위해 엄청난 비용의 구조조정이 이루어졌고, 이는 대량해고를 수반하면서 이미 김영삼 정권 때부터 지속적으로 이루어져왔던 노동시장 유연화에 박차를 가하는 결과를 낳았다.

노사관계 영역에서 노무현 정부의 정책전환은 매우 일찍 뚜렷하게 나타났다. 대통령 취임 8개월 만에 190명의 노동자들이 체포된 것을 시작으로 구속노동자 수는 2003년 204명, 2004년 337명, 2005년 109명, 2006년 271명으로 친노동적 정부라고 보기에는 상당히 높은 수준을 유지하였다. [41] 청와대 내부 인사 스스로 참여정부가 사회통합적 노동정책을 표방하였으나 실제로 취한 정책들은 노동배제적이라고 평가할 정도였다. [42]

노무현 정부에서도 노동문제와 관련하여 신자유주의 정책전환의 징후들이 여전히 관찰되었고, 앞선 두 민주주의 정부들과 마찬가지로 성장론자들과 분배론자들의 내부 갈등은 작지 않았다. 김대중 정부에서 출범한, 그러나 그 기능과 권한이 유명무실해진 노사정위원회를 기존

---

41) Martin Hart-Landsberg, "The South Korean Economy and the U. S. Policy", *Asian Perspective*, Vol. 28, No. 4 (2004), p. 99; 김동원, "노무현 정부 노동정책의 평가와 이명박 정부의 과제", 노동경제학회 2008년 춘계 공동학술회의 발표논문, p. 3.
42) 노무현 정부 출범 초기에 청와대 노동비서관을 지낸 박태주의 평가이다. 유종일, "참여정부의 '좌파 신자유주의' 경제정책", 〈창작과비평〉 2006년 가을호, p. 307.

의 3자간 협상에서 중소기업과 비정규직 노동자들을 포함하는 5자간 협상체제로 확대하려는 노력은 신자유주의적 성장론자들과 사회협약론자들 사이의 세력균형과 직접적인 연관을 가졌다. 조직노동 내부의 리더십 갈등은 17대 국회의원 선거를 통해 민주노총에 조직적 기반을 두는 민주노동당이 원내진입에 성공함으로써 크게 약화되었다. 애초에 이것은 반드시 한국노동운동이 하나의 정상조직을 갖게 될 것임을 의미하지는 않더라도 과거와 같은 이원적 구조와는 상당히 다른 새로운 노동정치를 기대하게 해준 요소였다.

그러나 허약한 정당정치의 기반 위에서 이루어지는 대통령제의 사인적 운영이 계속되면서 노사관계의 새로운 지평은 가시권에서 희미해졌다. 5년 단임제로 묶여져 있는, 따라서 대통령의 정책운용이 시간적 구속을 크게 받는 헌법적 조건하에서 정당정치, 특히 집권당 내부의 승계정치가 제도화되지 못한 상황에서 노사관계 레짐의 성격은 또다시 단기적인 생산성의 정치에 의해 만들어졌다.

한국 정치경제에서 김대중 정부 시기는 복지정책의 중요한 전환점을 통과한 시기라고 말할 수 있다. 체계적인 복지정책이라는 것이 사실상 존재하지 않았던 한국에 다소 사회민주주의적, 보편적 복지국가의 개념에 바탕을 둔 일련의 사회보장 프로그램들이 만들어진 것이 바로 김대중 정부하에서였기 때문이다. 〈표 3-4〉는 김대중 정부하에서 공공 사회지출이 상당한 폭으로 증가했음을 보여준다. 그러나 이러한 증가가 보편적인 복지국가 건설에 대한 김대중 정부의 의지에서 비롯된 것으로 설명하기는 쉽지 않다. 김대중 정부에 의해서 구축된 복지체제는 외환위기로 인해 양산된 피해자들에 대한 보상의 성격이 훨씬 강했다.

김대중 정부는 민중부문이 처한 사회적 위험에 대한 체계적 진단과 구체적 처방을 갖고 있지 않았을 뿐만 아니라 이 책의 분석적 목적에 비추어 볼 때 더 중요하게는 복지정책의 입안과 집행에 필요한 정치적 추진력의 기반, 즉 "복지동맹"을 구축하는 데 관심을 갖지 않았다. 그 결과는 아직 제대로 자리 잡지도 못한 복지국가에 대한 신자유주의적 공격을 피하기 위한 "생산적 복지"의 수사와 정책이었다. [43]

　김대중 정부 시기에 복지지출이 괄목할 만한 성장을 보인 것은 분명하다. 〈표 3-4〉는 한국의 공공 사회지출이 OECD 평균으로부터 멀리 떨어져있기는 하지만 경제위기의 여파로 인해 상당한 성장세를 보였음을 확인시켜준다. 1997~98년 경제위기를 세계화의 한 결과로 본다면 김대중 정부의 복지확장은 경제개방에 대한 정치적 대응으로 해석할 수도 있다. 이러한 시각은 김대중 정부가 변화와 개혁에 대한 국민의 열망을 활용하여 시장지향적 구조조정을 필요 이상으로 추진했다고 보는 견해[44]와 일맥상통한다. 김대중 정부의 신자유주의 정책전환을 경제위기라는 상황의 산물로 보는 것은 분석상의 장단점을 갖는다. 김대중 정부 시기에 늘어난 복지예산에 직접적 관심을 갖는다면 외환위기 이상의 설명변수를 찾기는 어려울 것이다. 그러나 복지국가 확대와 짝을 이루어 진행되었던 시장친화적 경제정책들을 설명하기 위해서는 외환위기의 충격 이외의 요인들을 들여다보는 것이 필요하다. 김대중 정부하에서의 복지확대는 신자유주의 정책전환의 부산물이라는 성격이 강하기 때문이다.

---

43) 김영순, "노무현 정부의 복지정책: 복지국가의 제도적·정치적 기반 형성 문제를 중심으로", 〈경제와사회〉 82호(2009), p. 166.

44) Hyun-Chin Lim and Joon Han, "The Social and Political Impact of Economic Crisis in South Korea: A Comparative Note", *Asian Journal of Social Science*, Vol. 31, No. 2(2003), p. 205.

〈표 3-4〉 OECD 국가 GDP 대비 공공 사회지출(1994~2003)

(단위: %)

국가 \ 연도	1994	1995	1996	1997	1998
호주	16.2	17.8	18.0	17.7	17.8
오스트리아	27.3	26.6	26.7	26.0	25.7
벨기에	29.2	28.1	28.6	27.5	27.5
캐나다	20.6	19.6	18.8	18.3	18.4
체코	19.2	18.9	18.8	19.7	19.5
덴마크	33.1	32.4	31.7	30.7	30.2
핀란드	33.1	31.1	30.9	28.7	26.5
프랑스	29.3	29.2	29.4	29.4	29.0
독일	26.9	27.5	28.1	27.6	27.4
그리스	21.2	21.4	22.1	22.1	22.8
헝가리	–	–	–	–	–
아이슬란드	18.4	19.0	18.8	18.5	18.7
아일랜드	20.0	19.4	18.2	16.8	15.6
이탈리아	24.4	23.0	23.5	24.2	23.7
일본	13.0	13.5	13.7	13.8	14.5
한국	3.4	3.6	3.9	4.2	5.9
룩셈부르크	23.0	23.8	23.9	22.6	21.7
멕시코	5.4	5.4	4.9	5.0	4.9
네덜란드	27.2	25.6	24.4	24.0	23.0
뉴질랜드	19.4	18.9	18.8	19.8	20.0
노르웨이	26.4	26.0	24.9	24.1	25.7
폴란드	24.4	23.8	23.9	23.3	22.0
포르투갈	17.3	18.0	19.1	18.9	19.1
슬로바키아	–	19.2	19.1	18.7	19.0
에스파냐	22.0	21.4	21.6	20.9	20.3
스웨덴	35.4	33.2	32.7	31.3	31.1
스위스	23.2	23.9	25.0	26.0	25.9
터키	7.9	7.5	9.7	10.8	11.1
영국	23.2	23.0	22.8	22.0	21.5
미국	15.4	15.4	15.2	14.9	14.4
OECD 평균	–	–	–	–	–

<표 3-4> 계속

국가＼연도	1999	2000	2001	2002	2003
호주	17.5	17.8	17.3	17.5	17.8
오스트리아	26.1	26.4	26.6	27.0	27.5
벨기에	27.2	25.3	25.8	26.2	26.5
캐나다	17.4	16.5	17.0	17.1	17.2
체코	19.8	19.8	19.8	20.6	20.7
덴마크	29.8	25.6	25.9	26.6	27.6
핀란드	26.1	24.3	24.2	25.0	25.8
프랑스	28.9	27.9	27.9	28.6	29.0
독일	27.4	26.2	26.3	27.0	27.3
그리스	23.6	19.2	20.6	20.0	19.9
헝가리	20.8	20.0	20.2	21.4	22.2
아이슬란드	19.6	15.3	15.3	16.9	18.2
아일랜드	14.2	13.6	14.4	15.3	15.8
이탈리아	24.1	23.5	23.5	24.0	24.4
일본	15.1	16.5	17.4	17.8	18.1
한국	6.9	5.0	5.4	5.3	5.6
룩셈부르크	21.5	19.7	20.8	22.0	23.4
멕시코	5.0	5.8	5.9	6.3	6.8
네덜란드	22.5	19.8	19.7	20.5	21.2
뉴질랜드	19.5	19.4	18.6	18.7	18.2
노르웨이	25.8	21.3	22.2	23.6	24.5
폴란드	22.2	20.5	21.9	22.3	22.3
포르투갈	19.8	19.6	19.9	21.3	22.9
슬로바키아	18.9	17.9	17.6	17.7	17.1
에스파냐	19.9	20.3	20.0	20.4	21.0
스웨덴	30.6	28.5	28.9	29.5	30.3
스위스	26.1	17.9	18.4	19.2	20.3
터키	13.2	–	–	–	–
영국	21.2	19.2	20.1	20.0	20.5
미국	14.2	14.5	15.1	15.9	16.2
OECD 평균	20.8	19.3	19.7	20.2	20.7

출처: Yong Soo Park, "Limitations of the Social Welfare Reform during the Progressive Governments of South Korea: Theoretical Implications," *Korea Observer*, Vol.40, No.3(Autumn 2009), p.536.

서구의 복지국가 발전에 관한 기존문헌에 입각하여 김대중 정부의 사회정책을 설명할 때 가장 손쉬운 길은 경제개방 또는 세계화가 복지 지출 증대를 가져온다는 일반론을 적용하는 것이다. 카메론과 카첸스 타인의 논의가 가장 널리 인용되는 것이지만 내장된 자유주의(*embedded liberalism*)에 대한 러기의 논의도 넓게 볼 때 경제개방이 복지확 충을 야기한다는 논리에 속한다고 볼 수 있다. 45)

  일견 김대중 정부에서의 복지지출 증가도 이러한 기존문헌의 틀 속 에서 설명할 수 있을지 모른다. 문제는 경제위기와 경제개방을 거의 같 은 요인으로 놓고 설명해야 한다는 것이다. 한국이 1997~98년에 겪었 던 경제위기와 선진산업국들이 제2차 세계대전 이후 수십 년에 걸쳐 경험했던 경제개방을 같은 범주에 속하는 것으로 볼 수 있는가? 물론 선진산업국들이 1970년대 유가급등과 스태그플레이션으로 인한 경제 적 충격을 겪었고 이에 대한 대응책으로서 다양한 사회정책 및 노동시 장정책이 취해졌던 것은 사실이다. 1970년대 이후에 일부 선진산업국 들, 특히 유럽의 소국들에서 취해졌던 적극적 노동시장정책은 이미 제 2차 세계대전 종전 직후에 구축되었던 보편적 복지국가의 틀 안에서 이 루어진 것이었다. 국가주도의 산업화를 통해 급속히 성장하던 시장의 자연적인 분배효과에 일차적 기반을 두고 가족 및 기업이 이차적인 복

---

45) David R. Cameron, "The Expansion of the Public Economy: A Comparative Analysis", *American Political Science Review*, Vol. 72, No. 4(December 1978), pp. 1243~1261; Peter J. Katzenstein, *Small States in World Markets: Industrial Policy in Europe*(Ithaca: Cornell University Press, 1985); John Gerard Ruggie, "International Regimes, Transactions, and Change: Embedded Liberalism in the Postwar Economic Order", *International Organization*, Vol. 36, No. 2(Spring 1982), pp. 379~415.

<표 3-5> 한국의 재정규모와 사회복지지출 추이 (1997~2003)

지출구분 \ 연도	1997	1998	1999	2000	2001	2002	2003
중앙정부지출 (GDP 대비 %)	20.4	23.7	24.8	24.6	24.9	24.5	24.3
조세부담률 (GDP 대비 %)	19.5	19.1	19.5	21.8	22.5	21.8	22.3
보건복지부 세출예산 (전체예산대비 %)	4.2	4.1	5.0	6.0	7.5	7.1	7.5
사회보장비 (GDP 대비 %)	0.93	1.01	1.26	1.55	1.97	1.80	1.78
사회계발비 (GDP 대비 %)	1.32	1.54	1.91	2.02	2.48	2.34	2.29

출처: 양재진, "노동시장 유연화와 한국복지국가의 선택: 노동시장과 복지제도의 비정합성 극복을 위하여", 〈한국정치학회보〉 37집 3호(2003), p.415, 표 4.

지제공자로 존재했던 한국[46]과는 상황이 매우 달랐다.

김대중 정부는 자신의 주된 지지기반인 노동자 및 저소득계층의 반발을 무마하기 위해 복지지출을 과감하게 늘렸다. 하지만 많은 연구들이 지적하듯이 김대중 정부의 복지국가는 어디까지나 생산적 복지, 또는 근로복지 연계 프로그램으로서 신자유주의 정책 패러다임에서 크게 벗어나지 않는 것이었다. [47] 김영삼 정부를 거쳐 거의 그대로 온존되었던 발전주의 국가의 제도적 유산들은 김대중 정부 시기에도 여전히 작동하였다. 복지지출에 대한 재정적 한계는 바로 발전주의 국가의 경제관에 의해 설정되었다.

---

46) 양재진, "구조조정과 사회복지: 발전국가 사회복지 패러다임의 붕괴와 김대중 정부의 과제", 〈한국정치학회보〉 35집 1호(2001), pp. 218~219.

47) 신광영, "한국의 경제위기와 복지개혁", 〈국가전략〉 8권 1호(2002), pp. 57~75.

무역자유화 영역에서 가장 분명한 "역사적" 업적을 남긴 것은 노무현 정부이지만 신자유주의적 경제개혁의 일환으로서 자유무역협정을 본격적으로 구상하고 추진한 것은 김대중 정부였다. 1998년 11월 대외경제조정위원회를 통해 자유무역협정 추진계획이 발표되었고, 1999년 12월에는 당시 통상교섭본부장이었던 한덕수가 투자협정(BIT)을 포함한 양자 간 무역자유화를 적극 추진할 것임을 밝혔다.[48] 시애틀 세계무역기구(WTO) 각료회의 실패가 주된 배경으로 지목되었지만 김대중 정부의 적극적 무역자유화 시도 이면에는 재벌개혁을 핵심으로 하는 구조조정이 예상대로 쉽게 진행되지 않고 있던 상황을 타개하고자 하는 동기가 있었다.

한국 최초의 자유무역협정인 한-칠레 자유무역협정이 체결된 것 역시 김대중 정부하에서였다. 1998년 11월 APEC 정상회담에서 양국 정상 간에 자유무역협정 체결 추진에 대한 공식선언이 이루어진 이후로 1999년과 2000년에는 양국 수도를 오가며 실무협상이 진행되었다. 상대국인 칠레가 전체 무역량에서 차지하는 비중이 크지 않았고, 무역 자체도 상보적 성격이 강해서 그 충격이 크지 않을 것으로 기대했던 자유무역협정이었지만, 한국의 농산물 양허안을 두고 양국 간 협상은 쉽게 진행되지 못했다.[49]

많은 나라들에서 자유무역협정이 한 정부에 의해 시작되고 마무리되기보다는 한 정부에 의해 시작되고 그다음 정부에 의해 마무리되는 경

---

48) 이창근, "우리는 '자유'무역을 원하지 않는다: 김대중정부의 자유무역협정(Free Trade Agreement; FTA) 추진 배경과 영향", 〈문화과학〉 24호 (2000), p. 102.

49) 유현석, "한-칠레 자유무역협상의 국내정치: 국내협상의 이해집단과 국내제도를 중심으로", 〈한국정치학회보〉 36집 3호(2002), pp. 181~182.

우를 볼 수 있다. 국제무역이 가져오는 국내적 분배효과가 다른 어떤 국가 간 경제관계보다도 뚜렷하다 보니 자유무역협정에 대한 국내적 저항이 어느 나라에서나 클 수밖에 없고, 이는 자연히 협정의 체결과 의회에서의 승인을 매우 지난한 과정으로 만들기 때문이다.

한-칠레 자유무역협정은 김대중 정부에 의해 협상이 시작되어 노무현 정부 때인 2004년 4월에 발효되었다. 여기서 중요한 것은 김대중 정부에 의한 한-칠레 자유무역협정은 직전 정부였던 김영삼 정부에 의한 어떤 구체적 움직임도 없던 상태에서 추진되었다는 점이다. 양국의 경제구조가 갖는 상보성으로 인해 정치적으로 큰 쟁점이 되지는 않았으나 한-칠레 자유무역협정 또한 하나의 정책전환 사례로 볼 수 있다면 김대중 정부가 왜 이런 갑작스런 선택을 하게 되었는지가 설명되어야 한다.

먼저 1997년 경제위기와 관련하여 한-칠레 자유무역협정의 내막을 살펴볼 필요가 있다. 1997년 금융위기 이후 외환보유고는 김대중 정부로서는 가장 가시적인 경제관련 지표였고, 정부가 일을 제대로 하고 있음을 보여주는 가장 구체적인 기준으로 여겨졌다. 외환보유고 증대를 위해서는 수출부문에 주력할 수밖에 없는 것이었고, 이를 위해서는 기존의 WTO 중심의 다자간 무역질서에 참여하는 것 정도로는 충분하지 않다는 인식이 경제관련 정부부서들에 팽배하게 되었다. 이를 반영하듯이 김대중 대통령은 1998년의 동아시아 비전 그룹(East Asian Vision Group) 제안, 1999년의 동아시아 경제공동체 제안, 2001년의 동아시아 자유무역지대 제안 등의 꾸준한 지역주의 강화책을 내놓았다. [50]

요컨대 한-칠레 자유무역협정은 심각한 경제위기를 계기로 국가경

---

50) 유현석, "한-칠레 자유무역협상의 국내정치", p. 183.

쟁력 쇄신의 새로운 원천으로서 경제개방 가속화를 비롯한 시장친화적 정책들을 추구했던 결과였다. 양자 간 자유무역협정에 대한 정부의 관심이 급증한 것은 1990년대 이후 글로벌 경제를 주도했던 다자주의와 지역주의에 대한 신뢰가 약해진 것도 한 요인이었다. 다자적 무역체제인 WTO와 지역적 경제협력체인 APEC 모두 한국이 처한 경제위기를 극복하는 데 가장 효율적인 방안으로 간주되었던 무역다변화 촉진에 그다지 도움을 주지 못한다는 판단이 고위 정책결정자들 사이에서 지배적이었다. 51)

노무현 정부의 무역자유화는 김대중 정부와의 상당한 연속성을 가지며 추진되었다. 김대중 정부는 경제위기 극복방안으로서 "반도체, 자동차, 선박, 철강, 무선통신기기 등 5대 수출품목"52) 을 중심으로 한 무역증진을 강조하였고, 이를 위해서는 다자적 무역체제나 지역적 경제협력체보다는 양자 간 자유무역협정이 효과적이라고 보았다. 노무현 정부 역시 이러한 사고틀에서 크게 벗어나지 않았을 뿐만 아니라 공약사항이었던 "국민소득 2만 달러" 목표달성을 위한 수단으로서 "개방형 통상국가"의 필요성을 강조했다. 53)

또한 노무현 정부는 무역자유화를 국내경제의 구조변화와 연결시키려는 정책목표를 갖고 있었다. 지속적 경제성장을 위해서는 고부가가치 지식기반 경제로의 이행이 불가피하며, 선진산업국들과의 무역자

---

51) 이승주, "한국 통상정책의 변화와 FTA", 〈한국정치외교사 논총〉 29집 1호
    (2007), p. 115.
52) 서준섭, "한미FTA 통상독재와 통상관료의 독주", 〈시민과 세계〉 12호
    (2007), p. 92.
53) 이승주, "한국 통상정책의 변화와 FTA", 〈한국정치외교사 논총〉 29집 1호
    (2007), p. 116.

유화가 국내적 변화를 유도하는 데 효과적이라는 판단을 한 것이다. 외환위기 이후 금융을 비롯한 각종 경제관련 제도개혁이 기대수준에 못 미치는 상황을 개선하는 데도 미국과의 자유무역협정은 중요한 역할을 할 것이라고 본[54] 노무현 정부 시기 내내 "글로벌 스탠더드"는 정책적 상투어가 되어버렸다.

그러나 참여정부의 무역자유화 방향이 처음부터 미국을 주된 대상으로 삼았던 것은 아니다. 직전 정부 시기부터 꾸준히 논의되었던 한·일 자유무역협정 추진계획이 적어도 정권 초기에는 대외경제정책에서 우선순위를 부여받았고, 미국은 유럽연합과 더불어 중장기적인 경제통합 대상으로 남아 있었다.[55] 그럼에도 불구하고 한·미 자유무역협정은 노무현 정부 안에서 경제개방과 관련한 최우선과제로 자리 잡았고, 정책전환의 면모를 유감없이 보여주는 사례가 되었다.

---

54) 앞의 글, pp. 120~121.
55) 김성보 사회, 김영호, 박명림, 박태균, 최태욱, "좌담: FTA, 북핵, 그리고 한미동맹 – 찬반론과 대안", 〈역사비평〉 2007년 여름호, pp. 31~32.

3. 정책전환의 사회적 결과

김대중 정부에서 진행된 신자유주의 정책전환의 비용은 각종 지표들을 통해 확인된다. 비슷한 수준의 경제발전을 이룬 나라들 가운데 상대적으로 소득 불균등의 정도가 심하지 않은 편이었던 한국은 개혁주의 정부들 시기에 빠른 속도로 사회경제적 불평등이 증가하였다.

〈표 3-6〉은 외환위기 이전 시기와 김대중 정부 시기의 지니계수 추

〈표 3-6〉 도시가구* 소득 지니계수

연도	시장소득** 지니계수	가처분소득*** 지니계수
1990	0.274	0.266
1991	0.264	0.256
1992	0.256	0.248
1993	0.269	0.263
1994	0.263	0.257
1995	0.268	0.262
1996	0.272	0.264
1997	0.268	0.262
1998	0.295	0.287
1999	0.303	0.294
2000	0.286	0.272
2001	0.299	0.286
2002	0.298	0.284

  * 농어촌 가구를 제외한 도시지역 2인 이상 가구임
 ** 시장소득 = 근로소득 + 사업소득 + 재산소득 + 사적 이전소득
*** 가처분소득 = 시장소득 + 공적 이전소득 + 공적 비소비지출
출처: 통계청, 《도시가계조사》, 1990~2002.

세를 비교함으로써 정책전환의 사회적 결과를 가늠하게 해준다.

국제통화기금 구제금융이 이루어지던 1997년에서 1998년으로 넘어가는 시기에 소득불균등이 가파르게 상승했음을 알 수 있다. 김대중 정부 시기 내내 이 추세는 역전되지 않았다. 1997년과 2000년 사이에 상위 20% 집단의 소득은 6.9% 증가한 반면에 하위 20% 집단의 소득은 7.6% 감소한 것으로 나타났다. 같은 기간 상위 20% 집단의 소득을 100으로 놓고 볼 때 20~40% 집단의 소득은 36.6에서 32.5로, 40~60% 집단의 소득은 48.0에서 43.9로 떨어졌다.[56] 이른바 "20 대 80"의 사회가 만들어지기 시작한 것이다.

김대중 정부와 노무현 정부의 신자유주의 정책전환은 조직노동에 작지 않은 변화를 가져왔다. 가장 일차적인 변화는 노조가입률에서 확인된다. 외환위기가 시작된 1997년에 12.2%였던 노조가입률은 노무현 정부 말기인 2008년에 10.5%로 떨어졌다.[57] 〈표 3-7〉에서 볼 수 있듯이, 외환위기를 겪으면서 한국 근로자들의 근로시간은 OECD 가입 10년이 가까워지는 시점인 2002년에도 가입국들 가운데 가장 길었다. 한국에 비해 1인당 GDP가 낮은 멕시코도 한국보다는 근로시간이 짧은 것을 볼 수 있다.

이처럼 근로시간 최장국의 위치를 계속 유지하게 된 것은 수출부문을 중심으로 경기회복이 이루어지면서도 신규고용이 늘어나지 않고 정리해고의 여파로 심화된 노동시장 분절화로 인하여 노동강도는 높아진

56) Nora Hamilton and Sunhyuk Kim, "Democratization, Economic Liberalization, and Labor Politics: Mexico and Korea", *Comparative Sociology*, Vol. 3, No. 1 (2004), p. 82.

57) International Labour Organization, "UNIONS2011: Trade Union Membership Statistics 2011". http://laborsta.ilo.org (검색일: 2013. 7. 1).

것으로 설명될 수 있다. 이러한 사회적 결과를 "절반 이상의 노동자가 민주화의 이름으로 민주화 이전 세상을 살아가는 역설"[58]이라고 표현하는 것은 다소 단순화의 위험이 있으나 신자유주의 정책전환에 대한 민중부문의 인식을 잘 보여준다.

신자유주의 정책전환의 가장 직접적이고 일차적인 충격은 역시 실업률에서 확인된다. 정리해고제 도입과 함께 1998년 1/4분기 실업률은 5.7%를 기록했는데, 이는 1997년 같은 기간에 비해 84% 상승한

〈표 3-7〉 한국과 OECD 국가의 취업자 1인당 연간 근로시간(1999~2002)

(단위: 시간)

국가 \ 연도	1999	2000	2001	2002
한국	2,502	2,520	2,506	2,465
멕시코	1,922	1,888	1,864	1,888
일본	1,810	1,821	1,809	1,798
미국	1,847	1,836	1,814	1,810
그리스	2,107	2,121	2,123	2,106
뉴질랜드	1,838	1,830	1,817	1,817
캐나다	1,769	1,768	1,762	1,744
영국	1,723	1,712	1,715	1,696
에스파냐	1,732	1,731	1,727	1,721
아일랜드	1,725	1,719	1,713	1,698
덴마크	1,569	1,581	1,587	1,579
호주	1,787	1,785	1,749	1,736
프랑스	1,630	1,591	1,579	1,537
독일	1,492	1,473	1,458	1,445
네덜란드	1,361	1,374	1,373	1,348

출처: OECD, OECD. Stat: Labour Force Statistics 2009(http://stats.oecd.org).

58) 노중기의 표현. 정병기, "한국 역대 정권과 노동의 관계: 국가코포라티즘 이후 새로운 모색의 장정", 〈진보평론〉 2008년 겨울호, p. 219에서 재인용.

수치였다. 김대중 대통령의 임기 동안 실업률은 6~7%대를 계속 유지했다. 특히 공공부문에 가해진 타격은 컸다. 1998년에서 2000년까지 공공부문 근로자의 18%인 13만 1천 명 정도가 일자리를 잃었다. 정리해고의 태풍을 피해간 근로자들은 실질적인 임금삭감을 겪어야만 했다. 1998년 실질임금상승률은 -9.8%였고, 대부분의 기업들이 임금수준을 동결했으며, 적지 않은 수의 기업들은 임금삭감을 단행했다. 국내총생산(GDP) 가운데 임금이 차지하는 비중도 줄어들어 1996년에 48.8%이던 것이 1997년에는 47.2%, 1998년에는 45.2%, 1999년에는 43.1%로 꾸준한 감소세를 보였다.

노동시장 유연화는 비정규직 근로자의 수를 급증시켰다. 1997년에 706만 명 수준이었던 정규직 근로자의 수는 2000년에 628만 명 수준으로 줄어들었다. 같은 기간에 임시직과 일용직 근로자의 수는 622만 명에서 690만 명으로 늘어났다.[59] 줄어든 정규직 일자리의 수와 늘어난 비정규직 일자리의 수가 큰 차이가 없음을 알 수 있다.

노무현 정부는 집권 초기에 "성장과 분배의 선순환"을 경제정책의 기조로 내세웠으나 "국민소득 2만 달러 달성"이라는 성장주의적 표어로써 지지를 확보하려는 모습을 집권기간 내내 보였다. 시장경쟁의 공정성 담보를 추구하는 경제개혁이 대통령직 인수위원회가 설정한 국정과제 가운데 하나였지만 실질적으로는 재벌에 유리한 정책들이 취해졌다. 대선과정에서 법인세 인하가 쟁점으로 제기되었을 때 노무현 후보의 입장은 일부 대기업에게만 유리한 조치이므로 반대한다는 것이었다. 그러나 노무현 정부는 법인세를 내렸고, 소득세 역시 고소득층에게 유

---

59) Hamilton and Kim, "Democratization, Economic Liberalization, and Labor Politics", pp. 81~82.

리한 선에서 인하하는 반면 경제위기를 겪은 이후로 사회경제적 불평등이 증가하면서 역진적 효과를 더욱 뚜렷하게 갖게 된 유류세, 주류세, 담배세 등은 큰 폭으로 올렸다. 김대중 정부하에서 시작된 노동시장 분절화도 계속되었다. 비정규직 근로자의 수는 2002년 8월에 384만 명이었던 것이 노무현 정부 3년차인 2005년 8월에는 548만 명으로 늘어나 전체 임금근로자의 36.6%를 차지하게 되었다.[60]

실제 노무현 정부 시기의 주요 경제지표들을 들여다보면 2007년 대통령 선거에서 한나라당이 노무현 정부를 공격하기 위해 제기했던 "경제운용 실패론"은 그리 근거가 충분하다고 볼 수 없다. 노무현 정부 말기에 오면서 여론의 집중을 받았던 청년실업을 예로 들어보자.

〈표 3-8〉에서 청년실업의 핵심이라고 할 수 있는 4년제 대학 졸업자의 취업률 추이를 보면, 노무현 정부가 들어선 2003년에 전년도 대비 1.5% 포인트 하락세를 보였고, 2004년에는 하락폭이 더 커지기는 하였으나 2005년부터 2008년까지는 외환위기 이전인 1995년의 60.9%를 훨씬 상회하는 수준으로 취업률이 향상되었음을 알 수 있다.

〈표 3-9〉는 4년제 대학 졸업 이상의 교육수준을 가진 사람들 가운데 일자리를 구하지 못한 이들의 비율을 보여주는 것으로서 청년실업의 정도를 가늠케 하는 또 다른 지표로 참고할 만하다. 역시 외환위기의 충격으로 인해 1998년에 4년제 대학 졸업 이상의 학력을 가진 사람들 가운데 실업이 상당히 큰 폭으로 늘어났고, 이 추세는 그다음 해까지 지속되었다. 그러나 2000년부터 경기회복세와 함께 실업률은 낮아지

---

60) 유종일, "참여정부의 '좌파 신자유주의' 경제정책", 〈창작과 비평〉 2006년 가을호, pp. 303~304.

〈표 3-8〉 4년제 대학 신규 졸업자 취업률*(1995~2008)

연도	취업률(%)
1995	60.9
2000	56.0
2001	56.7
2002	60.7
2003	59.2
2004	56.4
2005	65.0
2006	67.1
2007	67.6
2008	68.3

* 취업률 = [취업자 수 ÷ (졸업자 수 − 진학자 수 − 입대자 수)] × 100
출처: 교육과학기술부 · 한국교육개발원, 《교육통계연보》, 각 연도.

〈표 3-9〉 4년제 대학 이상 학력소유자 실업률*(1995~2008)

연도	실업률(%)
1995	2.3
1996	2.3
1997	2.7
1998	4.9
1999	4.5
2000	3.1
2001	3.1
2002	2.9
2003	2.9
2004	2.8
2005	2.6
2006	2.8
2007	2.5
2008	2.5

* 실업률 = (실업자 수 ÷ 경제활동인구) × 100;
  실업자는 구직기간 1주를 기준으로 분류함.
출처: 통계청, 《경제활동인구조사》, 각 연도.

기 시작했고, 노무현 정부 시기 내내 그 추세는 이어졌다. 국제적 비교를 해보더라도 노무현 정부 시기 대졸자 실업은 특별히 심각한 수준이었다고 말하기는 어렵다.

〈표 3-10〉에서 외환위기 직후인 1999년을 제외하고는 한국의 고등교육 학력 소유자 실업률은 일본과 대체로 비슷한 수준을 유지했고, 서비스 산업이 훨씬 세분화되고 고용규모가 클 수밖에 없는 미국, 그리고 영국에 대해서 상당한 차이로 실업률이 높게 나타날 뿐이다. 한국은 전반적으로 OECD 평균치보다 낮은 대졸자 실업률을 보여왔던 것이다. 이 국제적 비교는 노무현 정부 시기의 청년실업 책임론이 실제보다 과장된 것임을 보여주는 것이지만 그보다 더 중요한 구조적 특징을 보여주기도 한다. 즉, 한국이 사회적 안전장치가 훨씬 잘 구비된 유럽 나

〈표 3-10〉 한국과 OECD 주요국의 고등교육 학력 소유자 실업률 (1997~2007)

국가 \ 연도	1997	1999	2001	2003	2005	2007
한국	2.3	4.7	3.5	3.1	2.9	2.9
일본	2.3	3.3	3.2	3.7	3.1	2.9
영국	3.1	2.6	2.0	2.3	2.1	2.3
프랑스	7.0	6.1	4.8	5.3	5.4	4.9
독일	5.7	5.0	4.2	5.2	5.5	3.8
스웨덴	5.2	3.9	2.6	3.9	4.5	3.4
이탈리아	–	6.9	5.3	5.3	5.7	4.2
미국	2.3	2.1	2.1	3.4	2.6	2.1
캐나다	5.4	4.5	4.7	5.2	4.6	3.9
호주	3.5	3.4	3.1	3.0	2.5	2.2
OECD 평균	4.1	3.8	3.3	4.0	3.9	3.3

출처: OECD, Education at a Glance 2009: OECD Indicators(http://www.oecd.org/edu 2009).

〈표 3-11〉 임금근로자 고용형태별 구성비율 (2003~2008)

(단위: %)

| 연 도 | 정규직 | 비정규직 | | | | 전체 |
		한시적 근로자	시간제 근로자	비전형 근로자*	전체	
2003	67.4	21.3	6.6	11.9	32.6	100.0
2004	63.0	24.7	7.4	13.4	37.0	100.0
2005	63.4	24.2	7.0	12.7	36.6	100.0
2006	64.5	23.6	7.4	12.6	35.5	100.0
2007	64.1	22.3	7.6	13.9	35.9	100.0
2008	66.2	20.4	7.6	13.3	33.8	100.0

* 파견근로자, 용역근로자, 특수형태근로 종사자, 가정 내 근로자, 일일근로자 등을 가리킴.
출처: 통계청, 《경제활동인구 부가조사(근로형태별) 결과》. 각 연도.

〈표 3-12〉 비농업 부문 10인 이상 사업체 임금상승률*(1996~2008)

| 연 도 | 비농업 부분 산업 전체 | | 제조업 | |
	명목임금 상승률(%)	실질임금** 상승률(%)	명목임금 상승률(%)	실질임금 상승률(%)
1996	11.9	6.6	12.2	6.9
1997	7.0	2.5	5.2	0.7
1998	−2.5	9.3	−3.1	−9.9
1999	12.1	11.1	14.9	13.9
2000	8.0	5.6	8.5	6.1
2001	5.6	1.5	6.3	2.1
2002	11.6	8.7	12.0	9.1
2003	9.4	5.7	8.8	5.0
2004	6.5	2.8	9.9	6.1
2005	6.4	3.6	7.8	4.9
2006	5.6	3.3	5.6	3.3
2007	5.9	3.2	6.8	4.2
2008	3.2	−1.4	−0.8	−5.2

* 임금상승률은 전년대비 상승률임.
** 실질임금 = (명목임금 ÷ 소비자물가지수) × 100
출처: 한국노동연구원, 《2009 KLI 노동통계》, 2009.

라들과 캐나다보다는 미국과 영국처럼 신자유주의 경제이념이 지배적인, 따라서 노동시장 분절화가 두드러지는 나라들에 가까운 실업률을 보인다는 점이다.

OECD 평균에 비해 낮은 고등교육 학력 소유자 실업률이 외환위기 이후에도 지속되었다는 것은 김대중 정부 이후 추진된 신자유주의 정책전환이 노동시장 재편에 가져다준 분절화 효과로써 설명될 수 있다. 비정규직 근로자 증가로 상징되는 고용의 질 저하를 막는 데 노무현 정부가 그다지 성공적이지 못했음을 보여주는 증거라고 말할 수 있다.

비정규직 근로자의 수가 지속적으로 늘어나고 그로 인한 노동시장 분절화가 심화되는 것 못지않게 일반 대중의 경제적 불안감을 꾸준히 고조시킨 요인은 임금수준이었다. 〈표 3-12〉에서 볼 수 있듯이 외환위기 이후 김대중 정부와 노무현 정부하에서 실질적 임금상승률은 외환위기 이전의 수준을 회복하지 못했다.

반면에 〈표 3-13〉에서 볼 수 있듯이 연간 근로시간은 노무현 정부하에서도 OECD 국가들 가운데 최장시간을 기록하고 있다. 매년 소폭의 감소세를 보이고는 있으나 외환위기 이후 유연화된 노동시장의 결과가 심대하다는 것을 알 수 있는 자료라고 하겠다. 신자유주의 정책전환의 결과를 가장 극명하게 보여주는 것은 역시 소득불균등의 지표, 즉 지니계수일 것이다. 〈표 3-14〉는 노무현 정부하에서 소득불균등은 꾸준히 상승세를 보이고 있음을 확인시켜준다.

노무현 정부의 정책전환은 김대중 정부의 그것과는 달리 경제위기에 대한 수세적 대응보다는 정치적 입지확보를 위한 공세적 선점의 성격이 강하다. 이는 노무현 대통령이 참여정부의 정책이념을 "좌파 신자유주의"라는 신조어로써 지칭했던 점에서 잘 엿볼 수 있다. 대통령 자신은 참여정부의 정책스타일이 이념적이기보다는 실용적임을 강조하기

〈표 3-13〉 한국과 OECD 국가의 취업자 1인당 연간 근로시간(2003~2008)

(단위: 시간)

국가＼연도	2003	2004	2005	2006	2007	2008
한국	2,434	2,404	2,364	2,357	2,316	–
멕시코	1,857	1,849	1,909	1,883	1,871	1,893
일본	1,799	1,787	1,775	1,784	1,785	1,772
미국	1,800	1,802	1,800	1,801	1,798	1,792
그리스	2,116	2,064	2,081	2,150	2,122	2,120
뉴질랜드	1,813	1,827	1,810	1,787	1,771	1,753
캐나다	1,734	1,752	1,738	1,738	1,735	1,727
영국	1,677	1,672	1,676	1,671	1,673	1,653
에스파냐	1,706	1,690	1,668	1,653	1,635	1,627
아일랜드	1,671	1,668	1,654	1,642	1,631	1,601
덴마크	1,577	1,579	1,579	1,585	1,599	1,610
호주	1,734	1,740	1,727	1,717	1,717	1,721
프랑스	1,533	1,561	1,559	1,536	1,553	1,542
독일	1,439	1,442	1,434	1,432	1,433	1,432
네덜란드	1,363	1,362	1,375	1,389	1,390	1,389

출처: OECD, OECD.Stat: Labour Force Statistics 2009 (http://stats.oecd.org).

〈표 3-14〉 도시가구* 소득 지니계수 (2003~2008)

연도	시장소득** 지니계수	가처분소득*** 지니계수
2003	0.295	0.282
2004	0.301	0.285
2005	0.304	0.286
2006	0.313	0.292
2007	0.324	0.300
2008	0.325	0.298

 * 농어촌 가구를 제외한 도시지역 2인 이상 가구임.
 ** 시장소득 = 근로소득 + 사업소득 + 재산소득 + 사적 이전소득
*** 가처분소득 = 시장소득 + 공적 이전소득 + 공적 비소비지출
   출처: 통계청, 《가계동향조사》, 2003~2008.

위해 쓴 표현[61]이었다고 볼 수 있는데, 실용성에 대한 집착 자체가 정책전환의 조건을 마련했던 것이다.

노무현 대통령은 민주화 세력, 진보진영, 또는 광범한 의미에서의 좌파가 얼마든지 실용적인 결과를 만들어낼 수 있다는 것을 증명하고 싶었다고 볼 수 있다. 실용적 결과를 도출하기 위해, 즉 경제살리기를 위해 노무현 대통령은 경제정책결정의 주요 내용을 김영삼 정부 또는 그 이전부터 발전주의 국가의 기술합리성을 체현했던 전문적 관료집단들로부터 끌어왔다. 노무현 대통령과 "코드"가 맞는 이른바 "386세대" 정치인들은 국가보안법 폐지, 과거사 청산, 언론개혁, 사학법 개정 등 4대 개혁법안과 같은 상징의 정치에 몰두함으로써 이익의 정치 영역에서 대안적 정책 패러다임을 정교화하고 그것을 실제정책으로 실현할 여유와 전문성을 결여했다. 북한문제 및 한국현대사 해석과 긴밀히 연관된 이러한 상징의 정치 쟁점들은 사회경제적 쟁점들과는 달리 이해관계자들 사이의 타협이 매우 어려운 반면 그것이 가져오는 갈등으로 인한 비용은 크다. 민주주의로의 이행 초기에 구 조선총독부 건물 해체와 같은 상징의 정치로 크게 잃은 것이 없었던 김영삼 정부와는 달리 노무현 정부는 민주주의 공고화 단계에서 상징의 정치를 감행했기 때문에 지지기반의 확대를 경험하지 못했다.[62]

노무현이 앞선 두 민간출신 대통령인 김영삼과 김대중에 비해 지지도가 전반적으로 낮았던 점은 그의 급작스런 한·미 자유무역협정 추진을 어느 정도 설명해준다. 1993년 민간정부가 다시 들어선 이후로 대

---

61) 유종일 "참여정부의 '좌파 신자유주의' 경제정책", p. 300.
62) 김동춘, "집권 3년, 노무현 정권은 어디로 가나", 〈당대비평〉 29호(2005), pp. 91~96.

통령에 대한 지지율은 취임 직후 허니문 효과를 누리다가 주요 개혁정책들이 좌초하면서 하락세를 시작하여 친인척이나 측근 비리 등으로 인해 결국 바닥에 이르는 패턴이 되풀이되었다. 특히 김영삼의 경우 외환위기로 임기를 마감함으로써 집권 초기의 사정개혁으로 인한 높은 지지율과는 상반되는 10%대의 최저 지지율을 기록했다. 김대중은 세 대통령 가운데 평균 지지율이 가장 높은 것으로 나타났지만 그 역시 최고 지지율과 최저 지지율의 차이는 무시할 수 없는 수준이었다.

김대중 정부하에서 시작된 신자유주의 정책전환의 여파로 이미 노무현은 집권 4개월 만에 지지율이 40%대로 급락하는 경험을 했고,[63] 한번 떨어진 지지율은 회복되지 않았다. 최고 지지율과 최저 지지율의 차이에서는 노무현은 김대중보다 조금 높은 정도로 확인되지만, 그의 평균 지지율은 34.08%로서 김영삼의 53.27%, 김대중의 58.85%와는 현격한 차이를 보여준다. 달리 말해 그는 임기 내내 인기 없는 대통령이었다.

한·미 자유무역협정 공식협상이 개시된 것은 2006년 6월이었고, 2차 협상이 진행되던 7월 12일에는 서울 도심에서 한·미 자유무역협정 반대시위가 벌어졌다.[64] 노무현 정부의 한·미 자유무역협정 추진은 대통령과 집권당 사이의 균열을 가져왔다. 공식협상이 시작된 지 한참 뒤인 2006년 10월까지도 열린우리당은 당론을 정하지 못하고 있었다. 청와대 국민경제비서관을 지낸 정태인은 "한·미 FTA 추진은 임기 안에 업적을 남기려는 노 대통령의 조급증 때문에 시작된 것"이라고 비판했다.[65]

---

63) 가상준·노규형, "지지율로 본 노무현 대통령의 임기 5년", 〈한국정당학회보〉 9권 2호(2010), p. 68.
64) 장지호, "한미자유무역협정(FTA)의 내부 담론분석", 〈한국정책과학학회보〉 11권 2호(2007), p. 30.

<표 3-15> 민간정부 대통령 지지율 비교

(단위: %)

대통령	평균 지지율	최고 지지율	최저 지지율
김영삼	53.27	87.30	14.00
김대중	58.85	81.30	30.60
노무현	34.08	75.10	20.30

출처: 가상준 · 노규형, "지지율로 본 노무현 대통령의 임기 5년", p.79.

"업적쌓기"에 대한 이러한 대통령의 집착은 급속히 하락하는 지지율과 결합될 때 더욱 강해질 수 있다. 어떤 대중 정치인도 지지율을 무시할 수 없는 것이지만, 특히 정치인 노무현에게 대중의 지지는 정책결정과 정치적 선택에 지대한 영향을 미쳤다. 그것은 그가 대통령에 오르기까지의 과정, 그리고 최고권력자가 된 이후에도 국정운영의 돌파구를 찾는 방식 자체가 제도정치 바깥의 사회세력과의 직접소통에 의존하는 것이었기 때문이다. 노무현은 전형적인 여의도 정치인이 아닌 아웃사이더였고, 그러한 정체성은 3당 통합 반대 이후 지속적으로 지역주의와 맞서 싸우는 "우직한 파이터"로서의 이미지를 통해 대중에게 확산되었다. 노무현의 비주류적 정체성은 분명히 2002년 대통령 선거에서의 예기치 못했던 승리의 한 원천이다.

"노사모"로 대표되는 제도권 바깥의 지지자 네트워크에 바탕을 둔 정치인 팬클럽 문화는 아웃사이더 대통령으로 하여금 국정운영의 최고 의사결정권자로서 그가 대면해야 할 상대방은 의회와 관료기구 안에 포진되어 있는 "기존 정치세력"이 아니라 국민대중이라고 믿게 만들었다. 노무현이 즐겨 사용했던 "국민과의 대화"는 분점정부가 일상화된

---

65) 앞의 글, pp. 38~39.

미국정치에서 대통령이 의회를 압박하기 위한 수단으로 쓰이는 "대국민 호소" 전략[66]의 한국적 변형이었다.

국민대중에게 끊임없이 쟁점을 제시하고 직접소통을 원했던 포퓰리스트 대통령에게 지지율 급락은 심각하게 비쳐질 수밖에 없었고,[67] 한·미 자유무역협정을 무리하게 추진하는 배경이 되었다고 볼 수 있다. 노무현 대통령이 승자와 패자를 매우 가시적으로 만들어낼 수밖에 없는 한·미 자유무역협정 체결을 통해 어떤 의미 있는 지지율 상승을 기대하지는 않았을 것이다. 지지율이 더 이상 떨어질 수 없는 수준까지 내려갔다고 인식할 때 굳이 단임제라는 헌법상의 규칙을 상기하지 않더라도 특유의 승부사 기질로 극단적 선택을 종종 해왔던 노무현에게 절실히 필요했던 것은 재임기간 업적이었다. 지지율 하락은 노무현으로 하여금 그에 상응하는 대증적 요법보다는 외과적 수술방식을 선택하게 만들었던 것이다.

이 점에서 노무현 정부에서의 신자유주의 정책전환은 이념적 성격보다는 실용적 성격이 두드러졌다. 신자유주의적 경제정책과 사회정책으로의 이행이 주요 정책결정자들과 그 사회적 지지세력의 이념적 확고함에서 비롯된 경우들은 영국과 칠레처럼 앞선 좌파 정부의 경제정책 실패에 대한 염증이 극도에 달했던 사례들이었다.[68]

---

66) Samuel Kernell, *Going Public: New Strategies of Presidential Leadership*, 3d ed. (Washington, D. C.: CQ Press, 1997).

67) 노무현 대통령의 대국민 호소전략에 대해서는 다음을 참조. 안병진, 《노무현과 클린턴의 탄핵 정치학: 미국적 정치의 시대와 민주주의의 미래》(서울: 푸른길, 2004), pp. 245~261.

68) 윤상우, "외환위기 이후 한국의 발전주의적 신자유주의화: 국가의 성격변화와 정책대응을 중심으로", 〈경제와 사회〉 83호(2009), p. 45; Marion Fourcade- Gourinchas and Sarah L. Babb, "The Rebirth of the Liberal

파당적 기반과 사회적 지지기반의 높은 동질성을 고려할 때 노무현 정부와 김대중 정부의 이념적 거리는 멀지 않아야 한다. 특히 경제정책과 사회정책은 그 정부의 사회적 지지기반에 따라 대체로 결정된다는 점을 받아들인다면, 두 정부 간의 정책차이는 크지 않아야 하며, 실제로 김대중 정부와 노무현 정부는 신자유주의 정책전환이라는 공통점을 가졌다. 문제는 이러한 전환이 영국과 칠레에서처럼 우파 정부에 의해 직전 좌파 정부의 정책이 역전되는 모습을 취한 것이 아니라는 데 있다. 그리고 바로 그렇기 때문에 이 책에서 김대중 정부와 노무현 정부의 경제정책을 신자유주의 정책전환, 즉 파당적 기반과 사회적 지지기반에 조응하지 않는 방식으로의 정책입안과 집행이 이루어진 결과라고 보는 것이다.

두 개혁주의 정부들의 신자유주의 정책전환은 라틴아메리카 나라들에서 주로 관찰되었던 정책전환과는 상당히 다른 내용을 가지고 있었다. 외환위기와 함께 공격적으로 추진되었던 시장친화적 경제개혁의 핵심은 재벌개혁이었고, 재벌이라는 독특한 행위자는 라틴아메리카 나라들에서의 기업집단들과는 비교할 수 없을 정도로 강고한 정경유착의 네트워크 안에서 성장해왔다. 따라서 김대중 정부의 경제개혁은 애초에 정치적 동기가 강할 수밖에 없었다고 볼 수 있다. 이 정치적 동기론은 다시 두 가지 시각들로 나누어진다. 하나는 김대중 정부와 노무현 정부가 상징의 정치에 집중함으로써 경제영역에서는 시장화 정책이 기술관료들과 그 동맹세력에 의해 간단없이 진행되었다고 보는 것으로서 이 책의 논지에 해당한다. 다른 하나는 기술관료들의 합리적 판단과는 달리 민중주의적 성향의 두 대통령이 경제위기의 주범인 재벌에 대한 처

Creed: Paths to Neoliberalism in Four Countries", *American Journal of Sociology*, Vol. 108, No. 3 (November 2002), pp. 533~579.

벌로서 개방과 경쟁을 촉진시켰다고 보는 것이다.[69]

라틴아메리카 사례들과의 이 차이점으로부터 한국에서 개혁주의 정부들에 의해 추진된 신자유주의 정책전환의 특수성이 비롯된다. 외환위기 초기국면에 국제통화기금은 대기업 운영의 투명성과 책임성 확립을 구제금융의 조건으로 제시했고, 경제회생은 바로 재벌개혁에 달려있다는 인식이 만연해 있었다.[70]

1999년 8월 15일 광복절 경축사를 통해 김대중 대통령이 "우리 경제의 최대 문제점인 재벌의 구조개혁 없이는 경제개혁을 완성시킬 수 없다"고 말하면서 외환위기 시작 시점에 도입된 재벌개혁 5대 원칙에 순환출자 및 부당 내부거래 억제, 변칙상속 차단, 계열금융사의 금융지배 규제 3가지를 추가[71] 했던 것은 그러한 여론의 무게를 감안했기 때문이다. 이러한 수사에도 불구하고 한국의 개혁주의 정부들은 이익의 정치를 장악하지 못했다. 왜 그러했는가? 그 이유를 탐색하기에 앞서 다음 장에서 정책전환의 제도적 요인들을 살펴본다.

---

69) Lee and Han, "The Demise of 'Korea, Inc.'" p. 313.
70) Jongryn Mo and Chung-in Moon, "Business-Government Relations under Kim Dae-jung", in *Economic Crisis and Corporate Restructuring in Korea*, ed. Stephan Haggard, Wonhyuk Lim, and Euysung Kim(New York: Cambridge University Press, 2003), p. 127.
71) 채진원, "경제이슈 진단─김대중 정부와 재벌개혁: 장기불황 앞에 엉성한 개혁안마저 팽개쳐", 〈월간 말〉 2001년 11월호, p. 172.

한국 사례의 제도주의적 설명

한국 개혁주의 정부들의 신자유주의 정책전환에 관하여 가능한 설명들 가운데 상식적 수준에서 설득력이 큰 것이 바로 제도적 변수 중심의 접근법이다. 정책전환의 사례마다 상이한 조건들과 행위자들에 초점을 맞추는 설명을 시도하는 것도 물론 필요한 작업이다. 시장지향적 경제정책들이 그토록 짧은 시간 안에 그토록 급속하게 입안되고 집행될 수 있었던 것은 김대중과 노무현 두 정치인의 통치스타일과 밀접한 연관을 갖는다. 신생민주주의체제에서의 정책전환은 최고통치자의 의중이 중요한 역할을 할 수밖에 없는 현상이기 때문에 정책결정에 관련된 주요 행위자들이 주어진 국내외적 조건에서 어떻게 생각하고 움직였는지를 세밀히 추적하는 것은 아주 의미 있는 작업이다. 그럼에도 불구하고 제도적 변수들이 신자유주의 정책전환을 포함하는, 민주화 이후의 정치행태를 설명하는 데 유용하다는 것은 분명하다. 그것은 무엇보다도 민주화 과정 자체가 경기의 규칙을 행위자들이 받아들이도록 만드는 경향이 있기 때문이다. 신생민주주의체제하에서 권력구조, 선거제도, 정당체제 등의 제도적 요인들이 민주주의를 붕괴시키지 않는 한도 내에서[1] 정책결과에 중요한 영향을 미친다면 그것은 제도주의적 접근법의 효용을 높여주는 것이다.

제도주의적 접근법을 따를 때 라틴아메리카 나라들과 한국의 공통점과 차이점은 명백하다. 공통점은 권력구조가 대통령제라는 점이다. 차이점은 라틴아메리카 나라들 대부분이 비례대표제를 통해 의회를 구성하는 반면에[2] 한국의 의회는 부분적으로 정당명부제를 사용하기는 하지만 압도적으로 단순다수제에 의해 구성된다는 데 있다.

선거제도의 차이는 정당체제의 차이로 이어진다. 라틴아메리카 나라들의 다당제는 대통령제와 결합하여 정책전환의 인센티브를 높이는 결과를 낳는다. 의회제와 다당제가 결합된 유럽 선진민주주의 나라들에서 대부분 연립정부를 비롯한 정당들 간의 연합이 없이는 안정적 국정운영이 어렵기 때문에 절차상 국민에 의해 직접 선출된 것이 아닌 수상이 아무리 큰 정치적 야심을 갖고 있다 해도 사회경제적 영역에서 정책전환을 무리하게 추진하기란 너무 어렵다. 반면에 대통령제하에서 군소정당들의 난립은 그것이 의회 내에서의 안정적 다수 형성을 불가능하게 하는 정도만 아니라면 "역사적 치적"을 추구하는 최고통치권자에게는 정책전환의 최적환경이 될 수 있다.

---

1) 바이마르 공화국의 사례처럼 민주화와 함께 도입된 제도들이 민주주의체제의 불안정과 종국적 붕괴를 가져오게 되는 경우를 설명하기 위해서는 제도적 변수들보다는 사회경제적, 구조적 요인들을 살펴보는 것이 더 중요하다. Gregory M. Luebbert, *Liberalism, Fascism, or Social Democracy: Social Classes and the Political Origins of Regimes in Interwar Europe* (New York: Oxford University Press, 1991) 참조.

2) 1946~2000년 기간에 19개 라틴아메리카 나라들에서 치러진 164번의 의회선거들 가운데 126번의 선거(76.83%)가 비례대표제 방식으로 행해졌다. Matt Golder, "Democratic Electoral Systems around the World, 1946~2000", *Electoral Studies*, Vol. 24, No. 1 (March 2005), p. 115, Table 5.

1. 대통령제

1) 단임제

한국에서 신자유주의 정책전환의 국내정치제도적 기반으로서 가장 결정적인 요소는 역시 대통령 단임제라고 말할 수 있다. 신자유주의 정책전환의 현상을 한국보다 일찍 경험했던 라틴아메리카 나라들과의 두드러지는 차이들 가운데 하나도 바로 여기에 있다. 오랜 군부권위주의 통치 끝에 민주화를 맞으면서도 대부분의 라틴아메리카 나라들은 한국과 같은 엄격한 대통령 임기제한을 도입하지 않은 반면에 한국은 군부통치의 정점이었던 시기에 권위주의 통치자에 의해 단임제가 도입되었다. 라틴아메리카뿐만 아니라 대통령제를 채택하는 나라들에서 흔히 사용하는 임기제한 방식은 "one term out", 즉 연이어 중임하지 못하도록 만드는 것이다. 브라질과 아르헨티나는 최근에 와서 아예 미국식의 중임제를 선택하는 개헌을 단행[3] 할 정도로 한국과 라틴아메리카는 매우 다른 양상을 보여왔다.

한국에서는 1987년 민주화 이후에도 이 단임제 조항을 헌법에서 들어내기란 쉽지 않았고, 어떤 측면에서 보면 "과잉정치화된" 한국인들에게 가장 적합한 제도라고도 말할 수 있을지 모른다. 장기집권 방지라는 원래의 용도가 민주화의 진전과 함께 그 의미를 상실하게 되었음에도 불구하고 미국식 대통령 중임제 도입 정도의 논의도 극도로 민감하게 받아들이는 정치문화[4] 가 지난 20여 년 동안 형성되어왔기 때문이다.

---

3) Jose Cheibub, "Systems of Government: Parliamentarism and Presidentialism", mimeo., Harvard University, n. d.

정책전환과 대통령제의 상관성이 높다는 것은 제 2장에서 살펴본 대로 이론적, 경험적으로 부분적인 근거만을 갖지만, 한국의 경우에는 권위주의체제에서 오랫동안 지속된 제왕적 대통령의 전통이 5년 단임제라는 제도적 요소와 결합하여 정책전환을 쉽게 만든다. 대통령 단임제는 한국의 정치환경에서 최고통치권자 위치에 앉아있는 정치인에게 크게 두 가지 동기를 부여한다. 첫째는 명예로운 퇴진을 하는 것이다. 둘째는 역사적으로 기억될 치적을 쌓는 것이다.

민주화된 정치환경에서 대통령이 자신의 직위가 갖고 있는 독자적 권력기반을 토대로 정책전환을 시도하기 위해서는 정당과 의회라는 제도적 장벽을 넘을 수 있어야 한다. 제왕적 대통령의 유산이 아직도 강하게 남아있는 한국에서 대통령이 정책전환을 하기 위한 충분조건은 자신의 소속당이 안정적 다수를 차지한 의회라고 말할 수도 있다.

그러나 실제로 개혁주의 정부들의 정책전환은 집권당이 의회에서 소수인 경우 또는 집권당의 당론과는 상관없이 이루어지는 경우가 많았다. 김대중 정부와 노무현 정부 모두 여소야대 상황에서 반대당의 미온적 지지 또는 묵인하에서 신자유주의적 경제정책들을 추진했다. 노무현 정부 시기 한-칠레 자유무역협정에 대한 한나라당의 입장은 "권고적 찬성"이었고, 민주당은 개별의원 자유투표를 선택했다. 한·미 자유무역협정을 두고 집권당인 열린우리당 내부에서는 대통령 예비후보들 사이에 분명한 입장차이가 존재했으나 선거를 목전에 두고 내부분열을 드러내놓고 싶지 않았기 때문에 의회의 역할은 더욱 미미했다.[5] 민주

---

4) 2011년 1월 5일 한나라당 지도부가 대통령 4년 중임제 논의를 다시 제기했을 때 야당이 반대했음은 물론이고 집권당 내부에서도 계파 간 갈등이 고조되었다. "GNP Divided Over Changing Presidential Term Limit in Constitution", *The Hankyoreh*, January 6, 2011.

노동당을 제외하고는 여야를 막론하고 김대중 정부 때 시작되어 노무현 정부 때 마무리되려 하는 정책전환에 대해 적극적 당론을 제시하지 않은 것은 제도로서의 의회의 존재가 한국의 신생민주주의하에서는 여전히 미약함을 증명한다.

　대통령 단임제는 대통령제라는 측면과 단임제라는 측면 두 가지가 결합된 것으로서 굳이 둘 가운데 강조점을 한 군데 찍어야 한다면 단임제에 무게를 실을 수밖에 없다. 최고권력자로서의 위치를 5년 임기 한 번만 누릴 수 있다면 그 위치에 오른 대통령은 재선의 기회가 보장된 대통령과는 매우 다른 사고방식과 행동양식을 가질 개연성이 높다. 한 번의 임기로써 자신의 정치경력을 마감해야만 하는 대통령은 대중 정치인이 아니라 국가지도자가 되고 싶은 욕구가 더 강해질 수도 있다.[6]

　노무현 정부가 동북아 국가들과의 자유무역협정에 치중하던 데서 갑작스럽게 벗어나 한·미 자유무역협정 협상을 서둘렀던 것에 대한 가장 개연성 높은 설명은 이른바 "한 건론"이다. 임기를 2년 남겨둔 노무현 대통령이 참여정부의 대표치적을 쌓으려는 조급함에서 비롯된 것이 한·미 자유무역협정이라는 해석이다.[7] 재선의 기회가 있는 라틴아메리카 나라들에서조차 정책전환을 감행했던 대통령들은 역사에 성공적인 국정운영자로서 기록되기를 원했다는 점에 주목할 필요가 있다. 최

---

5) 유현석, "통상외교와 국회의 역할: 한-칠레 FTA와 한미 FTA의 사례", 〈한국정치외교사 논총〉 29집 2호(2008), pp. 449, 453.

6) 이명박 대통령이 "단임제가 소신껏 일하기에는 더 좋은 것 같다"고 말했던 것도 대중정치인보다는 국가지도자로서 자리매김하기를 원하는 민주화 이후 한국 대통령들의 공통된 선호를 보여준다. "李 대통령 '소신껏 일하기엔 단임제 좋아'", 〈매일경제〉 2009년 12월 1일.

7) 노주희, "한미 FTA 추진의 겉과 속: 정치권과 관료사회의 경우", 〈노동사회〉 2006년 6월호, p. 40.

고권력자로서 대통령의 위치는 누구에게든 정치경력의 최종단계이기 때문에 재선의 기회가 있는 대통령이라 하더라도 결과로써 말할 수 있는 정책을 추진하고자 하는 유혹을 뿌리치기 힘든 것이다. 따라서 단임제하에서 대통령이 자신이 선출되었던 지난 선거에서의 공약이 무엇이었는지 잘 기억하고 그것을 그대로 실천에 옮길 의무감을 무겁게 갖기는 어려운 일이다.

또한 한국에서 민주주의 정부들이 신자유주의적 방향으로 정책전환을 큰 정치적 저항 없이 추진할 수 있었던 요인으로서 사인적 대통령제(personal presidency)[8]가 고려될 수 있다. 한국의 민주주의 정부들은 대통령 개인의 선출을 목표로 재편된 선거정당의 성격을 강하게 갖기 때문에 정책정당으로서의 책임성이 발휘되기 어려운 구조하에 있다. 5년 단임제에 의해 시간적 구속을 강하게 받는, 그러나 자신의 정치적 위상과는 독자적으로 어떤 정책적 자율성을 갖는 정당이 부재한 상황에서 대통령은 사인적 통치스타일로 이끌릴 경향이 크다. 이는 대통령으로 하여금 신자유주의 정책전환이 가져올 선거에서의 부정적 효과를 크게 고려하지 않게 만드는 요인이 된다. 시간적 지평이 너무나 뚜렷하기 때문에 사인적 대통령은 자신만의 정치일정을 계획하고 그에 따라 정책과정을 운영할 가능성이 높다.

대통령 단임제가 신자유주의적 정책전환의 재발을 가져오는 중요한 한 제도적 조건이라는 주장은 논리적 타당성과 경험적 근거를 갖고 있다. 그럼에도 불구하고 그 효과를 지나치게 강조하다 보면 제도적 조건과 정책결과에 대한 조야한 인과론으로 귀결될 수 있다. 한국 민주주의

---

8) Theodore J. Lowi, *The Personal President : Power Invested, Promise Unfulfilled* (Ithaca : Cornell University Press, 1985).

의 고질적 병폐로 지적되는 제왕적 대통령 또는 사인적 대통령의 현상
이 허약한 정당체제와 연결된 시스템의 문제이듯이 신자유주의 정책전
환 역시 대통령에게서 재선의 기회를 박탈하여 치적을 쌓는 데 몰두하
게 만드는 단임제라는 제도적 요소로만 설명될 수는 없다. 신자유주의
정책전환은 특정한 내용과 방향을 갖는 정치적 선택이다. 5년 단임의
대통령이 그토록 남기고자 하는 역사적 치적이 반드시 시장지향적 경
제개혁일 필요는 없다.

2) 대통령과 집권당의 관계

　한국의 대통령 단임제와 연결된 현상들 가운데 대통령으로 하여금
정책전환으로 인한 부담을 덜 느끼게 만드는 것으로 집권당과 대통령
의 분리는 특별한 주목의 대상이다. 흔히 운위되는 임기 말 레임덕, 즉
권력누수 현상을 더욱 심각하게 만드는 것이 집권당과 대통령의 분리
이기 때문이다. 집권당 내부에서 중임제 개헌 논의가 나올 때마다 가장
강력한 반대의 목소리를 내는 것은 때때로 야당이기보다는 집권당 안
에서 대통령과 경쟁하는 계파 지도자일 수밖에 없는 것은 단임제가 아
니라면 관찰하기 어렵다.
　김대중 정부와 노무현 정부는 모두 의회 내 소수파에 기반을 두었다
는 점에서 전형적인 분점정부라고 말할 수 있다. 특히 제왕적 대통령
의 이미지가 강하고 실제로도 막강한 권력을 행사할 수 있는 한국적 정
치풍토에서 대통령이 사인적, 민중주의적 리더십을 발휘하여 분점정
부의 악조건을 극복하고 싶은 유혹은 크다. 대통령과 집권당의 갈등은
노무현 정부하에서 본격적으로 나타났다. 똑같은 개혁주의 정부라 하
더라도 김대중 정부와 노무현 정부는 대통령과 집권당의 관계라는 점

에서 너무나 큰 차이를 보인다. 김대중에게 정당은 자신의 정치적 야망을 실현하는 도구에 가까웠고 소속당의 성격을 찾아보기는 어려웠다. 반면에 노무현에게 민주당은 자신의 정당이 아니라 소속당이었으며, 그가 당내경선과 대통령 선거에서 승자가 될 수 있었던 것은 당의 지지보다는 대중적 인기에 바탕을 둔 것이었다. 9)

각각 독자적인 유권자 기반에서 선출되는 대통령과 의원들은 유권자들에게 직접적인 영향을 미칠 가능성이 높다고 간주되는 경제정책을 입안할 때 고려하는 요인들이 다를 수밖에 없다. 대통령은 전국적 규모의 유권자들을 대상으로 치러진 선거에서 이긴 정치인이기 때문에 경제정책의 결정과정에서 특수이익보다는 국가 전체의 이익을 더 무겁게 고려한다고 스스로 믿을 가능성이 크다. 실제로 대통령은 그런 국가지도자로서의 이미지를 잘 가꿀 필요가 있다. 수도권 인구집중현상이 두드러지는 한국에서 그러한 국가지도자 이미지는 정치적으로도 큰 효과가 있을 것으로 기대되기 때문이다.

이와는 대조적으로 개별 의원은 지역구에서 선출된 정치인이기에 지역 수준의 이익과 특수이익에 대통령보다 훨씬 더 민감하게 반응할 수밖에 없다. 그러나 지역적 정치균열이 결정적 역할을 하는 한국에서 지역 수준의 이익과 특수이익에 대한 의원들의 민감성과 반응성은 그 의원의 지역구가 어디인가에 따라 상당한 차이를 보인다. 영남지역에서 확고한 지지기반을 구축한 정당 소속 의원들 가운데서 영남지역에서 선출된 의원들은 대체로 당내 영향력이 큰 인물들이고, 바로 그렇기 때

---

9) Kwang-Yeong Shin, "The Dilemmas of Korea's Democracy in an Age of Neoliberal Globalisation", *Third World Quarterly*, Vol. 33, No. 2 (2012), p. 300.

문에 경쟁이 덜 치열한 지역구 공천을 받을 수 있다. 이들은 자신이 선출된 지역구의 이권에 관여할 가능성이 높으며, 실제로 그들의 정치력은 그러한 이권을 관리할 수 있는 능력에서 비롯된다고 볼 수 있다. 반면에 같은 영남 기반 정당 소속이라 하더라도 어떤 이유에서든 수도권, 특히 서울에서 선출된 의원들은 대통령에 비할 바는 아니지만 지방 지역구에서 선출된 의원들에 비해서는 전국적 수준의 쟁점을 다룰 가능성이 높다. 이러한 두 부류의 의원들은 호남지역에 확고한 지지기반을 갖고 있는 정당에서도 마찬가지로 존재한다. 10)

따라서 같은 당 출신의 대통령과 의원들이라도 여전히 지역주의 투표가 이루어지는 한국에서 대통령과 의원들 간의 관계는 크게 두 가지 경우로 나누어볼 수 있다. 첫 번째 경우는 대통령과 지방 지역구 출신 의원들의 관계이다. 지방 지역구 출신 의원들은 대체로 당내 중진일 가능성이 높고, 그 지역구가 경쟁으로부터 안전하면 안전할수록 이러한 의원들은 두 번째 임기라는 것이 없는 대통령과 민감한 경제정책을 두고 협력할 인센티브를 느끼지 못할 가능성이 크다.

두 번째 경우는 대통령과 수도권 지역구 출신 의원들의 관계이다. 이 의원들은 지역구의 특성상 포괄적 의미에서 정치의식이 높은 유권자들을 대면해야 하고, 지역구 수준의 이권이 있다 하더라도 지방과는 달리 특정의 단일사업으로 집중되기 어려운 속성을 갖는다. 수도권 대도시 지역구들의 유권자들은 그 사회경제적, 인구학적 특성들이 다양하기 때문에 어떤 하나의 이권을 두고 의견이 갈라지거나 일치되기는 매우 어렵다. 달리 말해 수도권 유권자들은 이익의 정치보다는 상징의 정치

---

10) Jung Kim, "The Political Logic of Economic Crisis in South Korea", *Asian Survey*, Vol. 45, No. 3(May-June 2005), pp. 467~468.

에 관심을 가질 가능성이 높고, 상징의 정치에서 쟁점이 되는 것들은 대체로 전국적 수준의 사안이기에 대통령이 관심을 가질 수밖에 없다. 따라서 대통령과 수도권 지역구 의원들의 관계는 갈등적이든 협력적이든 간에 전국적 수준의 쟁점을 두고 이루어질 가능성이 있다.

그러나 문제는 신자유주의 정책전환과 관련된 쟁점들은 상징의 정치보다는 이익의 정치에 속한다는 데 있다. 전국적 수준의 사안들에 관심을 갖는 수도권 지역구 출신 의원들과도 대통령은 구체적인 정책들을 두고 상호작용하기가 쉽지 않다. 의원들은 상징의 정치에서 더 쉽게 자신의 이미지를 확고하게 만들고 싶은 인센티브를 갖기 때문이다. 물론 김대중 정부와 노무현 정부 시기에 각각 초기에는 중요한 쟁점으로 존재했던 재벌개혁은 이익의 정치이기만 한 것은 아니다. 재벌이 한국의 정치경제에서 차지하는 비중으로 말미암아 재벌개혁은 상징의 정치에 속하는 사안이라고 할 수 있다.

하지만 재벌개혁처럼 상징성이 큰 사안 이외에는 경제정책의 쟁점들은 여타 정치사안들과는 달리 공론화되기 어려운 성격을 갖는다. 기술적 지식을 어느 정도 필요로 하는 사안들인 것이다. 자유무역협정처럼 승자와 패자가 상대적으로 뚜렷하게 드러나는 사안에서는 공론화가 쉽게 되는 경우도 있으나 김대중 정부에서 이루어진 수많은 구조조정 세부조치들이 일일이 공론화되기 어려웠던 것은 경제문제가 갖는 기술적 측면에서 그 부분적 이유를 찾을 수 있다. 상대적으로 공론화되기 어려운 이익의 정치에서 단임 대통령이 신자유주의 정책전환을 하기 쉬운 것이다.

2. 선거제도

단순다수제가 반드시 정치적 경쟁을 극단적 형태로 고조시킨다고 보기는 어렵지만, 그것이 한국에서처럼 대통령 단임제, 정책정당의 부재와 결합될 때에는 사회갈등의 강도를 높이는 효과를 예측할 수 있다. 소선거구제와 결합된 단순다수제하에서는 자신의 표를 사표(死票)로 만들고 싶어 하지 않는 유권자들이 선호의 위계질서에서 차선 또는 차악을 선택함으로써 의회에 진출하는 정당의 수를 감소시키는 경향이 있다. 똑같은 단순다수제라도 한 선거구에서 2~5명 정도의 의원을 선출하는 중선거구제에서는 사표방지의 인센티브가 상당히 약화될 수 있다. 그로 인하여 소규모 정당과 이념정당이 의회로 진출할 수 있는 가능성을 높여주는 등 비례대표제와 비슷한 효과를 낳는다. 그러나 중선거구제는 1987년 민주화 이후 한국의 국회의원 선거에서는 사용하지 않았으므로 여기서 자세히 논의될 필요는 없다.

선거제도의 영향과 관련하여 살펴보아야 할 것은 두 가지이다. 하나는 유효정당수이고 다른 하나는 분점정부이다. 결론부터 먼저 말하자면, 한국의 대통령 선거가 현재 취하고 있는 방식, 즉 결선투표 없이 단순다수제로 승자를 결정하는 방식 자체가 시장지향적 정책전환을 야기하는 한 요인이라고 말하기는 어렵다. 또한 국회의원 선거가 현재 취하고 있는 단순다수 소선거구제[11] 자체가 대통령에 의한 시장지향적 정

---

11) 정확히 말하면 현행 국회의원 선거제도는 혼합형 선거제도이다. 2004년 이전에는 지역구 득표결과에 따라 비례대표 의석을 배분하는 아주 약한 형태의 혼합형이었다면, 2004년 이후에는 2표 병립제를 도입함으로써 좀더 강화된 혼합형이 되었다. 장훈, "혼합형 선거제도의 정치적 효과", 〈한국정

책전환을 용이하게 만드는 경향이 있다고 말하기 어렵다. 그럼에도 불구하고 선거제도를 중요하게 다루지 않을 수 없는 이유는 그것이 유권자의 투표행태에 영향을 미치고, 사회적 균열과 정치적 대표 사이에서 매개역할을 하기 때문이다.

정책전환 사례를 많이 배출한 라틴아메리카 나라들 대부분이 채택하는 선거제도가 바로 비례대표제라는 점이 가장 손쉬운 일차적 근거로 제시될 수 있다. 정치과정 및 정책과정에 미치는 영향이라는 점에서 단순다수 소선거구제와 비례대표제의 가장 두드러지는 차이점은 유효정당수이다. 단순다수 소선거구제는 비례대표제에 비해 대체로 양당 간 경쟁을 유도할 가능성이 높으며, 이는 다당제에서와는 다른 정책과정으로 이어질 수 있다. 먼저 단순다수 소선거구제하에서 정당 간 경쟁이 양당구도로 이루어질 가능성이 높다고 볼 수 있기 위해서는 자신이 갖고 있는 선호체계에 우선순위를 부여할 줄 아는 "합리적 투표자"의 존재가 전제되어야 한다. 자신의 선호체계에서 1순위에 해당하는 정당이나 후보의 승리가능성이 분명히 낮을 때 최선을 고집하기보다는 차선 또는 차악을 선택하는 "전략투표"를 함으로써 자신의 투표가 가져올 정치적 효용을 극대화하고자 하는 유권자가 존재해야 하는 것이다.

그러나 합리적 투표자의 가정이 모든 민주주의체제에 적용된다고 보기 어렵게 만드는 경험적 자료가 많을 뿐만 아니라 그 가정 자체의 자민족중심주의(*ethnocentrism*)가 상당히 강하다는 결점 또한 간과할 수 없다. 한국은 여타 적지 않은 수의 신생민주주의 나라들과 마찬가지로 유권자들이 전략투표를 하기보다는 원래의 선호에 충실한 경향이 강한

치학회보〉 40집 5호(2006), p. 192.

사례이다. [12] 2004년에 도입된 혼합형 선거제도는 유권자로 하여금 2표를 행사하게 만든 제도변화였고, 이는 한편으로는 전략투표를 진작하는 효과를 가지면서 다른 한편으로는 소신투표를 강화하는 효과도 갖는다. 그러나 한국에서 유권자들이 전략투표보다는 이른바 "소신투표"를 하게 만드는 원인들로는 이러한 최근의 제도변화보다는 정치문화적 요인과 지역주의 정서가 더 중요하다고 볼 수 있다. 이러한 요인들은 단순다수제와 결합하여 한국의 정당체제가 대체로 양당 간 경쟁구도를 유지하는 결과를 낳았다.

미국과 영국의 정치발전 모델에 경도된 이들의 시각에서, 그리고 군부권위주의체제에서 제 1공화국 및 제 2공화국 시기의 군소정당 난립에 대한 부정적 인식이 확산됨으로 인해 한국에서는 일반인들은 물론이고 학자들 사이에서도 양당제가 정치안정에 더 도움이 될 수 있다는 견해가 팽배하다. 여기서 정당체제의 유형이 정치체제의 안정성에 미치는 영향을 체계적으로 논의하는 것은 이 책의 범위를 넘어선다. 그러나 한 가지 반드시 언급되어야 할 것은 단순다수 소선거구제와 양당제의 관계가 그리 자동적이지 않다는 점이다.

단순다수 소선구제를 채택하는 나라들 가운데서도 미국과 영국 같은 고전적 형태의 양당 간 경쟁구도가 관찰되는 곳은 매우 드물다. 한 예로 캐나다를 고려해 볼 수 있다. 캐나다는 웨스트민스터 모델의 의회제를 채택하고, 선거제도도 영국과 마찬가지로 단순다수 소선거구제를 사용한다. 그럼에도 불구하고 캐나다 정당체제는 특히 제 2차 세계대전 종전 이후 득표수 기준 유효정당수가 2.5 이상을 유지했다. 반면에

---

12) 장훈, "한국 대통령제의 불안정성의 기원: 분점정부의 제도적, 사회적, 정치적 기원", 〈한국정치학회보〉 35집 4호(2001), pp. 112, 121~123.

의석수 기준 유효정당수는 2가 채 안 되는 특징을 보여주는데, 이는 캐나다의 득표-의석 불비례성이 상당히 높음을 의미한다. 13)

이 점에서 캐나다는 민주화 이후 한국의 선거와 비교해볼 만한 측면들이 적지 않다. 두 나라는 지역정당에 대한 블록투표가 두드러진다는 점과 전반적으로 정당체제가 허약하고 불안정하다는 점에서 비슷하다. 물론 지역정당들이 등장한 배경이 단순히 비교하기 어렵고, 캐나다의 정당체제가 같은 안착된 민주주의에 속하는 미국이나 영국에 비해서 허약하고 불안정하다는 것이지 한국과 같은 신생민주주의와는 병렬비교가 힘들다는 점을 염두에 두어야 한다.

민주화 이후 한국 선거제도의 특징들 가운데 하나는 대통령 선거와 국회의원 선거의 주기가 일치하지 않는다는 점이다. 선거주기 불일치는 어떤 대통령제에서도 이론적으로 가능한 분점정부의 발생가능성을 훨씬 높이는 효과를 갖는다. 현임 대통령의 임기 중에 치러지는 중간선거나 특정쟁점에 대한 주민투표 결과가 집권당에 불리할 가능성이 높다는 것은 기존문헌에서 거듭 확인되고 있다. 14)

선거주기 불일치는 대통령제의 핵심 특징인 "목적의 선거적 분리"

---

13) 1984년 캐나다의 득표수 기준 및 의석수 기준 유효정당수는 각각 2.8과 1.7이었다. Rein Taagepera and Matthew Soberg Shugart, *Seats and Votes: The Effects and Determinants of Electoral Systems* (New Haven: Yale University Press, 1989), p. 82, Table 8.1 참조. 캐나다의 대표적인 지역정당인 퀘벡블록 (Bloc Québécois) 이 연방선거에 처음 등장한 것은 1993년임을 감안할 때 1984년 수치가 의미하는 바는 캐나다 정당체제의 유동성이 최근의 현상이 아니라는 점이다.

14) 예로서 다음을 참조. James E. Campbell, "The Presidential Surge and Its Midterm Decline in Congressional Elections, 1868~1988", *Journal of Politics*, Vol. 53, No. 2 (1991), pp. 477~487.

⟨*electoral separation of purpose*⟩ [15] 를 심화시키는 효과를 낳는다. 특히 대통령 단임제에서 중간선거를 통해 집권당의 지지율 급락이나 정치적 교착상태에 맞부딪친 대통령은 집권당과의 긴밀한 협조나 카리스마적 지배를 통해 문제해결을 도모하기보다는 자신의 고유한 정책상품을 개발하는 데 주력할 개연성이 높다.

---

15) David J. Samuels and Matthew S. Shugart, *Presidents, Parties, and Prime Ministers: How the Separation of Powers Affects Party Organization and Behavior* (New York: Cambridge University Press, 2010), Chap. 5.

3. 정당과 정당체제

민주주의가 절차적으로만 아무런 하자가 없다고 해서 제대로 기능하는 것이 아니라면, 그리고 민주주의도 하나의 통치체제인 이상 공공의 문제들에 대응하고 해결책을 제시하는 역할을 원활하게 해야 하는 것이라면 이 요건들은 정당과 정당체제가 얼마나 제 기능을 하는가와 직결될 수밖에 없다. 한국에서 허약한 정당체제는 사인적 리더십에 기반한 정당들이 만들어낸 것이고, 이는 다시 사인적 대통령제를 강화하는 요인이 되었다.

대통령 선거에서 후보의 소속정당이 어떤 정강정책을 갖고 있는지에 주의를 기울이는 한국인은 거의 없다.[16] 의회선거와는 비교할 수 없을 정도로 대통령 선거는 후보의 퍼스낼리티가 어떻게 유권자들에게 인식되는지가 결정적이다. 물론 이는 한국만의 현상은 아니고, 대통령제 국가에서 정도의 차이는 있을지언정 대체로 관찰되는 공통점이다.

당내민주주의의 외양을 갖추기 위해 국민경선제 도입 등의 시도가 있었지만 이는 실질적 의미에서 과두적 성격을 약화시키기 위한 것이라기보다는 간부정당 또는 카르텔 정당의 성격을 반영하는 것이다. 정당이 사회로부터 유리되어 있을수록 이러한 제도적 외양에 더 집착하는 경향이 있기 때문이다. 정당 내부의 후보선출 과정이 공개적으로 이루어질수록 당내민주주의가 향상되는 것이 아니라 오히려 내부 정쟁의

---

16) Heike Hermanns, "Political Parties in South Korea and Taiwan after Twenty Years of Democratization", *Pacific Focus*, Vol. 24, No. 2(August 2009), p. 217.

또 다른 형태인 경우가 많다. 17)

  한국의 정당들이 서구 선진산업사회의 안착된 민주주의체제의 정당
들은 물론이고 라틴아메리카 나라들의 정당들과도 비교해서 볼 때 정
책정당보다는 사인적 정당의 성격이 매우 강하다는 것은 잘 알려져 있
다. 한국의 정당들은 사회적 투입요소와의 연계고리가 매우 약한, 공
직추구적 정치인들의 선거머신이라고 볼 수 있다.

  정책전환과 관련하여 우리가 주목해야 할 것은 모든 정당들이 아니
라 대통령의 정당 또는 대통령 소속당이다. 한국과 같이 합의민주주의
의 실현가능성이 극히 낮은 나라에서 대통령이 국정운영에서 집권당이
아닌 다른 정당들과 협력이나 거래를 하기가 매우 어렵다. 종종 집권당
과의 거리를 둔 채 최고통치권자로서 자신의 업적을 남기는 데 주력하
는 대통령이 제1야당이나 여타 정당들과의 협력이나 대연합을 꾀하는
경우가 있기는 하다. 18)

  한국의 신생민주주의체제에서 주요 정당들은 대중정당은 당연히 아
닐 뿐만 아니라 간부정당이나 카르텔 정당으로 분류하기도 어렵다. 한
국의 정당들은 특정 정치지도자에 의해 선거를 치르는 목적으로 창당,
합당, 해체를 거듭했기 때문에 엘리트 기반의 후견적 정당이라고 보는
것이 더 정확하다. 19)

---

17) Jonathan Hopkin, "Bringing the Members Back In? Democratizing
    Candidate Selection in Britain and Spain", *Party Politics*, Vol. 7,
    No. 3 (May 2001), p. 345.
18) 노무현 대통령의 "대연정" 시도가 대표적인 예이다.
19) Youngmi Kim, "Intra-Party Politics and Minority Coalition Government
    in South Korea", *Japanese Journal of Political Science*, Vol. 9, No. 3
    (December 2008), p. 379.

정당정치로부터 유리된 정책결정은 부분적으로는 허약한 정당체제에서 비롯되는 것이지만, 외견상 제왕적인 대통령제에서 기인하는 것이기도 하다. 노무현의 당청(黨靑) 분리는 신자유주의 정책전환이 청와대 내부 정책결정자들과 관련부처 기술관료들의 폐쇄적 협의에 의해 진행되고, 집권당은 이익의 정치에 관심을 두기보다는 대통령과의 거리를 유지하는 결과를 낳았다.

대통령과 집권당의 유기적 관계가 심각한 약화를 보이면서 신생민주주의체제의 "제도적 교착" 현상은 더욱 심화되는 모습을 보였다. 제도적 교착상태를 벗어나기 위해 대통령과 측근 정책결정자들이 사용했던 정치공작 테크닉은 과거 군부권위주의체제로부터 유증된 것들이었다. [20] 분할정부하에서 상징적 쟁점들을 두고 자주 발생하는 제도적 교착은 이익정치의 영역에서 대통령의 신자유주의 정책전환을 더욱 촉진시키는 효과를 가졌다.

허약한 정당체제가 한국 민주주의의 수많은 고질적 병폐들의 한 원인이라는 점에 대해서는 의견일치도가 높다고 말할 수 있다. 절차적 민주주의의 붕괴라는 의미에서 권위주의로의 회귀가능성이 낮다는 점을 한국 민주주의 공고화의 근거로 삼는다 해도 민주주의의 질 문제는 여전히 남아있다. 평화적 정권교체가 하나의 정치적 규범으로서 자리 잡았음에도 불구하고 민주주의에 대한 시민들의 지지도는 지속적인 하락세를 보여왔고, 그 이유 가운데 하나가 핵심적인 정치제도로서 정당의 제도화가 여전히 미비하다는 것이다. [21]

---

20) Doh Chull Shin, "Democratic Governance in South Korea: The Perspectives of Ordinary Citizens and Their Elected Representatives", *Japanese Journal of Political Science*, Vol. 4, No. 2 (November 2003), p. 233.

한국의 정당들은 냉전반공주의 질서에 의해 부과된 이념적 한계로 인해 사회경제적 쟁점들에 대한 이데올로기의 다양성을 반영할 수 없었다. 사인적 리더십을 중심으로 한 선거연합의 성격이 강한 정당들은 사회로부터 표출되는 이익갈등 및 쟁점들과 유기적 연관성을 갖지 못했다. 이러한 한국정당 및 정당체제의 문제점들은 이미 기존문헌에서 충분히 논의되었다. [22]

이 책에서 특별히 강조하고자 하는 것은 한국의 정당들이 이념적이지 못하기 때문에 상징의 정치에 더 집착하는 경향이 있다는 점이다. 사회에서 발생하는 실질적 쟁점들을 다룰 능력과 의지가 없는 정당들은 일상적 정쟁을 이끌어가고 선거의 결정적 국면에서 파급력을 갖는 상징적 쟁점들을 가공하고 유포한다. 신자유주의 정책전환에 대한 정당들의 책임은 대통령과 관료기구의 그것에 비해 간접적이지만 더 근원적이라고 말할 수 있는 이유가 바로 여기에 있다.

---

21) Hermanns, "Political Parties in South Korea and Taiwan after Twenty Years of Democratization", p. 206.
22) 최장집의 일련의 저작들이 이 경향을 대표한다.

4. 제도주의적 설명의 한계와 맥락의 필요성

제도주의적 접근법은 종속변수의 값에 큰 차이가 없는 사례들에 대한 이론적 설명을 제공하는 데 유용하다. 이를테면 김영삼 정부와 김대중 정부가 서로 다른 파당적 기반과 지지기반을 갖는데도 불구하고 공통적으로 신자유주의적 방향의 정책전환을 했던 것을 설명하는 한 방식은 두 정부들 사이에 별 차이가 없는 요인들을 찾아내는 것이다. 속성상 쉽게 변하지 않는 제도적 요인들이 정책전환의 재발을 상당정도 설명해줄 수 있다.

이 장에서 다룬 이 모든 제도적 요인들은 그것들이 보여주는 상당한 설명력에도 불구하고 설명변수로서 근본적인 결함을 갖는다. 이러한 제도들은 1987년 민주화 이후 계속 존재해왔고, 선거제도에 부분적인 정당명부식 투표가 도입되고 그 결과로서 민주노동당이 제도정치 안으로 들어오는 변화가 있기는 하였으나 큰 틀의 변화 없이 지속되었다. 한국 사례에서 제도적 요인들은 엄밀히 말해 설명변수가 아니라 구조적 상수 또는 맥락적 요인의 성격을 갖는다.

제1장에서 제시된 정의를 따를 때 정책전환은 그 자체가 정당의 이념적 성격과 정책 간의 관계에 대한 일반이론에 들어맞지 않는 현상이다. 정치학자들은 좌파정당 또는 노동계급을 지지기반으로 두는 정당은 급격한 시장지향적 경제개혁을 추구하지 않을 개연성이 높다는 "직관적" 가정을 경험적으로 검증해왔다. 이 가정은 우파정당 또는 부유층 및 중상위 소득계층에 지지기반을 갖는 정당은 안전지향적 경제정책을 추구하지 않을 개연성이 높다는, 또 다른 직관적 가정과 짝을 이룬다. "공공정책에 대한 당파적 모형"이라고 불리는 이 가정들에 대한 경험적

검증작업은 대부분 다사례 통계분석을 통해 이루어져왔다. 비교의 타당성을 갖춘 다수의 사례들로 구성된 모집단(*population*) 지향적 연구[23]를 통해 우리가 얻을 수 있는 것은 정책전환이 발생하는 보편적 조건들에 관한 지식이다. 정책전환은 좌파정당이나 민중부문에 바탕을 두는 정당이 자신의 지지세력인 노동계급 또는 하층계급에게 사회경제적 손실을 가져다주는 경제정책이나 사회정책, 또는 양자를 동시에 추진하는 것이기 때문에 이러한 보편적 지식은 매우 유용하다.

그러나 그러한 보편적 지식의 확보는 쉽지 않으며, 설사 그러한 보편적 지식이 있다 하더라도 대개 각국마다 다르게 나타나는 현실을 이해하거나 각국에서 중요한 정책이슈로 제기되는 것들을 해결하는 데 큰 도움이 되지 않는 경우가 많다. 그것은 인과관계가 작동하는 환경 자체가 각국마다 상당히 다르기 때문이다. 똑같은 대통령제라 하더라도 그것이 어떤 선거제도, 어떤 정당구조와 결합되어 있는가에 따라서 전혀 다른 정책결과가 나올 수 있는 것이다. 경제적 변수들이나 제도적 변수들, 즉 권력구조나 선거제도가 민주주의의 안정성에 미치는 영향은 학자들마다 다르게 해석해왔다. 이는 배경조건(*background conditions*) 또는 인과관계의 맥락을 파악하는 것이 더 정확한 설명을 가능케 해준다는 것을 의미한다.

한국 신생민주주의하에서의 정책전환 현상에 대한 설명을 통해 우리가 익숙해져 있는 통계적 인과추론방식에 대한 보완이 이루어질 수도 있다. 질적 연구방법론과 양적 연구방법론을 화해시키려는 노력은 지난 십여 년 동안 점점 많은 수의 학자들에 의해 신중하고도 꾸준하게 이

---

23) James Mahoney, "Toward a Unified Theory of Causality", *Comparative Political Studies*, Vol. 41, No. 4/5 (April 2008), p. 415.

루어져 왔다. 이 책에서 필자가 사용하는 맥락중심 설명은 통계적 인과추론방식을 통째로 부정하지 않으면서도 질적 연구방법론에서 강조하는 인과과정의 구체성을 경험적으로 확증할 수 있음을 보여준다.

민중부문의 지지를 받아 집권한 김대중 정부와 노무현 정부가 왜 자신들의 핵심지지집단에게 불리한 시장지향적 경제정책들을 추진했는가를 설명하는 데 경제위기, 민주화 과정과 연관된 구조적 요인들, 대통령 단임제, 허약한 정당체제와 같은 제도적 요인들은 반드시 고려되어야 한다. 그러나 그러한 보편적 변수들이 정책전환이라는 결과에 어떻게 영향을 주었는지를 구체적으로 논증하기는 쉽지 않다.

이 책의 지향점이 역사학적 성격이 강한 사례연구라면 변수의 보편성에 구애받지 않고 어떤 특수한 요인들도 다 끌어들여 설명하는 방식을 취하면 될 것이다. 그러나 이 책은 한국 사례를 "비교적 시각"에서 분석하려는 것이다. 물론 필자의 이러한 시도는 전혀 새로운 것이 아니다. 정치학자들이 소수의 사례들을 함께 놓고 볼 때는 물론이고 단일사례에 대한 분석을 할 때조차도 비교적 시각을 강조하는 이유는 그들이 역사가들과는 달리 가능한 한 이론적 일반화를 추구하기 때문이다.

정책전환을 설명하는 또 다른 방법은 "비난회피"(*blame avoidance*) 와 "호평추구"(*credit claiming*) 의 정치전략을 대조해서 보는 것이다.[24] 이 대조법이 적용되는 일차적 대상은 선출직 관리들, 즉 정치인들이다. 정치인들의 최대관심사는 재선에 있다는 전제하에 정치인들이 어떤 정책을 지지하고 어떤 정책을 반대할 것인가를 결정할 때 기준은 비난회

---

24) 이 두 가지 개념의 대비에 관해서는 R. Kent Weaver, "The Politics of Blame Avoidance", *Journal of Public Policy*, Vol. 6, No. 4 (October-December 1986), pp. 371~398 참조.

피와 호평추구로 크게 나누어진다. 비난회피는 어떤 정책이 실행됨으로 인해 또는 실행되지 않음으로 말미암아 물질적이거나 상징적인, 또는 두 가지 형태 모두의 손실을 입게 될 유권자들로부터의 비난을 최소화하는 데 정치인이 관심을 갖는 것이다. 반면에 호평추구 전략을 사용할 때 정치인 또는 정책결정자는 자신의 결정이 가져올 긍정적인 정치적 파급효과에 더 주목한다. 공공정책결정에 관한 기존문헌에서 주로 경험적 준거로 등장하는 서구의 안착된 민주주의체제에서 재선에 몰입하는 정치인들은 호평추구보다는 비난회피의 전략을 구사하는 것으로 이해된다. 정책전환이 호평추구 전략의 한 형태라면 이는 기존문헌 안에서 왜 정책전환이 안착된 민주주의에서는 잘 관찰되지 않는지를 손쉽게 설명해준다.

군이 단임제 대통령제를 채택하는 나라가 아니더라도 최종 의사결정자로서 대통령이나 수상이 비난회피보다는 호평추구의 전략을 선호하고, 호평추구의 전략을 펼치기보다는 정치적 손익계산을 떠나 국가를 위해 장기적으로 좋은 정책을 추구할 개연성이 충분히 있다. 대통령직이나 수상직에 오른 정치인들 대부분은 권력의 정점에 서 있기만 한 것이 아니라 경력의 정점에 있는 사람들이다. 더 이상 도전해야 할 공식적 직위가 남아있지 않은 것이다. [25]

임기가 정해져 있지 않은 대신 정기적으로 의회선거를 통해 재신임을 얻어야 하는 수상의 경우 비난회피 전략을 적절히 사용해야 할 필요가 더 있다고 말할 수 있다. 특히 다당제하 연립정부의 수상들은 비난

---

[25] 서구의 안착된 민주주의체제에서는 최종 의사결정자의 위치를 떠난 이후 하위직분을 수용하는 경우가 매우 드물지만 없지는 않으나 이 책의 대상인 신생민주주의체제에서는 권위주의적 위계문화를 비롯한 여러 이유에서 거의 불가능하다.

회피 전략을 점점 더 많이 쓴다는 것을 유럽의 여러 나라들에서 확인할 수 있다. 그러나 영국과 캐나다처럼 웨스트민스터 의회제를 채택하는 경우에는 정책결과에 대한 책임소재가 명확하기 때문에 단임제 대통령의 경우 비난회피 전략에 매달릴 이유가 크게 줄어든다고 볼 수 있는 것이다.

이 책은 신생민주주의하에서의 신자유주의 정책전환에 대한 변수중심적 설명, 특히 제도주의적 설명이 갖고 있는 한계를 논증하려는 것이다. 한국의 민주주의가 공고화되었다는, 즉 권위주의로의 회귀가능성이 매우 희박한 단계에 도달했다는 관측이 지배하면서 안착된 민주주의체제들을 분석할 때 주로 쓰이는 제도적 변수들이 한국정치연구에도 어색하지 않은 분석도구가 되었다. 제도주의적 설명이 정치현상의 구조적 특징들을 이해하는 데 큰 도움을 주지만 정치현상의 동학(動學)을 이해하는 데는 한계를 보인다. 한 연구자의 적확한 표현대로 "제도는 특정 정책변화의 필요조건에 가까운 변수이며 충분조건이 되기는 어렵다."[26] 김대중 정부와 노무현 정부의 신자유주의 정책전환을 대통령 단임제와 허약한 정당체제가 결합하여 만들어낸 결과물이라는 생각을 완전히 버릴 필요는 없지만 그러한 제도적 요인들로써만 이 복합적인 정치경제적 결과를 설명하기는 어렵다. 필자는 정책전환을 민주화의 효과로서 보는 시각을 여기서 제공하며, 그 시각의 핵심은 상징정치와 이익정치의 대조법이다.

김대중 정부와 노무현 정부는 건국 이후 처음으로 실질적 정권교체의 효과를 보여주었기 때문에 그 정치적 상징성이 클 수밖에 없었다.

---

26) 김영순, "한국의 복지정치는 변화하고 있는가? 1, 2차 국민연금 개혁을 통해 본 한국의 복지정치", 〈한국정치학회보〉 45집 1호(2011), p. 143.

이 두 정부에게 상징의 정치가 극대화된 효과를 발휘할 수 있는 영역은 대북정책과 과거사 청산이었다. 김대중 정부는 전자에 집중하였던 반면에 노무현 정부는 적어도 정권 초기 상당기간 동안 대북정책뿐만 아니라 과거사 청산을 상징정치의 자원으로 활용했다. 특히 노무현 정부는 집권 자체가 반미정서라는 매우 상징적 성격이 강한 요인에 힘입은 바 컸기 때문에[27] 한미 관계의 역할을 부각시키는 것이 필요하다.

이 두 정부는 한미 관계에서 상징의 정치를 끈질기게 추진했던 반면에 이익의 정치를 실현시키는 데는 정권의 이념적 정체성을 반영하지 않았다. 김대중 정부와 노무현 정부는 개혁적 방향의 이익정치를 펼치고 싶었는데 못한 것이라기보다는 애초에 미국과의 관계에서 이익의 정치를 어떻게 추진할 것인가에 대한 정합적인 정책이념 자체를 구비하지 못했다. 이러한 개혁성향 정부들의 정책이념 및 정책자원의 결핍을 파고든 것은 군부권위주의체제하에서 구축되어 정치적 자유화와 민주화를 겪으면서 변형되어온 발전주의 국가였다.

민주화의 결실로서 등장한 김대중 정부와 노무현 정부가 정작 이익정치의 영역에서 핵심적 의미를 갖는 정책들을 입안하고 법제화하고 집행하는 과정에서 의존한 것은 바로 기술관료들이었다. 주로 경제관련 부처들과 외교통상부에 포진한 이 관료들의 정책이념은 대체로 워싱턴 컨센서스를 수용하는 것이었고, 그들 내부의 정책이념 동질성은 높은 수준을 보였다. 다음 장에서 우리는 개혁주의 정부들 시기에 상징의 정치와 이익의 정치가 분리되는 과정을 좀더 자세히 들여다본다.

---

27) 이춘근, "노무현 정부의 외교 안보 포퓰리즘", 〈철학과 현실〉 74호(2007), p. 58.

정책전환의 맥락:
민주화와 발전주의 국가

　한국과 같은 신생민주주의체제에서 빈번히 발생하는 정책전환을 설명할 때 제도주의적 접근법이 갖는 유용성을 완전히 무시하기는 매우 어렵다. 그럼에도 불구하고 한국 신생민주주의 정부들에 의한 신자유주의 경제개혁은 라틴아메리카의 수많은 정책전환 사례들과는 구분되는, 구조적 수준에서의 독특한 요인들을 동시에 고려하지 않으면 안 된다. 그 이유는 의외로 단순하다. 한국과 라틴아메리카 나라들을 분리시키는 가장 근원적인 차이는 바로 안보상황에 있다. 한국은 1990년대 이후의 탈냉전시대에 유일하게 기존의 냉전구조가 그대로 남아있는 지역에 속하는 반면, 라틴아메리카 나라들은 쿠바를 제외한다면 미국의 압도적 영향력 아래서 냉전의 이념적 긴장을 덜 느낄 수 있었다. 라틴아메리카 나라들에서도 상징의 정치가 전혀 없었다고는 말할 수 없지만, 건국 직후에 공산주의와의 전쟁을 경험한 한국만큼 그 강도가 셀 수는 없었다. 라틴아메리카 나라들에서의 좌우간 이념적 대립은 사회경제적 쟁점들을 중심으로 이루어졌다는 점에서 유럽의 계급정치에 훨씬 가까웠다. [1]

해방 직후부터 시작된 현대사의 외상은 한국에서 상징의 정치가 이익의 정치를 자주 압도하게 만들었으며, 개혁주의 정부들에 의한 정책전환은 반세기에 걸쳐 형성되고 결빙된 이 구조와 무관하지 않다. 그러나 양자의 직접적 인과관계를 이끌어내는 것은 지나친 구조주의적 논리전개이다. 이 장에서는 개혁주의 정부들의 정책전환이 민주화와 발전주의 국가의 맥락에서 이루어졌음을 논증한다.

김대중 정부와 노무현 정부 시기에 입안되고 추진되었던 일련의 신자유주의 경제정책들은 권위주의체제 붕괴와 더불어 발전주의 국가도 해체된 결과가 아니라 발전주의 국가가 다른 형태로 바뀌어가는 제도적 변화의 궤적 위에서 나타난 결과, 즉 일종의 경로의존적 현상이다.[2] 이 시각에서 볼 때, 김대중 정부의 신자유주의 정책전환은 갑작스러운 것이 아니라 이미 김영삼 정부 시기부터 진행되어온 한국 정치경제의 중요한 변형에서 비롯된 것이다. 글로벌리제이션의 한국어 번역용어인 '세계화'를 국정지표로 삼으면서 그 공식영문표기를 "Globalization"이 아닌 "Segyehwa"[3]로 지정하는 적극성을 보였던 김영삼 정

---

1) 라틴아메리카 나라들의 계급정치는 유럽 나라들의 그것에 비해 경제정책보다는 경제수행도에 관한 균열에 바탕을 둔다는 점은 지적될 필요가 있다. 경제수행도에 대한 집착은 신자유주의 정책전환에 대한 대중의 지지, 그리고 그 지지의 철회에 밀접히 연관된다. Andy Baker and Kenneth F. Greene, "The Latin American Left's Mandate: Free Market Policies and Issue Voting in New Democracies", *World Politics*, Vol. 63, No. 1 (January 2011), pp. 43~44.

2) 이러한 시각은 다음에서 찾아볼 수 있다. 임경훈, "미래로의 퇴행: 김대중 정부에서의 경제개혁의 정치", 〈계간사상〉 2000년 여름호, p. 80.

3) 김영삼 대통령의 세계화 선언이 전면적인 규제완화의 신호이기를 바랐던 재계 일부는 globalization 대신 segyehwa가 공식영문표기로 채택되었다는 것은 정부가 적정 수준의 탈규제만을 염두에 두는 것이라고 해석하기도 했다.

부가 1993년에 경제기획원을 폐지한 것 자체가 국가의 자발적 기능축소를 상징했다. 그처럼 지나치게 과감한 선택을 가능케 한 것은 다름 아닌 발전주의 국가였다. 김영삼 정부는 경제기획원이라는 경제성장 사령탑을 완전히 제거하지 않았고 재무부와 통합하여 재정경제원이라는 새로운 부서를 만들었을 뿐이다. 그리고 이 정부조직개편의 논리는 발전주의에 여전히 바탕을 두고 있었다. 발전주의의 이념적 포장이 국가주도에서 민간주도로 바뀐 것이지 그 기술관료적 논리와 조직속성의 큰 변화는 없었다.

  정부의 주요 경제부처가 직접 기업들을 관리, 감독하던 과거의 권위주의적 발전국가는 분명히 약화되었지만 그것이 곧 발전주의 국가가 영미식의 규제국가(regulatory state)⁴⁾로 대체되었음을 의미하지는 않는다. 김영삼 정부에서 이루어진 자본시장 자유화 조치는 국가에 의해 새로이 설정된 발전목표를 달성하기 위한 것이었고, 그 외형은 국가-자본 관계의 재구조화였다. 발전주의 국가에 익숙해진 시장과 그 안의 경제주체들에 대해 국가가 일종의 직무유기를 범했다고 볼 수도 있다고 생각하는 이 관점의 한 기능은 김대중 정부와 노무현 정부에게 신자유주의 경제개혁의 책임을 덜어주는 것일 수 있다. 그러나 필자의 목적은 어느 정부가 "악마의 맷돌"(satanic mill)⁵⁾을 먼저 돌렸는지를 따지기보

    〈경향신문〉 1995년 3월 8일, 8면.

 4) 찰머스 존슨의 잘 알려진 구분에 의하면, 발전주의 국가는 민간부문의 경제적 경쟁의 내용에 직접 관여하는 반면 규제국가의 개입범위는 경쟁의 형태와 절차에 제한된다. Chalmers Johnson, *MITI and the Japanese Miracle: The Growth of Industrial Policy, 1925～1975*(Stanford: Stanford University Press, 1982), p. 19.

 5) Karl Polanyi, *The Great Transformation: The Political and Economic Origins of Our Time*(Boston: Beacon Press, 1957〔1944〕).

다는 신자유주의 정책전환의 이념적, 정치적 기반이 오랜 역사를 갖는다는 점을 강조하는 데 있다.

이 장의 서두를 김영삼 정부에 대한 분석으로 시작하는 이유는 두 가지이다. 첫째, 민주화 이후 최초의 실질적 민간정부였던 김영삼 정부에서 정책전환의 초기 증후들이 나타났기 때문이다. 둘째, 김영삼 정부가 추진했던 신자유주의 경제정책들은 민주화의 한계와 발전주의 국가의 지속성이라는 관점에서 설명될 수 있기 때문이다.

김영삼 정부는 민중부문의 지지에 의존하기보다는 기존 군부권위주의체제 지지세력과의 타협을 통해 성립되었다. 이는 특히 한미 관계가 정책전환에 미치는 영향에서 김대중 정부, 노무현 정부와는 다른 패턴이 관찰되는 이유이기도 하다. 김영삼 정부하에서 상징의 정치는 보수세력의 이념적 선호를 반영하는 방향으로 이루어졌기 때문에 상징의 정치에서 목적을 달성하기 위해 이익의 정치에서 미국의 요구를 수용했다고 보기는 어렵다. 김영삼 정부 시기는 민주주의 공고화를 향해 가는 과도기적 성격이 강했고, 사정개혁으로 특징되는 문민정부 초기의 정국운영방식은 상징의 정치에서 근본적 균열이 존재하기 어렵도록 만들었다. 군부권위주의 잔재청산에 대중의 관심을 집중시켰을 뿐만 아니라 대중의 지지를 획득했기 때문에 김영삼 정부는 이익의 정치에서 신자유주의화를 추진하는 정치적 부담을 덜 느낄 수 있었다.

1. 정책전환의 전사(前史): 김영삼 정부

민주화 이후 첫 민간정부로서 김영삼 정부가 신자유주의 정책전환의 역사에서 차지하는 위상은 아무리 강조해도 지나침이 없다. 이전의 군부권위주의체제에서 줄곧 사용되었던 위기의 담론을 세계화의 담론으로 대체함으로써[6] 김영삼 정부는 경제정책의 원활한 집행을 위해 강권력보다는 기술관료와 재벌기업의 패권적 정책 패러다임에 의존하는 새로운 모습을 보여주었다. 김영삼 대통령이 세계화를 국정운영의 전면에 내세운 것은 사정개혁을 중핵으로 하는 정치개혁의 효용이 감소하면서부터이다.[7] 김영삼 정부에서의 시장지향적 경제정책들은 OECD 가입요건 충족이라는 명목하에 추진되었고 금융시장의 부분적 개방이 이때 이루어졌다.[8]

민주화로 인한 정부-기업 관계의 변화는 김영삼 정부하에서 가장 두드러지게 나타났다. 1992년 대통령 선거에 정주영이 제3당 후보로 출마함으로써 재벌의 독자적 정치입지를 확립하고자 했던 시도는 문민정부의 몇몇 경제개혁 조치들과 무관하지 않다. 여기서 중요한 것은 김영

6) Kwang-Yeong Shin, "The Discourse of Crisis and the Crisis of Discourse", *Inter-Asia Cultural Studies*, Vol. 1, No. 3 (2000), p. 430.

7) Stephan Haggard and Jongryn Mo, "The Political Economy of the Korean Financial Crisis", *Review of International Political Economy*, Vol. 7, No. 2 (2000), p. 209.

8) Kwang-Yeong Shin, "Globalisation and the Working Class in South Korea: Contestation, Fragmentation and Renewal", *Journal of Contemporary Asia*, Vol. 40, No. 2 (May 2010), p. 212.

삼이 정주영과 현대그룹에 대한 처벌로서 금융실명제나 공정거래법 강화와 같은 반재벌 정책들을 추진했는지 여부보다는 정경유착의 구조가 깨어졌는지 여부 그리고 정부-기업 관계가 어떻게 변했는가이다. 문민 정부의 경제개혁 조치들 대부분이 상징의 정치에서 시작된 것이었기 때문에 정경유착의 구조는 철거되지 못했다. 민주화의 가시적 효과를 보여주는 데 집착했던 김영삼 정부는 정교하게 설계되지 못한 탈규제를 실행에 옮겼고, 그 결과는 재벌의 구조적 권력을 강화시키는 것이었다. 세계화가 국정지표로 확정되면서 관치금융의 때 이른 완화가 이루어졌고, 이는 재벌의 자정노력을 가져오기보다는 무리한 사업팽창을 위한 해외자본 유입을 촉진했다. 9)

김영삼 정부 시기에 이루어진 제조업 부문에 대한 과잉·중복투자는 경제기획원과 한국개발연구원에 포진해 있던 이른바 "시장개혁론자들"이 주장했던 기업의 신규사업 진입 및 금융체제 자유화에서 비롯된 바 컸다. 재벌의 무분별한 과잉투자 및 중복투자와 금융시장 자유화는 오로지 정부의 결정을 통해 가능한 것이었다. 국가가 자본에 굴복한 것이라기보다는 전자의 정치적 선택이라고 봐야 한다. 외환위기는 민주화 이후 발전주의 국가가 약화되어 섣부른 탈규제가 이루어진 결과이기보다는 민주화, 탈냉전, 세계화의 중층적 환경변화에 발전주의 국가가 특정형태로 반응한 결과였다. 10)

한국의 전통적인 반(反) 상업 정서와 군부권위주의하에서 굳어진 정

---

9) Sook-Jong Lee and Taejoon Han, "The Demise of "Korea, Inc.": Paradigm Shift in Korea's Developmental State", *Journal of Contemporary Asia*, Vol. 36, No. 3 (2006), pp. 309~312.

10) Haggard and Mo, "The Political Economy of the Korean Financial Crisis", pp. 202, 206.

경유착의 부정적 인식으로 말미암아 시민사회에서의 이념적 지도력을 행사하지 못했던 재벌은 민주화 이후에 본격적으로 헤게모니 구축에 나섰다. 정부가 재벌을 통제하는 주된 수단은 관치금융이었으나 전두환 정부의 경제자유화 정책패키지의 일환으로 취해진 시중은행 민영화 조치를 통해 재벌의 금융자본 장악이 이루어졌다. 원래 정부의 의도는 국가주도 경제발전전략에 시장자율성을 가미한다는 것이었고, 재벌의 은행소유 금지원칙은 폐기되지 않았다. 그러나 제2금융권 진출에 대한 제한이 없었던 규제의 허점을 이용하여 재벌은 금융을 실질적으로 장악하게 된 것이다. 민주화는 1970년대 이후 꾸준히 성장해 온 재벌의 "구조적 권력"이 가시적으로 드러나는 계기를 마련해주었다. 1988년에 이미 재벌은 기업경영의 자율성을 강력하게 요구하고 있었다.[11]

김영삼 정부는 민중부문을 핵심 지지세력으로 하지 않았고 군부권위주의체제와의 연속선상에서 집권했다는 점에서 그 개혁성의 한계가 일찌감치 지적되었다. 정권 핵심부의 인적 구성 및 지지기반에서 여전히 군부권위주의체제와 중첩되는 부분들이 남아 있었지만, 대통령 개인의 돌발적인 리더십 유형, 집권당 내부의 분파경쟁 등으로 인해 개혁의 가능성 또한 크게 기대되었다. 달리 말해 민주적 개방 이후 첫 민간정부라는 점에서 개혁에 대한 기대 역시 작지 않았다.

김영삼은 1990년 3당 합당으로 인해 야당 지도자로서의 자신의 이미지가 심각하게 손상되었음을 잘 알고 있었고, 집권과 함께 그는 개혁적 대통령의 모습을 각인시킬 필요성을 느꼈다. 그의 "승부사 기질"은 상

11) Carter J. Eckert, "The South Korean Bourgeoisie: A Class in Search of Hegemony", *Journal of Korean Studies*, Vol. 7 (1990), pp. 126~128.

징의 정치를 수행하는 데 매우 적합한 자질이었고, 문민정부하의 일련의 개혁조치들은 금융실명제, 부동산실명제 등을 제외하고는 대체로 사회경제적 영역에 속하는 것이 아니었다. 경제정책의 영역에서 문민정부가 추진했던 내용들 가운데 우루과이 라운드의 결과로서 쌀시장 개방을 한 것이나 경제회복 저해요인 제거를 명목으로 내세운 탈규제 등은 시장화의 효과를 낳았다. 김영삼의 정치스타일과 결합된 문민정부의 초기 개혁조치들은 군부권위주의체제와의 단절을 가능케 함으로써 민주주의 공고화에 기여했던 반면에 사회경제적 쟁점들은 기술관료들에게 맡겨지는 결과를 낳았다. 12)

   김영삼 정부는 노동분야에 대해서도 군부권위주의체제의 억압기제를 완화하고 노사자율을 권장하는 정책방향을 취했다. 13) 집단적 노사관계와 개별적 노사관계를 구분하는 것으로 특징되는 김영삼 정부 초기의 노동정책은 이미 기업별 노조주의가 구조적으로 정착된 상황을 최대한 활용하기 위한 것이었다. 김영삼 정부는 기업별 노조를 중심으로 표출되는 작업장에서의 쟁점들에 대해서는 사용자측 요구를 거의 그대로 수용하되 전국수준에서의 노사관계를 규율하는 원칙에 대해서는 사회적 합의 창출을 강조하는 방향으로 나아갔다.

   집권 2년째인 1994년에 국정지표를 "국제경쟁력 강화"로 설정하면서

---

12) Sung Deuk Hahm and Dong Seong Lee, "Leadership Qualities and Political Contexts: Evaluation of the Roh Moo-hyun Administration in South Korea, 2003-2008", *Korea Observer*, Vol. 39, No. 2(Summer 2008), pp. 181~213.

13) Jongrin Mo, "Political Learning and Democratic Consolidation: Korean Industrial Relations, 1987~1992", *Comparative Political Studies*, Vol. 29, No. 3(June 1996), pp. 290~311.

김영삼 정부는 국가운영의 틀 자체를 경제적 가치들로 표현하기 시작했고, 노사관계는 국제경쟁력 강화를 위해 가장 우선적으로 개혁되어야 할 대상으로 인식되었다. [14] 그리고 세계화가 국정지침으로 확립되면서 노사관계에 대한 김영삼 정부의 중립적 자세는 직접개입으로 서서히 바뀌었다.

세계화를 국정지표로 설정하는 과정에서 김영삼 정부는 세계화가 김영삼 정부는 새로운 국제경제상황 속에서 국가경쟁력을 제고할 수 있는 최상의 방안이라는 점을 강조했다. 실제로 금융실명제, 부동산실명제 등 글로벌 스탠더드, 즉 선진산업국의 시장경제기준을 도입하는 개혁 노력을 보였다. 경제개발협력기구(OECD) 가입을 목표로 삼으면서 노사관계에서도 근로자 복지를 강조하는 친노동적인 정책에 대한 의지를 보였다. 그러나 이러한 "긍정적 방향"으로의 신자유주의적 개혁은 초기에 좌절되었고, 김영삼 정부 시기 대부분을 지배했던 것은 국가주도 경제운영의 틀은 그대로 둔 채 국내 자본시장을 비롯한 대기업 활동에 대한 규제를 완화하는 등의 "부정적 방향"으로의 시장화 정책 패러다임이었다. 노사관계에서도 생산성의 정치를 일방적으로 강조하는 방향으로 선회했음은 물론이다.

김영삼 정부의 신자유주의적 정책노선은 집권 첫 해인 1993년 11월에 미국 시애틀에서 개최된 아시아-태평양 경제협력체(APEC) 정상회담에 참석하고 돌아온 대통령이 차기 국정목표를 "국제화 추진"으로 선언한 데서 분명히 드러났다. [15] 국제경쟁력 강화가 1980년대 후반

---

14) 유현석, "세계화 시대의 민주주의와 신자유주의 정책: 한국과 남미의 노동문제를 중심으로", 〈한국정치학회보〉 31집 2호(1997), p. 249.
15) 강명구·박상훈, "정치적 상징과 담론의 정치: '신한국'에서 '세계화'까지", 〈한국사회학〉 31집 1호(1997), pp. 123~161.

부터 가속화된 세계시장의 글로벌화에 대한 소극적인 대응이었다면 1994년 11월 17일 APEC 정상회의 참석차 호주를 방문한 김영삼 대통령의 이른바 "시드니 선언"은 세계화를 모든 정책영역의 상위개념으로 설정한 것이었다. 국제화라는 새로운 모토에 이제 막 적응하던 당시 상황에서 세계화라는 개념은 매우 생소하게 들렸고, 특히 그것을 위해 국가가 어떤 역할을 해야 하는가에 대한 인식이 성립되지 않았다. 그것은 부분적으로 김영삼 정부의 신중상주의적 성격에서 기인한 것이기도 하다. 16)

국제경쟁력 강화는 국민경제를 하나의 통합적 단위로 보고, 그것이 급변하는 세계경제 환경 속에서 어떻게 살아남을 수 있는가를 고민하는 담론이라는 점에서 과거의 발전주의 패러다임과 근본적 차이는 없다. 반면에 초국적 생산과 투자를 불가피하거나 궁극적으로 바람직한 것으로 간주하고, 글로벌 스탠더드의 도입을 추구하는 세계화는 개별국가와 그 정부를 기본단위로 하는 과거의 발전전략들과는 근본적으로 달랐다. 미국, 유럽, 일본의 다국적 기업들을 중심으로 그 경쟁구도가 편성된 세계시장에서 생존해야만 하는 국내 재벌기업들의 요구가 전면적으로 투영된 것이 바로 시드니 선언이었다.

김영삼 정부가 노동문제에서 정책변화를 이루었다고 볼 수 있는 계기는 1996년 4월 24일에 발표된 "21세기 세계 일류국가로의 도약을 위한 신노사관계 구상"(이후 신노사관계 구상)이다. 신노사관계 구상의 실행조직으로 같은 해 5월에 발족된 대통령 직속 민간자문기구인 노사관계개혁위원회(이후 노개위)의 공익위원안은 김영삼 정부 내 세계화론자들의 개혁방향을 잘 보여주었다. 공익위원안에 의하면, 복수노조는

---

16) 유현석, "세계화 시대의 민주주의와 신자유주의 정책", pp. 240~241.

허용되지만 교섭창구가 단일화되어야 한다는 규정 때문에 노동자들의 실질적 교섭권 행사는 크게 제약받을 수밖에 없었다. 제3자 개입에 대해서도 여러 요건들을 추가함으로써 사실상 금지조항을 온존시키는 결과를 낳았다. 역대 정권들에서 일종의 이념적 금기로 다루어졌던 공무원의 단결권 문제에 대해서도 공익위원안에서는 민주화 이전 또는 민간정부 수립 이전과 큰 변화를 보여주지 않았다.[17] 이를테면 제한적 교섭권을 가진 교원단체의 설립은 인정하되 교원노조 금지조항은 존치되었다. 반면에 변형근로시간제, 노조의 동의 없는 정리해고제와 같은 노동시장 유연화 조치들은 허용했다.

노개위의 공익위원안은 1990년대 초반부터 가시화된 세계경제의 글로벌화에 대비해야 한다는 사용자측의 지배적 견해가 그대로 반영된 것이었다. 재벌기업들은 세계적 규모의 경쟁에 노출된 자신들의 핵심 경영부문에 대한 정부규제의 간소화 및 철폐와 노동시장 유연화를 적극적으로 주장했다. 또한 정부로서는 국제노동기구(ILO) 요건을 충족하고 OECD 가입조건으로 제시된 노동 관련 제도개혁의 일환으로 노개위를 운영했기 때문에 이 조직을 매개로 노사관계 개혁에 대한 합의를 도출할 필요가 있었다.[18]

전반적으로 김영삼 정부 시기의 노사관계 정책은 노동시장 정책과 외양상 분리되었으나 실질적으로는 후자에 의해 지배되는 형태로 추진되었다. 좁은 의미에서 볼 때 김영삼 정부의 노사관계 정책은 불법단체로 남아있던 민주노총의 존재를 공식적으로 인정하고, 1997년 3월 노

---

17) 6급 이하 공무원에 대해서는 1997년 12월 노개위 합의를 통해 그 단결권이 보장되었다.

18) 고세훈, 《국가와 복지: 세계화 시대 복지 한국의 모색》(서울: 아연출판부, 2003), p. 76.

동법 개정을 통해 복수노조 금지조항을 폐지하는 등 중요한 진전을 낳았다.[19] 그러나 이러한 조직노동의 지위향상은 노동시장에서의 상황개선과 병행하지 않았다. 노동시장 유연화를 실현하는 방법 가운데서도 기능적 유연화보다는 수량적 유연화에만 치중함으로써 노조와의 갈등을 줄이지 못했다.[20] 김영삼 정부 전 시기를 걸쳐 민주화는 곧 더 많은 민간적 요소들의 도입, 즉 시장화를 가져오는 것이라는 신자유주의적 인식이 헤게모니를 갖게 되었다.

1980년대 초반부터 세계화라는 용어가 일부 경제관료들에 의해 사용되기 시작했으나 그것을 하나의 국정지침으로 격상시키면서 정책 패러다임으로 정착시킨 것은 김영삼 정부였다. 재야세력과 오랜 유대를 가져온 김대중은 집권 이전부터 친노동적 레토릭을 즐겨 사용했고 정책이념에서는 김영삼과 유의미한 차이를 갖는 것으로 평가되었다. 그러나 김대중 정부는 그 집권 자체가 미증유의 경제위기에서 비롯된 바 컸고, IMF 관리체제하에서 이전 정권부터 이미 추진되었던 경제와 사회의 신자유주의적 재편은 상황적 논리에 의해 정당성까지 획득하면서 가속화되었다. 김영삼 정부가 세계화를 국정지침으로 삼으면서 신자유주의적 경제정책을 극적으로 추진했으나 실질적인 시장화의 측면에서는 미약했던 반면에 김대중 정부는 세계화를 적극적으로 수용하는 경제정책을 시행했다.[21] 요컨대 두 민간정부는 노사관계의 제도화를

---

19) 이강로, "한국에서 진보적 노동운동의 성장과 민주주의 공고화의 진행, 1990~1999", 〈한국정치학회보〉 33집 3호(1999), pp. 144~145.

20) 김유선, "외환위기 이후 노동시장 구조변화", 〈아세아연구〉 47권 1호 (2004), pp. 71~86.

21) 김영삼은 김대중 정부의 정책전환에 대해 다음과 같이 말한 바 있다. "…노동법, 한국은행법 개정 같은 금융개혁, 기아 사태같이 한국경제의 체질을

정치과정의 중심에 놓기보다는 "세계화"와 "경제위기의 극복"을 전면에 내세우면서 노사관계를 생산성의 정치로 이끌었다.

2. 민주화와 상징의 정치

한국의 민주화는 그 추동력이 운동(*movement*)과 협약(*pact*), 양자에서 발견된다는 점에서 군부의 후견체제가 상당기간 유지됨으로써 사회경제적 민주화가 지체되었던 라틴아메리카 나라들의 패턴과는 상당히 다르다. 한국에서 권위주의로부터 민주주의로의 이행이 국가 주도의 급속한 경제성장을 통해 발생한 사회적, 경제적 문제점들을 시정하기 위한 노력보다는 생산성의 정치를 촉진하게 된 것은 두 가지로 설명될 수 있다. 첫째, 민주화 과정 자체가 아래로부터의 운동에 의해 추동된 것만큼이나 정치엘리트 수준에서의 협약의 성격이 강했기 때문이다. 둘째, 1987년 민주화 이후 첫 민간정부였던 김영삼 정부하에서 군부 권위주의의 인적 기반을 허무는 사정개혁이 나름대로 성공을 거두면서 정치적 민주화 자체가 다른 부문들에서의 개혁필요를 위축시켰기 때문이다. 민주주의의 절차적 요건들이 대체로 충족되고, 군부통치의 유산들 가운데 가장 눈에 띠는 것들만 골라서 제거하는 정치적 통과의례가 끝나면서 민주주의는 그 자체로서 정당성을 획득하게 된 것이다. 민주주의하에서는 어떤 경제정책이나 사회정책도 가능한 것이었고, 현실정치에서 그 가능성의 범위는 보수적으로 해석되었다.

군부통치 잔재청산을 거치면서 상징의 정치는 보다 이념적인 영역으로 옮겨가게 되었다. 한미 관계가 그 대표적 예이다. 김대중 정부와 노무현 정부의 한미 관계는 많은 학술적 성격의 문헌에서 설명변수이기보다는 종속변수였다. 현실정치에서도 한미 관계가 어떤 다른 현상의 원인으로서 관심을 받기보다는 어떤 요인이 한미 관계에 긍정적 또는 부정적 영향을 미치는가라는 질문이 더 주목을 받았다. 그것은 군부권위주의체제에서 한미 관계를 한미동맹과 동일시하고 그것 이외의 어떤 의미, 즉 변이를 관측하려는 시도 자체가 쉽지 않았던 것과 무관하지 않다. 그러나 한미 관계와 한미동맹은 분석적으로 구분되어야 할 별개의 변수들이다. 한미 관계는 상호군사방위조약을 포함하는 양국 간의 포괄적인 상호작용을 가리키는 용어이다. 비군사적 영역에서의 한미 관계의 변화가 한미동맹의 강도와 작동에 영향을 줄 수 있는 것이다.

한미 관계를 한미동맹이라는 좁은 틀에 국한시켜 보지 않을 수 있는 것은 한국의 정치발전과 경제성장의 결과라고 말할 수 있다. 한국의 정치체제가 민주화되고 경제력이 향상되면서 미국과의 관계도 훨씬 복합적인 성격을 띠게 된 것이었다. 미국이 동맹국들에게 냉전 시기에 제공했던 경제적 묵인이 탈냉전과 함께 철회되기 시작한 것도 중요한 환경 변화였다.

한미 관계가 기존문헌에서 다루어진 것처럼 웬만해서는 그 값이 바뀌지 않는 상수로만 보기 어려운 한 이유는 한국의 민주화 자체에서 찾을 수 있다. 한국의 국내정치가 매우 빠른 속도로 대중 민주주의의 요소들을 갖추어감에 따라 전형적인 비대칭적 동맹이었던 한미 관계의 여러 문제들도 공론화되기 시작한 것이다. 물론 민주화 이전에도 한미 관계의 긴장은 항상 존재해왔다. 특히 최고결정권자, 즉 양국 대통령 간의 친밀도라는 측면에서 볼 때, 한미 관계가 부드럽고 원만하게 굴러갔던 기간은 1953년 한미상호방위조약 체결 이후 60년에 가까운 기간 가운데, 이명박 정부가 들어서면서 양국관계가 개선되었다 하더라도, 10년 정도밖에 되지 않는다. 동맹관계가 장기화되면서 상호 간 이해와 기대수준의 차이가 발생할 수밖에 없기 때문이다. [22] 그러나 권위주의

---

22) 박선원, "미래지향적 동맹을 향한 긴장과 협력 : 노무현-부시 정부의 관계",

체제하에서 대북접근방식이든 주한미군 문제이든 경제원조 문제이든 간에 미국과의 견해차는 지배엘리트 수준에서 제기되는 것이었지 공공의 담론에서 운위되기는 쉽지 않았다.

1987년 이후 민주주의로의 이행을 겪으면서 다른 어떤 신생민주주의 나라들보다도 "정치의 과잉"을 경험한 한국에서 한미 관계는 단순한 외교·안보 사안에 그칠 수 없었다. 한미 관계는 한국의 정치권력과 경제력의 분포, 사회적 권위구조와 문화적 위계질서에 직간접적으로 영향을 미친다. 광주항쟁을 분기점으로 하여 1980년대 이후 민주화 운동세력의 이념적 급진화의 중핵에는 반미주의가 자리 잡고 있었다. 한미 관계는 두 주권국가들 사이의 관계보다는 국내정치의 주요 쟁점으로서의 비중이 훨씬 더 큰 영역이 되었고, 그 쟁점화는 상징의 정치에서 두드러졌다.

분석수준을 국내정치에서 벗어나 좀더 위로 올라가보면, 한미 관계가 하나의 맥락적 변수로서 중요성을 띠게 된 것은 탈냉전기 동북아 국제관계에서 그 원인을 찾을 수 있다. 사회주의권의 붕괴 이후 미국의 세계전략에서 높은 우선순위를 차지하게 된 것은 이른바 "불량국가들"(*rogue states*)로의 대량살상무기 확산방지였고, 냉전의 종식으로 말미암아 중국, 러시아로부터의 지원을 더 이상 기대할 수 없게 된 북한이 생존전략으로서 핵개발을 추진하게 되었다. 남북 간의 경제력을 비롯한 전반적인 국력 차이가 커질수록 북한은 '벼랑 끝 외교'에 의존할 인센티브를 더 많이 갖게 되었고, 탈냉전과 한국 민주화의 동시진행은 북한의 한미 이간전술이 나름대로의 효과를 낼 수 있는 환경을 마련해주었다.[23] 달리 말해 북한이 핵개발로써 한국을 볼모잡는 식의 전술은

〈역사비평〉 86호(2009), p. 171.

한미 관계의 균열을 훨씬 가시화했다.

북한문제는 한국의 국내정치에서 그 어느 때도 단순히 안보 쟁점에서 그친 적이 없었다. 그것은 국가의 정체성과 직결된, 가장 근원적인 이념문제였고, 따라서 상징의 정치를 구성할 수밖에 없었다. 상징의 정치는 이익의 정치와는 달리 갈등 당사자들, 즉 정치적 경쟁자들 간의 타협이 이루어지기 쉽지 않으며, 종종 극한대결로 치닫는다. 민주화를 겪으면서 나타난 "과잉정치화" 현상은 상징의 정치와 만날 때 상승효과를 낳는다.

개혁주의 정부 10년에 걸쳐 한미 관계의 핵심은 북핵문제였다. 김대중 정부는 집권 초기가 클린턴 행정부 말기와 겹쳤고, 그 짧은 시간 동안 한미 관계는 크게 개선된 것처럼 보였다. 김영삼 정부 시기에 제 1차 북핵위기를 겪으면서 한국과 미국 사이에는 불신과 갈등의 싹이 트기 시작했다. 김영삼 대통령은 1993년 2월 취임사에서 탈냉전 시대에 걸맞는 실용외교노선을 추구하겠다는 것으로 충분히 해석될 수 있는 표현들을 사용했고, 그것은 긍정적으로 해석할 때 명실상부한 민간정부로서 미국을 대하겠다는 의지와 자신감으로 볼 수 있었다. [24]

그러나 북핵위기가 전개되면서 그 문제해결의 중심축이 북미관계가 되었던 것에 김영삼 정부는 몹시 불편함을 느꼈고, 이는 한국민 일반의 정서를 반영하는 것이기도 했다. 한국인들 상당수는 일촉즉발의 안보위기에 직면한 한국에게 미국이 오랜 동맹국으로서 협의하며 대북협상을 진행하기보다는 북한이 원하는 대로 한국을 배제한 대화창구만을

---

23) 김성한, "한미 관계의 고민과 미래", 〈계간사상〉 2000년 가을호, pp. 74~75.
24) 구갑우·안정식, "김영삼·클린턴 정부 시기의 한미 관계: 북한 위협의 상수화와 미국식 자본주의의 수입", 〈역사비평〉 88호(2009), pp. 244~245.

사용하고 있다고 믿었다. 25)

이는 이승만 정권 이후 권위주의체제에서 간헐적으로 표출되었던, 미국에 대한 보수세력의 불신이 민주화 이후에도 여전히 무시할 수 없는 정서로 남아있음을 보여준 것이었다. 한국의 보수세력이 이념적 부조응을 다소 느끼는 민주당 행정부에 의해 북미관계 중심의 북핵위기 해결이 이루어졌기 때문에 김영삼 정부 시기에 그러한 보수세력의 대미불만은 컸을 수 있다. 그러나 한국 보수세력이 자신들과의 이념적 조응도가 높다고 느끼는 부시 행정부가 2007년 2월 13일 베이징에서 이루어진 6자회담에서의 합의결과에 대해 만족감을 표시했을 때에도 보수세력의 반응은 냉랭했다. 26)

한미 관계는 그것이 북한과 관련된 것인 한해서는 거의 언제나 상징의 정치였고, 김대중 정부와 노무현 정부가 그 상징의 정치에서 이기기 위해서는 이익의 정치에서 무언가를 내놓아야만 했다. 대통령 임기가 2년도 채 남지 않은 시점에 한 달여의 짧은 시간차를 두고 노무현 정부가 마무리지었던 전시작전통제권 전환과 한・미 자유무역협정 타결은 가장 좋은 예였다. 문제는 전시작전통제권 전환이 상징의 정치 영역에서 지나치게 "정치화"27)되었던 반면에 한・미 자유무역협정 타결은 기술관료적 방식으로 처리되었다는 데 있다.

노무현은 북풍이라는 측면에서는 김대중 대통령보다도 더 불리한 위치에서 2002년 대통령 선거를 치러야 했다. 제 2차 북핵위기가 바로 대

25) 김성한, "한미 관계의 고민과 미래", p. 87.
26) 박태균, "한미 관계 위기의 본질은 무엇인가?", 〈역사비평〉 79호 (2007), pp. 77 ~80.
27) 박인휘, "전작권 전환과 FTA 체결: 한미외교의 새로운 시작", 〈동아시아 브리프〉 2권 2호 (2007), p. 126.

통령 선거를 코앞에 둔 시점에서 발생했기 때문이다. 그럼에도 불구하고 노무현이 대통령 선거에서 승리할 수 있었던 것은 미군 장갑차 사고로 숨진 여중생들 문제를 처리하는 과정에서 촉발된 반미정서가 큰 몫을 했다. 집권당 예비후보 시절부터 미국에 한 번도 가본 적이 없음을 다른 정치인들과의 중요한 차이점으로 활용했던[28] 노무현 대통령은 2003년 2월 25일 취임사에서 대화를 통한 북핵문제 해결을 강조하면서 부시 행정부와의 견해차를 숨기지 않았다.

햇볕정책의 기조를 강조하면서 노무현 대통령은 부시 행정부가 군사적 해결책을 포함한 모든 방안을 고려하는 것을 두고 한미 간 긴장을 극도로 고조시키는 발언들을 계속했다. 노무현 대통령은 클린턴 행정부가 제1차 북핵위기 때 김영삼 정부와의 협의 없이 군사적 해결책을 심각하게 고려했던 사실을 중대하게 생각했다. 상대적으로 자유주의적이고 국제주의적이라고 볼 수 있는 클린턴 행정부가 북핵문제에 대해서만은 일방주의적일 수 있다면, 네오콘이 대외정책결정의 핵심부를 장악하고 있는 부시 행정부는 군사적 해결책에 더 쉽게 경도될 수 있을 것이라고 보았던 것이다.[29] 북한의 핵무장을 일종의 억지책으로 볼 수 있다는 노무현 대통령의 2004년 11월 14일 LA발언은 그러한 우려가 가장 극단적으로 표출된 것이었다.

생산성의 정치는 그 용어가 풍기는 강한 보수적 느낌과는 사뭇 대조적으로 좌파에 의해서도 종종 강조된다. 김대중 정부와 노무현 정부는

---

28) 안영민, "대선 예비후보 특별 인터뷰: 민주당 노무현 상임고문 — 내가 미국에 한 번도 가지 않은 이유", 〈민족 21〉 2001년 12월호, p. 75.

29) Chung-in Moon, "Diplomacy of Defiance and Facilitation: The Six-Party Talks and the Roh Moo-hyun Government", *Asian Perspective*, Vol. 32, No. 4 (2008), pp. 74~78.

제5장 정책전환의 맥락: 민주화와 발전주의 국가 195

다른 나라들과의 엄밀한 비교를 통해 볼 때 좌파보다는 중도우파에 가까웠다.[30) 그러나 이러한 객관적 비교를 통해 그 정부의 이념적 위치를 측정하는 것만큼이나 중요한 것은 정작 한국인들이 이 두 정부를 어떻게 인식했는가이다. 미국의 민주당을 유럽 나라들의 사회민주당과 비교하여 중도우파 정당이라고 말하는 것은 틀린 것은 아니지만 그러한 메마른 비교가 미국정치의 중요한 현상들을 제대로 설명하기는 어렵다. 이 책에서도 한국의 저널리즘과 일상 언어에서 남용되는 좌파정부 또는 진보세력이라는 용어는 인용의 형식이 아니라면 가능한 한 피하고자 했다. 그럼에도 불구하고 김대중 정부와 노무현 정부가 자신들이 반대세력으로부터 좌파 또는 진보, 때로는 "빨갱이"라는 낙인을 찍혔음을 인식했고, 대다수의 한국인들도 그러한 정치용어에 익숙해져 있을 뿐만 아니라 그 언어적 맥락에서 정치적 행위, 특히 투표를 했다.

　탈냉전 이후 세계화가 표피적이든 실질적이든 진행되면서 한국뿐만 아니라 세계 곳곳의 좌파는 전통적 좌파의 정책을 피해야 할 인센티브를 갖게 되었다. 탈냉전과 세계화는 얼마 정도의 시간차를 두고 이루어졌던 민주화과 더불어 정당들의 이념적 재배열을 가져왔고, 사회주의의 실패는 좌파 또는 그에 가까운 정당들로 하여금 시장친화적 정책들을 더 수용하게끔 만들었다. 체계적 수준에서의 냉전과 국내적 수준에서의 권위주의가 붕괴함으로써 좌파 그리고 진보성향의 정당들은 훨씬 많은 정치적 자유를 누리는 대가로 시장과 자본의 부상을 받아들여야 했다. 한국적 맥락에서 그러한 교환은 단순히 이념적 선명성의 완화라는 측면에서만 이루어진 것이 아니었다. 군부권위주의체제에서 오랫

---

30) 김기원, "김대중-노무현 정권은 시장만능주의인가?", 〈창작과 비평〉 2007
　년 가을호, pp. 171~186.

196

동안 야당 지도자였던 김대중과 충분한 검증이 이루어졌다고 보기 힘들었던 "매버릭"(maverick) 정치인 노무현은 자신들도 보수세력만큼이나 국정운영 능력이 있음을 증명해야 했다.[31] 정치적 억압으로부터 벗어나고 더 나아가 집권에 성공한 이상 통치력 증명의 부담은 좌파 그리고 진보 성향의 정당들에게 더 컸다.

김대중과 노무현 두 개혁주의 정치인이 짊어져야 했던 공통의 부담, 즉 "나라 망칠 좌파"는 아니라는 것을 보여줘야 했던 부담은 그들이 대통령으로서 할 수 있는 일들에 중요한 한계를 설정해주었다. 특히 이 국정운영 능력 증명의 부담은 노무현 정부에게 더 크게 안겨졌다. 그것은 노무현 대통령과 그를 우산 삼아 국회와 청와대로 진출한 이른바 "386 세대" 정치인들이 지역주의 타파를 통한 1987년 민주화 이념의 완성을 추구하는, 일종의 "상징의 정치"에 능하다고 인식되었기 때문이다. 실제로 노무현 정부는 집권 초반에 과거사 청산을 비롯한 "코드 정치"에 지나치게 많은 시간과 노력을 들이는 경향을 보였다.[32] 그 대가는 이익의 정치에서 덜 좌파적인 모습을 보여야 한다는 부담으로 돌아왔다.

2007년 대통령 선거에서의 이명박의 압승은 노무현 정부가 1997~98년 금융위기 이후 제기된 사회경제적 쟁점들을 주도적으로 정치의제

---

31) 알렉산더 버시바우 전 주한 미국대사는 노무현 대통령을 '매버릭'이라고 평가할 수 있는 근거로 "참모진의 의견보다는 자신의 견해"를 강하게 내세우고, "상식을 벗어나는 사고를 자주 한다"는 점을 들었는데, 정치적 이단아로서의 모습을 가장 잘 보여준 것이 "지지그룹이 반대하는 한·미 자유무역협정을 추진한 것"이라고 말한 바 있다. 〈중앙일보〉 2008년 12월 21일.

32) 최영종, "세계화를 둘러싼 국내적 갈등에 대한 연구: 한미 FTA 사례를 중심으로", 〈한국정치외교사 논총〉 31집 2호(2010), p. 310.

화하지 못한 데 많은 부분 기인한다. 한국의 보수파들이 "좌파정부"라고 부르는 김대중 정부와 노무현 정부 시기는 "잃어버린 10년"으로 폄하되었고, 그 상실의 핵심은 경제성장 동력의 부재인 것으로 보수파들에 의해 제시되었으나 실제로는 사회경제적 불평등의 심화였다.[33]

민중부문에게 두 개혁주의 정부 시기가 상실의 시대라면 그것은 다른 무엇이 아닌 "불평등한 민주주의"[34]에 그 근거를 두었다. 이명박이 대통령 취임사에서 "이념의 시대를 넘어 실용의 시대로 나아가야 한다"고 힘주어 말했을 때 그가 전달하려 했던 메시지는 보수적 경제지상주의 담론이지만, 앞선 두 "하층민 친화적"[35] 정부들이 상징적 쟁점들에 매몰되어 있었음을 잘 보여주는 것이기도 하다.

1987년 이후 절차적 민주주의의 확립을 넘어서는, 사회경제적 영역들에서의 개혁을 추진했어야 할 이 두 정부는 북한문제를 안보쟁점으로서의 북핵문제로 좁히기보다는 국내정치의 상징적 쟁점으로 승격시키는 반면 한·미 자유무역협정을 비롯한 경제개방을 두고는 그 어떤 보수정부보다도 미국의 선호에 부합하는 정책선택을 했다. 김대중 정부와 노무현 정부 시기의 한미 관계는 상징의 정치에서는 악화되는 외양을 보였지만 이익의 정치에서는 어떤 심각한 수준의 갈등을 보이지 않았다.

---

33) Jamie Doucette, "The Terminal Crisis of the 'Participatory Government' and the Election of Lee Myung Bak", *Journal of Contemporary Asia*, Vol. 40, No. 1 (February 2010), p. 23.

34) 이 표현은 다음에서 빌려왔다. Larry M. Bartels, *Unequal Democracy: The Political Economy of the New Gilded Age* (Princeton: Princeton University Press, 2008).

35) 이 표현은 송호근이 김대중 정부에 대해 사용한 것이다. 송호근, 《한국 무슨 일이 일어나고 있나》(서울: 삼성경제연구소, 2003), p. 40.

예컨대 국제통화기금 구제금융이 그토록 전광석화와 같이 이루어질 수 있었던 것은 미국의 정치적 개입을 빼고는 설명되지 않는다. 1997년 12월에 대외경제협력 특별대사 자격으로 미국을 방문한 김기환이 IMF와의 협상을 위해 사전에 접촉한 인물은 IMF 고위관리가 아닌 미국의 재무장관이었다. 미국의 IMF 구제금융 협상과정 개입여부 결정요인들 가운데 하나가 전략적 고려라는 점에 비추어 볼 때 1997년의 한국은 미국에게 그냥 내버려둘 나라는 아니었던 것이다. 36)

민중부문의 지지에 바탕을 두고 집권한 김대중 정부는 외환위기를 계기로 환란의 주범으로 몰린 재벌에 대한 강력한 개혁조치를 취할 수 있는 절호의 기회를 부여받았다. 위기는 평상시의 "낡은 관계들이 무너져내리고 새로운 관계들이 구축되어야 하는" 시기이기 때문이다. 37) IMF와의 협상조건 이행은 김대중 정부 초기의 국가-재벌 관계를 틀 짓는 하나의 구조적 환경이었다. 특히 경제분야 기술관료들 가운데 일부는 다국적기업의 직접투자를 적극 유치하는 전략을 통해 재벌 중심의 경제구조를 바꿀 수 있을 것으로 기대했다. 38)

신생민주주의 국가들에서 이루어진 신자유주의 정책전환 사례들 가운데 많은 경우가 경제위기와 같은 "절박한"(pressing) 문제들에 대응하는 과정에서 관찰된다. 한국에서도 김대중 정부의 정책전환 가운데 일부는 이 유형에 속한다고 말할 수 있다. 그러나 필자가 이 책에서 주목

---

36) Bessma Momani, "American Politicization of the International Monetary Fund", *Review of International Political Economy*, Vol. 11, No. 5 (December 2004), pp. 896~897.

37) Peter Gourevitch, *Politics in Hard Times: Comparative Responses to International Economic Crises*(Ithaca: Cornell University Press, 1986), p. 9.

38) Lee and Han, "The Demise of 'Korea, Inc.'", p. 315.

하는 것은 외부적으로 주어지기보다는 "선택된"(*chosen*) 문제들에 대한 해결책으로서 정책전환이 이루어졌다는 점이다. [39) 정책전환은 대체로 그 원인이 내부에 있든 외부에 있든 상관없이 위기가 발생했고 그것에 대한 효과적인 대책이 필요하다는 식으로 정당화된다. 특히 위기가 외부로부터 닥쳤을 때 정책결정자들은 매우 높은 자율성을 누린다.

한국의 개혁주의 정부들은 신자유주의 정책 패러다임의 수용을 눈앞에 닥친 경제적 난국을 헤쳐 나가기 위해서는 불가피한 것이라는 담론을 가공하고 스스로 그 안에 머물렀다. 하지만 절박한 문제와 선택된 문제의 구분은 현실에서 종종 그 의미를 잃는다. 정책결정자들은 자신들의 대응방식과 해결책이 가져올 비용이 클수록 해당쟁점이 절박한 문제임을 강조하지만 실제로는 선택된 문제를 절박한 문제인 것처럼 포장하는 경우가 적지 않다. 허쉬만이 지적한 대로 한 시기에 절박한 문제였던 것이 다른 시기에는 선택된 문제가 될 수 있으며, 그 역도 마찬가지이다. [40) 김대중 정부가 구조조정을 요구하는 외부압력에 충실히 응답한 결과로서 발전주의 국가의 신자유주의적 변용을 요구하는 내부압력은 한층 더 강화되었다. 노무현 정부의 정책전환은 이 내부압력에 대한 응답으로 볼 수 있다.

한국의 신자유주의적 경제정책이념은 김영삼 정부 시기부터 가시적으로 나타났으며, 멀리는 전두환 정부에서부터 그 연원을 찾을 수 있다. 민주화에도 불구하고 가장 완벽하게 그 원형이 보존되었을 뿐만 아

---

39) 절박한 문제와 선택된 문제의 구분은 허쉬만의 것이다. Albert O. Hirschman, "Policymaking and Policy Analysis in Latin America: A Return Journey", *Policy Sciences*, Vol. 6, No. 4 (December 1975), pp. 388~391 참조.

40) *Ibid.*, p. 390.

니라 오히려 민주화로 인해 그 효용가치가 증대한 파워엘리트 집단인 관료들과 보수적, 신자유주의 성향의 학자들이 정책전환의 이념적 자원들을 안전하게 관리했던 것이다.[41]

또한 한 시점에 절박한 문제였던 것이 그다음 시점에는 선택된 문제로 탈바꿈하는 경우를 생각해볼 수 있다.[42] 노무현 정부하의 신자유주의 정책전환 가운데 상당수는 이 경우에 속한다.

반미정서를 정치적으로 충분히 활용하여 대통령에 당선된 노무현에게 한·미 자유무역협정은 원칙적으로 재고되어야 할 사안이었을지 모른다. 2002년 대통령 선거 당시 반미정서의 초점은 좁게는 미군 장갑차 사고로 인한 두 여중생 사망을 계기로 촉발된 주둔군 지위협정(SOFA) 재협상 문제였고, 넓게는 부시의 "악의 축" 발언으로 정점에 달했던 대북관의 충돌이었다. 달리 말해 20~30대 청년층 네티즌을 중심으로 확산된 반미정서의 핵심은 경제보다는 국가정체성 또는 가치의 문제에 있었다.

그러나 이러한 구분이 노무현 투표자들에게 과연 얼마나 의미 있는 것이었는지 또는 그들이 그러한 구분을 할 만한 인식의 여유가 있었는지는 의문이다. 1980년대 학생운동과 노동운동을 중심으로 민주화 세력 내부의 친북 좌경화가 뚜렷한 추세로 등장한 이후 반미정서에는 안보, 경제, 정체성 또는 가치의 차원들이 모두 포함되었다.[43] 따라서

---

41) Byung-Kook Kim, "The Politics of Chaebol Reform, 1980~1997", in *Economic Crisis and Corporate Restructuring in Korea*, ed. Stephan Haggard, Wonhyuk Lim and Euysung Kim(New York: Cambridge University Press, 2003), pp. 55~56.

42) Hirschman, "Policymaking and Policy Analysis in Latin America: A Return Journey", p. 390.

노무현 정부가 한·미 자유무역협정 논의를 백지화하지는 못한다 해도 보호주의적 방향으로 상당한 수정을 가할 것이라는 기대는 당연했다.

이 책에서 정책전환은 정치경제적 현상을 지칭하는 것이지만, 그 개념의 지시대상을 좀더 넓혀서 안보영역까지 포함시킨다면 노무현 정부는 이 영역에서도 상당한 정책전환을 했다고 볼 수 있다. 노무현 대통령은 집권 첫해인 2003년 5월 이라크에 700명 규모의 비전투부대를 파병한 데 이어 10월에는 추가파병을 결정함으로써 한미동맹의 틀을 유지하기 위한 노력을 증명했지만, 그것은 반미정서를 동원해 집권한 대통령으로서는 일종의 정책전환이라 할 만한 것이었다.

〈표 5-1〉은 노무현 정부 초기의 대미인식이 교육수준에 따라 뚜렷한 차이를 드러낸다는 것을 보여준다. 대졸 이상 고학력 응답자 가운데 미국에 대한 비판적 태도를 가진 이들의 비중이 높고, 교육수준이 낮을수록 미국에 대한 호감을 갖는 응답자의 비율이 높다. 이는 굳이 노무현 정부 시기에 특유한 현상이라고 볼 수는 없다. 군부권위주의체제에서 반미의식에 대한 여론조사가 실질적으로 가능했다면, 교육수준이 높을수록 미국에 대한 부정적 인식은 높게 나타났을 것이라고 추론할 만한 근거들이 충분하기 때문이다. 또한 한국에만 국한되는 현상이라고도 볼 수 없다. 교육을 많이 받은 사람일수록 정치적, 사회적 문제들에 대한 지식이 많고, 그에 따라 의견을 형성할 가능성이 높기 때문이다.

노무현 정부 초기 대미인식을 보여주는 이 표에서 특징적인 것은 고졸 학력 소유자들 가운데서도 미국에 대한 부정적 태도가 작지 않은 비중

---

43) Tim Shorrock, "The Struggle for Democracy in South Korea in the 1980s and the Rise of Anti-Americanism", *Third World Quarterly*, Vol. 8, No. 4 (October 1986), pp. 1195~1218.

〈표 5-1〉 교육수준과 대미인식(2003*)

(단위: %)

설문 내용	중졸	고졸	대졸 이상
가장 좋아하는 나라가 미국이라고 대답	33.5	16.2	14.7
가장 좋아하지 않는 나라가 미국이라고 대답	7.2	21.8	31.7
한국에 가장 위협이 되는 나라가 미국이라고 대답	12.3	26.5	31.1
미국에 대한 친근감을 갖고 있다고 대답	70.5	51.8	40.8
미국에 대한 비판정서를 갖고 있다고 대답	29.1	47.5	59.1

* 2003년 9월 중앙일보, Center for Strategic and International Studies (CSIS), RAND 연구
소 공동 설문조사 결과.
출처: Thomas Kern, "Anti-Americanism in South Korea: From Structural Cleavages to
Protest", *Korea Journal*, Vol.45, No.1(Spring 2005), p.272, Table 1.

으로 나타난다는 점이다. 이는 북핵문제, SOFA 문제 등으로 인해 한
미 관계가 김영삼 정부 시기 이후로 계속 악화됨으로 인해 미국에 대한
부정적 정서가 상대적으로 교육수준이 낮은 집단들로 확산되었음을 말
해준다.

교육과 반미정서의 연계보다 훨씬 단순한 상관관계를 보여주는 것은
연령별 대미인식의 차이이다. 〈표 5-2〉는 노무현 정부가 등장하는 데
가장 중요한 사회적 지지기반이었던 20~30대 청년층이 미국에 대한
인식에서 50대 이상의 장년층과 극적인 대조를 보임을 확인시켜준다.
대미인식은 대체로 이익의 정치보다는 상징의 정치에 가까운 문제영역
이기 때문에 세대별 차이가 확연히 드러날 수 있는 것이다. 노무현 정
부에서 한·미 자유무역협정 찬성론자들이 이 무역협정을 추진해야만
하는 근거로 항상 제시했던 것이 "한미 관계의 공고화" 효과였다. 44)

2005년 11월 17일 경주에서 이루어진 한·미 정상회담은 노무현 정

---

44) 최태욱, "한미 FTA의 성격과 그 파장", 〈시민과 세계〉 9호(2006), p. 178.

〈표 5-2〉 연령별 대미인식 (2003*)

(단위: %)

설문 내용	20대	30대	40대	50대 이상
가장 좋아하는 나라가 미국이라고 대답	11.3	6.2	15.1	38.8
가장 좋아하지 않는 나라가 미국이라고 대답	35.4	34.9	20.2	5.3
한국에 가장 위협이 되는 나라가 미국이라고 대답	38.1	31.2	27.1	9.8
미국에 대한 친근감을 갖고 있다고 대답	36.9	41.5	45.4	73.2
미국에 대한 비판정서를 갖고 있다고 대답	62.4	58.5	53.9	26.5

* 2003년 9월 중앙일보, Center for Strategic and International Studies (CSIS), RAND 연구
소 공동 설문조사 결과
출처: Kern, "Anti-Americanism in South Korea", p.278, Table 2.

부 출범 이후 외견상 그리고 실질적으로 악화되었던 양국관계의 개선
가능성을 알리는 계기였다. 2006년 1월에 한국이 미군의 "전략적 유연
성" 개념을 양해하기로 하고, 2월에는 양국 통상대표들이 자유무역협
정 협상개시를 공식선언한 것은 경주 정상회담의 결과였다. 45) 2006년
9월 14일 노무현 대통령의 방미를 앞두고 양국 정부는 자유무역협정 체
결이 북한문제로 인해 수년간 악화되었던 한미 관계를 개선하는 데 큰
도움이 될 것이라는 인식을 공유하게 되었다. 애초에 자연스러운 동반
자가 되기는 힘들었던 노무현 대통령과 부시 대통령은 한·미 자유무
역협정을 통해 여전히 불편하기는 하지만 수지맞는 장사의 동업자가
될 수는 있기를 기대했다. 46)

한·미 자유무역협정이 주요 사안으로 등장하기 이전에도 한미 관계

---

45) 이남주, "한미 FTA와 동아시아 질서: 동맹과 다자주의의 기로", 〈동향과
전망〉 67호(2006), pp. 184~185.

46) "Awkward Bedfellows", The Economist, September 9, 2006, p. 66.

는 한국의 대외경제정책에 상당한 영향을 미치는 요인으로 인식되었다. 군사동맹을 중핵으로 하는 양국관계가 갈등양상을 보일 때 그 부정적 영향은 약자인 한국의 경제에 집중된다는 논리가 기술관료들에 의해 지속적으로 재생산되었다. 이는 특히 경제 및 통상 관련 관료기구 안에서 지배적인 논리였고 자주 주류 미디어에 의해 유포되었다. 한-칠레 자유무역협정 비준동의안과 이라크 추가파병 동의안, 두 가지 사안이 국회를 통과하지 못하고 표류하던 2004년 2월에 한 재정경제부 관리는 다음과 같이 말했다.

> 무디스가 지난해〔2003년〕한국의 신용등급 전망을 낮춘 주된 이유가 북
> 핵문제를 둘러싼 한·미 공조체제의 불확실성이었다〔.〕… 만일 이라크
> 파병이 무산되면 한국의 신용등급 하락으로 이어질 가능성이 크다. 47)

노무현 정부는 한·미 자유무역협정이 그동안 악화일로에 있었던 양국관계 개선을 위한 수단으로 인식되는 것을 좋게만 생각할 수 없는 입장이었다. 그동안 상징의 정치에 지나치게 몰입함으로써 나타난 부정적 결과를 이익의 정치에서의 가시적 결과로써 상쇄하려 하다 보니 미국과의 협상이 졸속으로 진행되었다는 인식이 충분히 가능한 상황이었기 때문이다. 그러나 노무현 대통령 스스로 한미 관계에서 안보와 경제는 긴밀히 연결되어 있음을 전혀 우회적이지 않은 방식으로 표현한 바 있다. 2006년 2월에 노무현 대통령은 여당 의원들과의 모임에서 "한미 동맹이 군사적으로 많이 균열된 상황"이며, "북한문제로 한미 관계에

---

47) 윤영신·박용근, "FTA 하나 못하면서 무슨 동북아 허브냐", 〈조선일보〉
    2004년 2월 11일, 종합 A1면.

틈이 많이 벌어졌는데 이걸 메우려면 결국 경제 분야밖에 없다"는 내용의 발언을 한 것으로 보도되었다. [48)

비록 비공식적 성격이 강한 자리에서 나온 발언이기는 했지만 이는 미국의 전략적 유연성에 대한 인정, 대량살상무기 확산방지구상(PSI)에 대한 부분적 협력 약속과 같은 안보영역에서의 양보조치와 쇠고기, 자동차, 의약품, 스크린쿼터 4개 분야에서의 경제적 양보조치를 노무현 정부가 실제로 취한 점을 고려할 때 안보-경제 연계를 강력히 뒷받침하는 것이었다. 그러한 양보로써 얻어낸 성과물은 북한문제의 비군사적, 평화적 해결 원칙을 미국으로부터 무시당하지 않는 것이었다. [49)

부시 대통령 역시 한·미 자유무역협정은 "아시아 지역에서 미국의 개입을 증대시킬 것"이라고 언급하면서 양국 간 무역자유화가 정치적, 군사적 영역에서 가져올 긍정적 외부효과를 부인하지 않았다. 그러나 개성공단 문제가 한·미 자유무역협정 협상의 주요 의제들 가운데 하나로 등장하면서 양국 간 시각차는 여전히 크다는 것이 확인되었다.

노무현 대통령은 햇볕정책의 계승자로서 북한문제를 평화적으로 해결하는 전제조건이자 남북 간 평화공존의 상징으로서 개성공단의 안정적 유지와 확대가 필요하다고 믿었다. 김대중 정부 시기부터 존재했던 이러한 시각에 덧붙여 노무현 정부는 개성공단이 한국경제 경쟁력의 새로운 원천이 될 것이라는 희원적 사고마저 갖고 있었다. 따라서 개성

---

48) 청와대는 〈경향신문〉의 2006년 8월 8일자 기사에 대해 법적 대응을 하겠다고 했으나 실제 조치는 취해지지 않았다. Wonhyuk Lim, "KORUS FTA: A Mysterious Beginning and an Uncertain Future", *Asian Perspective*, Vol. 30, No. 4(2006), p. 178, fn. 5.

49) 배성인, "한미 FTA와 개성공단, 한미간 애증의 정치경제", 〈문화과학〉 47호(2006), pp. 219~220; Lim, "KORUS FTA", p. 179.

공단에서 생산된 제품의 한국산 인정은 한·미 자유무역협정에서 반드시 관철시켜야 할 쟁점이었다. 개성공단의 유지는 전형적인 유화정책이라는 점에서 노무현 정부에게 개성공단 문제가 한·미 자유무역협정 협상 테이블에 올라간다 해도 그것은 이익의 정치보다는 상징의 정치 쟁점으로서 다루어질 것이었다.

미국은 김대중 정부 이후로 개성공단이 한국정부에게 무엇을 의미하는지 잘 알고 있었고, 바로 그렇기 때문에 이익의 정치라는 측면에서만 접근하지 않았다. 부시 대통령의 북한 인권특사인 레프코위츠(Jay Lefkowitz)가 개성공단을 북한 인권문제와 결부시켜 강도 높게 비판했던 것은 미국에게도 개성공단은 기본적인 근로권과 임금수준이 보장되지 않은 상태에서 만들어진 상품들이 시장질서하에서 가능하지 않은 가격으로 쏟아져 들어올 것에 대한 미국 재계의 우려를 반영하는, 그런 수준의 문제가 아니었음을 말해준다. 북한문제를 기본적으로 체제전환(regime change)이라는 관점에서 접근했던 부시 행정부의 네오콘들에게 개성공단은 가장 나쁜 유화정책의 표본이었다. 달리 말해 미국에게도 개성공단은 상징의 정치였다. 개성공단 문제가 한·미 자유무역협정에 포함되고 한국이 원하는 방식으로 진행되기 위해서는 한국은 그에 상응하는 대가를 치러야 했다. 50)

노무현 정부하에서 상징의 정치는 대북정책, 한미 관계, 과거사 청산 등을 중심으로 이루어졌다. 특히 대북정책과 한미 관계는 그 성격상 하나의 짝을 이루며 국내정치 수준에서의 갈등을 증폭시키며 이익의 정치를 쉽게 압도했다. 노무현 정부 시기에 상징의 정치는 대통령이나 그 측근 또는 여당 정치인들의 주된 활동공간이었을 뿐만 아니라 민중

---

50) 배성인, "한미 FTA와 개성공단, 한미간 애증의 정치경제", pp. 230~235.

부문과 직간접적으로 연관된 시민단체들도 중요한 행위자였다. 한국의 시민단체들 가운데 대다수가 민주화 시기 사회운동에 그 연원을 두고 있기 때문에[51] 노무현 정부가 내세운 과거사 청산 등의 상징적 쟁점들은 특정의 가치를 옹호하는 시민단체의 성격과 부합했다.

　동시에 시민단체는 정당과는 달리 사회적 요구를 현장에서 직접 채취할 수 있는 이점을 갖고 있기 때문에 이익의 정치를 부각시키는 기능도 수행한다. 그러나 시민단체들은 특정한 사회부문 또는 생산자집단에 기반을 갖지 않기 때문에 제도화된 통로를 거쳐 사회경제적 쟁점들을 정책결정과정에 전달하기보다는 촛불시위 같은 직접행동의 요소들을 자주 사용한다. 노동자들이 산업현장에서 직접행동에 들어갈 때도 상징의 정치가 작동하는 한국에서 시민단체들에 의해 사회경제적 쟁점들이 거리에서 제기될 때 그 결과는 이익의 정치가 파묻히는 것이었다. 민주노동당의 등장은 시민단체들로 하여금 사회경제적 쟁점들에서 더욱 멀어지게 만들고 정치권에서 가공된 의제들에 몰입하게 만드는 요인이었다. [52]

---

51) Dong-Choon Kim, "Growth and Crisis of the Korean Citizens' Movement", *Korea Journal*, Vol. 46, No. 2(Summer 2006), p. 105.

52) *Ibid.*, pp. 124~125.

3. 발전주의 국가와 이익의 정치

1) 발전주의와 신자유주의의 공존

여타 신생민주주의체제들과 크게 다르지 않게 한국에서도 신자유주의의 흥기(興起)는 시장주의 대 국가주도 발전주의의 결승전에서 전자의 승리로 만들어진 결과이기보다는 일종의 부전승에 의해 시장주의는 결승에 진출하고 오랜 세월 지속되었던 발전주의 리그에서 예선전을 거치면서 체력소모가 컸던 국가가 주전선수들을 빼놓고 대충 싸운 결과라고 볼 수 있다.[53] 발전주의 국가의 쇠퇴를 설명하는 데 흔히 사용되는 국가-자본 관계의 동학을 또한 지적할 수 있을 것이다. 다른 어떤 후후발 산업화 나라들보다도 국가의 시장개입이 두드러졌던 한국에서 국가는 단순히 이미 존재하는 그러나 오작동하고 있는 시장을 교정하기 위해 개입할 뿐만 아니라 종종 아예 존재하지도 않는 시장 자체를 창출한 주역이었다.

김영삼 정부에서 이미 시작된 정부-기업 관계의 변화는 정치적 민주화가 경제적 자유화로 귀결될 가능성이 높다는 것을 보여주었다.[54] 경제적 자유화는 기존의 권위주의체제에서 국가가 유지했던 시장에 대한 통제력이 약화된다는 것을 의미했기 때문에 이는 발전주의 국가의 약

---

53) 콜번은 라틴아메리카에서 자유주의의 부상은 자유주의 자체에 대한 지지로 인한 것이기보다는 탈냉전, 그리고 쿠바혁명에 대한 실망의 확산 등으로 인한 것으로 봐야 한다고 지적한다. Forrest D. Colburn, *Latin America at the End of Politics* (Princeton: Princeton University Press, 2002), p. 2.

54) 윤상우, "외환위기 이후 한국의 발전주의적 신자유주의화: 국가의 성격변화와 정책대응을 중심으로", 〈경제와 사회〉 83호(2009), p. 48.

화로 동일시되는 경향이 생겨나는 것이다. 이러한 경향에 대한 비판은 한국 정치경제 문헌에서 어렵지 않게 발견된다. 예컨대 이연호는 발전주의 국가와 신자유주의적 규제국가(regulatory state)를 대비시키면서 전자의 퇴조가 곧 후자의 등장을 의미하는 것은 아니라고 주장한다. 〈표 5-3〉는 두 가지 유형의 국가가 경제정책을 만들어가는 과정과 그를 통해 만들어진 정책의 속성을 비교하고 있다.

필자는 여기서 경제위기를 거치면서 정실자본주의로 폄하되고 그 역사적 기능이 소진된 것으로 인식되어온 발전주의 국가의 틀이 여전히

〈표 5-3〉 발전주의 국가와 신자유주의적 규제국가의 비교

비교항목	발전주의 국가	신자유주의적 규제국가
경제의 지향점	발전과 성장	자유화, 합리화, 안정화
경제운영이념	민족주의적	탈민족적, 범세계적
시장의 속성	권력중심적	이익추구적
국가-시장 관계	국가의 시장개입	자유방임 시장
시장개입에 대한 시각	긍정적	부정적
경제운영방식	중상주의적	자유주의적
경제정책 목표	선발국가 따라잡기	경제적 안정의 유지
산업정책에 대한 시각	긍정적	부정적
선도기관의 필요성	인정	불인정
경제정책결정과정	폐쇄적	개방적
규제의 초점	지원과 보호	공정경쟁
전략산업의 통제	국가통제	민간운영
금융산업 운영	비자율적	자율적

출처: 이연호, "김대중 정부의 경제개혁과 신자유주의적 국가등장의 한계: 동아시아 개발도상국의 한 사례", 〈한국정치학회보〉 33집 4호(1999), p.292.

정책과정을 지배한다는 주장[55]에 대한 어떠한 반론도 제기하지 않는다. 김대중 정부와 노무현 정부하에서의 신자유주의 정책전환이 초래한 것은 발전주의 국가의 퇴락이 아니라 "한국 주식회사"라는 특정 형태의 권위주의적 발전국가의 퇴조라고 보는 견해는 기존문헌의 한 지배적 경향으로 자리 잡았다.[56]

군부권위주의체제에서 국가주도의 압축적 산업화를 이루는 과정에서 배태된 매우 한국적인 정실자본주의의 요소들이 경제위기의 충격을 통해 부분적으로 제거되거나 약화되면서 경제성장을 위한 국민총화의 기관차였던 한국 주식회사는 역사 속으로 사라졌으나 그 제도적 토대인 발전주의 국가 자체가 없어진 것은 아니라는 주장이다. 여기까지는 이 책에서의 논의가 기존문헌과 크게 다르지 않다.

우리가 정작 가져야 할 의문은 경제위기와 미국주도의 글로벌 자본주의의 압력에도 불구하고 발전주의 국가가 지속되는 이유가 무엇인가이다. 질문을 좀 달리하여 발전주의 국가를 행정국가(*administrative state*)의 한 형태로 규정하는 양재진처럼 "남북 간의 화해무드가 고조되고 개발독재 이데올로기가 더 이상 큰 힘을 발휘하지 못하는 상황에서, 그것도 민주적으로 선출된 3개의 정부를 가진 한국에서 왜 행정국가화 현상이 강하게 지속되는지"를 물어볼 필요가 있는 것이다.[57] 그 이유는 매우 복합적이다. 다소 상투적이기는 하지만 경제운용을 시장과 개

---

55) Yong Soo Park, "Revisiting the South Korean Developmental State after the 1997 Financial Crisis", *Australian Journal of International Affairs*, Vol. 65, No. 5 (2011), pp. 590~606.

56) Lee and Han, "The Demise of 'Korea, Inc.'", p. 306.

57) 양재진, "한국 행정국가화 현상의 권력구조적 동기와 기반", 〈한국행정학회 2001년도 하계학술대회 발표논문집〉, p. 183.

인보다는 국가와 공동체의 견지에서 이해하는 한국의 문화를 전혀 무시할 수 없다. 역시 상투적이기는 마찬가지이지만 발전주의 국가의 경로의존성이 지적될 수 있다. 30여 년 동안 구축되고 작동되어온 발전주의 국가의 제도적 배열이 하루아침에 바뀔 수는 없다.

필자의 관점에서 더 중요하고 근본적인 이유는 퇴조하지 않고 온존된 발전주의 국가에 대한 해석과 연관된다. 발전주의 국가의 패러다임이 관치경제에서 시장친화적 신자유주의로 옮겨갔다는 것은 분명히 중요한 변화이다. 그러나 그러한 변화의 근원은 발전주의 국가 자체이며, 더 정확히 말하자면 경제정책 입안과 실행의 과정을 장악해온 기술관료들과 그 이념적 동맹집단이다.

앞서 살펴본 대로 신자유주의 정책 패러다임의 확산이 눈에 띄게 이루어진 것은 김영삼 정부 때부터이다. 김영삼 정부 시기는 탈냉전, 세계화, 민주화 3가지 추세가 맞물려 나타난 때였다. 사회주의권 붕괴의 외형을 띠었던 탈냉전은 자본주의 시장경제에 대한 체계적 대안의 부재를 상징하는 것이었고, 세계화는 자본주의 시장경제가 냉전시기에는 넘기 어려웠던 경계선들을 넘어 확산되는 동시에 기존에 각국이 취했던 국가중심적 경제운용방식을 수정하는 과정이었다. 여기에 민주화가 더해지면서 기존의 권위주의 정권의 하위 파트너였던 기업들이 시장의 이름으로 자율성을 갖게 되었다.

그리고 이 책에서 필자가 강조하는 고착된 관료제의 성장은 신자유주의 정책 패러다임을 공유하는 "관료-기업 인식공동체"[58]의 형성으로 이어졌다. 권위주의체제에서 발전주의 국가의 경제정책을 입안하고

---

58) 인식공동체는 하스(Peter M. Haas)의 개념을 빌려온 것이다. 제6장 각주 17 참조.

집행했던 경제관료들 가운데 상당수의 이념적 지향은 케인스주의 또는 경제적 민족주의보다는 시장주의에 가까웠다. 발전주의 국가의 산물로서 만들어진 재벌은 권위주의체제가 약화되면서 경제운용방식으로서 시장기제에 대한 강조의 톤을 지속적으로 높여왔고, 민주화는 그 물꼬를 터준 계기였다.

그럼에도 불구하고 김영삼 정부 때까지 "관료-기업 인식공동체"는 신자유주의 정책이념을 드러내놓고 제시할 수는 없었다. 재정경제부와 일부 국책연구소들이 시장에 대한 원칙적 강조를 할 뿐이었지 그것이 구체적인 정책들로 표출되는 경우는 드물었다. 외환위기는 시장주의적 경제관리방식이 정부와 기업, 공공부문과 민간부문 곳곳에 자리 잡게 된 결정적 계기였다.[59]

2) 한국 발전주의 국가의 특이성

발전주의는 하나의 자기완결적 이념, 즉 이데올로기라고 보기 어렵다. 자기완결적 이념이 되기 위해서는 인간, 사회, 역사를 바라보는 특유한, 즉 배타적인 기본가정들을 갖고 있어야 하고, 그것에 바탕을 둔 경험적 인과론과 규범적 처방을 제시할 수 있어야 한다. 경제를 어떻게 관리할 것인가를 두고 자유주의, 중상주의, 사회민주주의 등의 사유체계들이 현실에 대해 서로 다른 해석을 제시할 때 우리는 이념들 간의 경쟁을 본다. 발전주의는 그러한 의미에서의 이데올로기는 아니다. 엄격히 말한다면 발전주의는 두 가지 의미로 이해될 수 있다. 한편으로 그

---

59) 이승주, "한국 통상정책의 변화와 FTA", 〈한국정치외교사 논총〉 29집 1호 (2007), pp. 121~122.

것은 정책이념 또는 정책 패러다임이다.

경제는 국민경제로서 그 의미가 있는 것이고, 국민경제의 지속적 성장을 위해서는 민간 경제주체보다는 정부가 주도적으로 시장질서를 창출, 유지, 또는 재구조화하는 것이 필요하다는 전제 위에 서 있는 것이 발전주의이다. 경제운용에서 고려되어야 할 여러 가치들 가운데 평등이나 정의의 순위는 낮을 수밖에 없고, 발전을 위해 다른 가치들은 쉽게 포기된다.[60] 또한 이러한 전제들을 실행에 옮기기 위한 일군의 거시경제 관리수단들을 포함하는 개념이 발전주의인 것이다. 요컨대 발전주의는 "선별적 산업정책"을 주도하는 적극적인 국가행위로 특징지어진다.[61]

다른 한편으로 발전주의는 특정한 정치경제체제를 설명하는 하나의 이론적 접근법이다. 발전주의적 관점에서 한국 정치경제를 설명하는 이들은 그 규범적 지향이 좌파이든 우파이든 간에 경제운용의 중심에 국가를 놓고 본다는 공통점을 갖는다. 이는 좌파 발전주의 학자이든 우파 발전주의 학자이든 하나의 사회현상으로서, 그리고 하나의 정책이념으로서 "경제적 민족주의"[62]를 부정적으로 바라보지 않는 경향과 연관된다.

---

60) 윤상우, "외환위기 이후 한국의 발전주의적 신자유주의화", p. 55, 각주 6.

61) Sharukh Rafi Khan, "Exploring and Naming an Economic Development Alternative", in *Towards New Developmentalism*: *Markets as Means rather than Master*, ed. Sharukh Rafi Khan and Jens Christiansen(London: Routledge, 2011), p. 4.

62) 경제적 민족주의에 대해서는 다음을 참조. Eric Helleiner, "Economic Nationalism as a Challenge to Economic Liberalism? Lessons from the 19th Century", *International Studies Quarterly*, Vol. 46, No. 3(September 2002), pp. 307~329.

그러나 현실 속의 정책이념으로서 발전주의는 학자들이 사용하는 이론적 접근법으로서의 발전주의와는 달리 경제적 민족주의의 요소가 잠재되어 있다고 볼 수는 있을지 모르나 명시적으로 포함되어 있다고 보기는 어렵다. 그것은 정부 안에서 발전주의 국가의 정책이념은 역사적으로 여러 형태를 띠면서 지속된 것이기 때문이다. 발전주의라는 용어 자체가 주류 사회과학자들보다는 비판적 사회과학자들에 의해 고안되어 사용되었고, 그 의미 안에는 다른 모든 가치들을 제쳐놓고 경제성장만을 향해 질주하는 체제에 대한 비판이 담겨있다.

따라서 군부권위주의체제뿐만 아니라 민주화 이후의 민간정부들에서 경제 관련 정부부처 관료를 지낸 이들에게 발전주의는 국가의 강력한 산업정책을 의미할 수도 있고 경제개방을 의미할 수도 있다. 발전주의에 고유한 어떤 정책수단들이 있는 것이 아니라 각종 경제성장 지표들로 확인되는 발전의 추상적 개념이 존재하는 것이다.

발전주의를 하나의 독자적인 이데올로기로 볼 수 없고, 역사적으로 볼 때도 발전주의가 자유주의와도, 파시즘과도, 다양한 형태의 권위주의체제들과도 짝을 이루었다는 것은 전혀 새로운 지적이 아니다. 신자유주의 정책전환과 관련하여 발전주의의 이러한 속성이 중요한 이유는 그것이 국가의 역할을 어떻게 해석하는가와 직결되기 때문이다.

찰머스 존슨이 일본의 급속한 전후 경제발전을 설명하기 위해 사용했던 발전주의 국가의 개념은 한국의 국가가 수행했던 폭넓고 깊은 시장개입 또는 시장창출의 역할을 설명하는 데도 유용한 것으로 간주되어왔다. 일본이 산업화에서 한 세대 이상 앞서 나가있던 서구에 대한 독특한 대응책으로서 고안해낸 산물이었던 발전주의 국가는 일본의 식민통치와 전쟁을 겪으면서 사회에 대해 비대칭적으로 성장한 한국의 국가에도 잘 적용될 수 있는 성장엔진이었다. 발전주의 국가는 사적 소유에 기반을 둔 시장경제와 국가에 의한 계획 및 관리를 결합시킴으로써 고속성장을 일구어낼 수 있었다.

그러나 미성숙한 자본가 집단과 아직 제대로 작동하지 않는 시장기제를 대신하여 국가가 대규모 자본의 축적과 투자를 지휘, 감독함으로써 급속한 성장이 이루어지는 것은 굳이 발전주의 국가의 모형으로 설명할 필요 없이 거센크론(Alexander Gerschenkron) 류의 후발산업화 이론이나 초기 개발경제학자들의 논리로도 설명될 수 있다. 찰머스 존슨이 일본을 비롯한 동아시아 나라들의 정치경제를 발전주의 국가라는 또 다른 개념으로 구분 짓는 이유는 그것이 서구에 대한 비서구 나라들의 "따라잡기 산업화" 과정에서 등장했음을 중요하게 보았기 때문이다. 달리 말해, 존슨의 관점에서 발전주의 국가는 비서구 세계의 경제적 민족주의가 낳은 독특한 결과였다. [63]

경제적 민족주의는 시장에서 원자화된 개인으로 표상되는 소비자, 기업 등과 같은 민간부문의 경제주체들을 기본단위로 간주하는 자유주의에 대비되는 이데올로기였던 중상주의와는 달리 자유주의와 애매모호한 관계를 유지해왔다. 경제적 민족주의에서 국가의 중요성이 강조되는 것은 사실이지만 그것이 곧 국가주의와 동일시될 수는 없다. 경제적 민족주의에서 가장 중요한 가치를 부여받는 것은 민족이라는 공동체이기 때문에 그 공동체의 경제적 복리를 향상시킬 수 있다면 보호주의와 자유무역이 모두 정책수단으로 사용될 수 있는 것이다. [64] 발전주

63) Meredith Woo-Cumings, "Introduction; Chalmers Johnson and the Politics of Nationalism and Development", in *The Developmental State*, ed. Meredith Woo-Cumings(Ithaca: Cornell University Press, 1999), pp. 1~2.

64) Helleiner, "Economic Nationalism as a Challenge to Economic

의 국가는 이 점에서 경제적 민족주의가 20세기 후반의 동아시아에서 등장하면서 갈아입은 새 옷이라고 말할 수 있다.

그렇다면 발전주의 국가는 동아시아, 좁게는 일본, 한국, 대만 같은 사례들에서만 관찰되는 특수한 현상인가? 동아시아 나라들에서의 발전주의 국가는 대체로 다음의 6가지 성격을 갖는 것으로 파악된다.

⑴ 발전주의 국가는 변형의 프로젝트이다. 현재의 경제상황 및 구조를 선진산업국의 그것으로 끌어올린다는 아주 뚜렷한 변형의 목표를 갖고 있다.

⑵ 발전주의 국가는 기술관료주의 논리에 따라 움직이기 때문에 사회의 지대추구적 행위자들로부터 절연되어 있다.

⑶ 발전주의 국가는 사회와 떨어져 존재하는, 단순한 억압적 권력이 아니라 사회 곳곳에 침투해 작동하는 "하부구조적 권력"(*infrastructural power*) 이다.

⑷ 발전주의 국가는 단순히 시장과 사회에 개입하기만 하는 것도 아니고 그로부터 절연된 것도 아니라는 점에서 "내장된 자율성"(*embedded autonomy*) 으로 특징된다.

⑸ 발전주의 국가는 공식적 체제로서 그리고 조직행태로서 권위주의 정치와 밀접히 연관된다.

⑹ 국가주도 산업화를 통해 정부-기업 협력이 일회적이거나 단기적인 것이 아니라 제도화되어 있다. [65)]

Liberalism?".

65) Christopher M. Dent, "The New International Political Economy of East Asia and the Developmental State," in *Developmental States: Relevancy, Redundancy or Reconfiguration?* ed. Linda Low (New York: Nova. 2004), pp. 80~81.

발전주의 국가는 경제력 향상이 전반적인 국가위상 제고에 직결되며, 따라서 국가의 시장개입은 필수적이라고 보는 점에서 중상주의적이다. 좀더 보편적으로 쓰이는 중상주의라는 용어로 대체할 수만 있다면 동아시아 이외의 지역들에서도 얼마든지 발전주의 국가 현상을 찾아볼 수 있다. 이런 관점에서 라틴아메리카 나라들의 발전국가(desarrollista state)와 동아시아 발전국가를 비교하는 작업은 가능하며 의미가 있다.

벤 로스 슈나이더는 브라질과 멕시코에서 특징적으로 나타나는 중남미형 발전국가의 특징을 4가지로 요약한다.

(1) 정치적 자본주의(political capitalism)의 성격을 갖는다. 이윤과 투자에 관한 결정이 시장기제에 따라 이루어지기보다는 국가가 어떤 목표와 전략을 갖고 있는가에 따라 크게 영향받는 체제이다. 달리 말해 기업가로서의 국가가 존재한다는 의미라고 볼 수 있겠다.

(2) 다른 경제활동이 아닌 산업화를 통해 발전을 이루어야 하고, 그 과정에서 국가가 중추적 역할을 한다는 발전의 담론이 지배적이다.

(3) 성인인구 대부분을 정치적으로 배제하는 것이다. 이는 권위주의체제하에서 흔히 발견되는 제한된 다원주의(limited pluralism)를 가리키기보다는 실질적 정치참여가 특정 엘리트 집단에 국한되는 현상을 가리킨다. 폐쇄적 정치계급(clase politica)이 존재한다는 것이다.

(4) 유동적이며 제도화 수준이 낮은 관료기구이다. 흥미로운 것은 이 제도화되지 않은, 즉 직업주의적이지 않은 관료기구의 상층부를 거친 이들이 앞서 말한 정치계급을 형성하게 된다는 점이다. [66]

---

66) Ben Ross Schneider, "The Desarrollista State in Brazil and Mexico", in *The Developmental State*, ed. Woo-Cumings, pp. 278~293.

중남미형 발전국가의 이 4가지 특징 가운데 동아시아 발전국가에서 찾아보기 어려운 한 가지는 유동적이며 제도화 수준이 낮은 관료기구이다. 한국의 경우에서 볼 수 있듯이 국가주도의 급속한 경제성장은 발전 담론으로 무장된 강력한 권위주의적 리더십이 전문적 기술관료기구를 일사불란하게 지휘할 수 있었기에 가능했다. 이는 동아시아 나라들에 산업화 이전에도 이미 존재하던 관료기구의 전통에서 기인하는 바크다. 국가시험을 통한 고급공무원 채용은 사회계층화가 아직 굳어지지 않은 시기에 교육이 계층이동의 주요한 수단이 될 수 있게 했다.

이러한 보편적 충원방식을 통해 구성된 국가관료기구는 나름대로의 전문성과 직업주의를 갖추게 되었다. 특히 경제 관련 관료기구는 권위주의체제하에서 예산과 인력의 배분에서 큰 혜택을 누리면서 정책엘리트 집단을 형성하게 되었다. 그러나 이러한 정책엘리트 집단이 라틴아메리카 나라들에서처럼 하나의 폐쇄적인 정치계급으로 자리 잡지는 않았다. 한국의 발전주의 국가는 정치와 행정의 분리를 중요한 축으로 삼고 있었기 때문이다. 정치와 행정의 분리가 후자의 정치적 독립성을 의미하는 것은 결코 아니지만, 관료집단이 행정실무를 담당하면서 체득한 전문지식과 네트워크는 또 다른 권력자원을 형성하게 되었다.

한국의 정치경제는 앞서 제시한 발전주의 국가의 6가지 요소들을 다 갖고 있으나 특히 변형의 목표, 경제기획원과 같은 지도기관(*pilot agency*)의 존재, 그리고 정부와 기업 사이에 제도화된 협력이 민주화 이후에도 지속되었다. [67] 한국의 발전주의 국가는 국민경제를 어떤 상

---

67) Judith Cherry, "Big Deal or Big Disappointment? The Continuing Evolution of the South Korean Developmental State", *Pacific Review*, Vol. 18, No. 3 (2005), p. 331.

태로 바꾸어놓겠다는 비전을 갖고 있었고, 그 비전을 구체적인 정책목표들로 제시하고 실행하는 관료기구를 갖고 있었다. 재벌로 대표되는 대기업 집단들은 발전주의 국가의 이러한 비전을 공유했고, 정부-기업 관계는 이익의 공동체인 동시에 인식의 공동체를 구성하였다.

앞서 라틴아메리카 나라들의 발전주의 국가와의 비교를 통해 보았듯이 한국을 비롯한 동아시아 나라들의 발전주의 국가의 핵심은 전문적 기능을 수행하는 기술관료집단과 그 행정기구[68]에 있다. 이 국가 관료 집단은 경제라는 자동차의 운전석에 앉아 있었고,[69] 이들이 운전에 사용한 지식과 기술은 뒷자리에 앉은 정치인들이 가르쳐준 것이 아니라 업무수행을 통해 체득한 것이거나 미국을 비롯한 선진산업국들로부터 전수된 정책이념이었다.

한국의 기술관료집단은 단순한 전문가 집단에서 그치지 않고 민주화 이후 본격적으로 하나의 정치세력으로 등장했다. 기술관료들의 "정치화"는 직업관료를 장관급 부서장으로 입각시키는 각료인선 패턴과 긴밀히 연관되어있다.[70] 직업관료의 내부승진을 통한 각료인선은 군부권위주의체제, 특히 박정희 정권 시기에 굳어진 인사패턴이다. 박정희는 정치인에 대한 경멸과 불신이 깊었고, 기술관료집단은 자신의 정책지향을 현실로 옮기는 데 가장 적절한 인적 자원이라고 여겼다. 물론 이러

---

68) 이는 관료기구가 정치적 임명에 의해서 충원되거나 구성되지 않는다는 의미이다. 관료기구가 정치적 독립성을 획득했다는 의미는 아니다.

69) T. J. Pempel, "The Developmental Regime in a Changing World Economy", in *The Developmental State*, ed. Woo-Cumings, p. 144.

70) 양재진, "정권교체와 관료제의 정치적 통제에 관한 연구: 국민의 정부를 중심으로", 〈한국행정학보〉 37권 2호(2003), p. 283; 강원택, "행정개혁과 관료저항", 〈한국사회와 행정연구〉 12권 3호(2001), pp. 8~10.

한 엘리트 충원방식이 자동적으로 정치화된 기술관료집단을 낳는다고 볼 수는 없다. 아무리 경제관료 중심의 각료인선을 한다 해도 최고통치권자로서 대통령 자신이 기술합리적 정책과정을 주도할 능력과 의지를 갖고 있고, 권위주의적 억압기구들을 통해 관료 개개인이 통제될 수 있을 때에는 모피아와 같은 네트워크가 엘리트 친목조직 이상이 되기는 어렵다. 따라서 원인은 민주화에 있다.

이 책에서 제기한 문제는 민주화가 어떻게 기술관료집단의 정치화를 확고하게 만들었는가였고, 그 해답은 상징의 정치와 이익의 정치가 분화된 것에서 찾을 수 있었다.

한국 고속성장의 한 중요한 요인은 "언제든지 그것이 합리적이고 편리하게 가능하다면 재화는 국내에서 만들기로 하고, 특히 금융은 일차적으로 일국적인 것으로 만들자"는 케인스의 제안을 수용했던 "내장된 자유주의"(embedded liberalism) 질서[71]를 냉전체제하에서 적극 활용한 것이었다. 냉전이라는 지정학적 요소는 한국에게 장벽인 동시에 보호막이었다. 냉전이 외생적 요인이라면 한국이 자유주의적 국제경제질서를 유지하되 개별국가의 정책자율성을 동시에 인정했던 내장된 자유주의의 이점을 극대화할 수 있었던 내생적 요인이 바로 발전주의 국가이다. 대중의 인식 속에서 "좋았던 시절"로 남아있는 김영삼 정부 시기가 금융위기로 마무리될 수밖에 없었던 여러 이유들 가운데 하나는 성

---

71) John Maynard Keynes, "National Self-Sufficiency", *The Yale Review*, Vol. 22, No. 4(June 1933). https://www.mtholyoke.edu/acad/intrel/interwar/keynes.htm;John Gerard Ruggie; "International Regimes, Transactions, and Change: Embedded Liberalism in the Postwar Economic Order", *International Organization*, Vol. 36, No. 2(Spring), pp. 379~415.

장에 초점을 맞추는 전통적 발전주의와 조화를 이루기 어려운 자본이
동 자유화가 추진되었다는 데서 발견된다.

김대중 정부가 민주적 시장경제의 수사를 즐겨 사용하면서도 실제
국가-시장 관계는 군부권위주의체제의 유산인 관치경제의 틀을 벗어
나지 못했다는 데 많은 기존연구들이 동의한다.[72] 경제위기를 맞은 신
생민주주의체제가 군부권위주의체제의 경제운용이념이자 테크닉이었
던 발전주의 국가를 새로운 정책목표들을 달성하는 도구로 사용하게
된 것에 대해 두 가지 해석이 가능하다.

첫째는 김대중 정부가 발전주의 국가에 의존함으로써 경제위기를 한
국자본주의의 (긍정적 의미에서의) 자유주의적 개혁을 이루는 기회로
삼지 못했다고 보는 것이다. 경제위기의 원인을 개별국가가 통제하기
어렵게 된 글로벌 금융만큼이나 한국자본주의의 내부결함에서 찾는 시
각에서 이러한 해석이 나온다. 발전주의 국가의 온존은 곧 개혁의 실종
이다. 이 시각은 김대중 경제개혁의 실패를 설명할 때 국내외 관찰자들
에 의해 널리 사용된다.

두 번째 해석은 김대중 정부가 발전주의 국가의 긍정적 성격, 즉 경
제적 민족주의에 바탕을 두고 자유주의 국제경제질서에 공격적으로 적
응했던 경제관료기구를 유지 또는 부활시킬 능력과 의지가 부족했다고
보는 것이다. 이 책은 이 두 번째 해석에 바탕을 둔다.

발전주의 국가가 유지됨으로써 정책전환이 발생하는 데 우호적인 환
경이 조성된다는 것을 확증하는 한 방법은 정부-기업 관계를 들여다보

---

72) 예로서 이연호, "김대중 정부의 경제개혁과 신자유주의적 국가등장의 한계:
　　동아시아 개발도상국의 한 사례", 〈한국정치학회보〉 33집 4호(1999),
　　pp. 287~307 참조.

는 것이다. 한국의 정부-기업 관계는 영미식 자본주의 모델이나 유럽식 자본주의 모델과는 다른 특성들을 갖고 있다. 정부와 기업이 각각의 독자적인 권위영역으로 존재하는 영미식 자본주의와는 달리 한국의 정부-기업 관계는 국가주도 산업화 과정에서 제도적으로 융합되어왔다. 정부와 기업이 독자적인 권위영역으로서 존재하기는 하지만 이익대표 체계를 통해 정부-기업 소통이 긴밀히 이루어지는 유럽 모델은 한국식 자본주의와 닮은 점이 많다. 그러나 정부와 기업을 이어주는 이익대표 체계가 제대로 자리 잡지 못한 상태에서 한국식 발전모델은 부정적 형태의 정경유착으로 이어질 가능성이 높았다. 외환위기 이후 한국식 발전모델의 정실자본주의적 측면을 부각시키는 비판은 바로 이 점에 주목한 결과였다.

3) 고착된 관료제와 정책전환

제 2절에서 보았던 것처럼 김대중과 노무현 두 대통령, 그리고 그들을 가장 측근에서 보좌했던 핵심 정치인들이 상징의 정치영역에서 어떻게 이길 것인가를 고민하는 가운데 실제 경제정책의 결정과정은 기술관료들에 의해 장악되었다. 특히 경제 및 외교 관련 정부부서들과 국책, 민간 싱크탱크를 중심으로 형성된 기술관료 네트워크는 이 두 개혁주의 정부 10년 동안 신자유주의적 경제개혁과 무역자유화가 결정되고 추진되는 과정의 핵심에 자리 잡고 있었다. 김대중 대통령은 재벌개혁의 수사에도 불구하고 대우전자 사장 출신인 배순훈을 정보통신부 장관으로 임명했다. [73]

---

73) 장상환, "김대중 정권 경제정책의 성격과 전망", 〈경제와 사회〉 38호

군부권위주의로부터의 실질적 이행을 이룬 김영삼 정부와 그 뒤를 이어 최초의 실질적 정권교체를 이룬 김대중 정부는 그 역사적 의미에도 불구하고 "실로 관료가 지배하는 정부"[74]였다. 그 뒤를 이은 노무현 정부도 이 굴레에서 벗어나지 못했다.

김대중 정부는 외환위기 극복 과정에서 "작지만 오히려 강력한 정부"의 필요성을 강조했다.[75] 청와대 조직을 축소하는 것에서 시작하여 재정경제원의 기능을 분산시키는 등의 정부조직개혁이 이루어졌으나 그것을 "정부 개입의 축소 혹은 시장의 자율적 기능의 확대"라고 보기는 어려웠다.[76] 신자유주의 정책전환이 진정한 의미에서의 경제적 자유주의 철학에서 비롯된 것이라면 정부조직 합리화는 어떤 형태로든 이루어졌어야 할 과제이다. 기술관료들의 인적 네트워크에 포위된 김대중 정부가 이러한 과제를 제대로 수행하기는 어려웠을 것이라고 말할 수 있다.

그러나 다른 한편으로는 첨예한 경제적 이해관계가 얽혀있는 시장 안에서 민간경제주체들이 스스로 구조조정을 하기에는 당면한 외환위기의 심각성이 너무 컸던 당시 현실을 고려한다면 정부만이 구조조정의 주체가 될 수밖에 없었다고 볼 수도 있다. 민주적 시장경제의 정책이념이 왜곡되지 않은 시장질서를 확립하는 동시에 시장경쟁에서의 열

(1998), p. 150.

74) 조우현, "김대중 정부 노동부문 개혁의 평가와 과제", 〈한국행정학회 2001년도 춘계학술대회 발표논문집〉, p. 140.

75) 장상환, "김대중 정권 경제정책의 성격과 전망", 〈경제와 사회〉 38호 (1998), p. 147.

76) 양재진, "정권교체와 관료제의 정치적 통제에 관한 연구", p. 272; 강원택, "행정개혁과 관료저항", p. 6.

패자에 대한 보상을 약속하는 것이었기 때문에 군부권위주의체제에서와 같은 국가개입은 아니더라도 정부의 중추적 역할에 대해 어떤 심대한 수정이 가해지기는 어려웠다. 이는 보겔이 말하듯이, 국가의 덩치를 줄이는 것 자체를 국가가 할 수밖에 없는, 즉 시장이 비경제적 논리로부터 자유로울수록 오히려 더 많은 게임의 규칙이 만들어지는 역설을 보여주는 것이기도 하다.[77]

외환위기 이후 부과된 글로벌 경제의 외부압력은 분명히 존재하는 것이었지만, 그것을 계기로 발전주의 국가가 완전히 해체되었다고 볼 수는 없다. 오히려 많은 기존연구들이 지적하듯이, 신자유주의 경제이념의 확산은 김대중 정부와 노무현 정부로 하여금 국가의 시장개입을 새로운 형태로 변환시키는 계기를 제공했다.

신자유주의 정책전환과 발전주의 국가의 연결고리를 잘 보여주는 경험적 근거들 가운데 하나는 김대중 정부에서의 대규모 사업교환, 즉 "빅딜"이라고 불렀던 조치이다. 이른바 "5 + 3 조치"로 시작된 재벌개혁은 1998년 2월 24일, 즉 대통령 취임식 전날까지 재벌기업들로 하여금 산업 구조조정 계획을 제출하도록 통보했다는 언론보도를 둘러싼 공방에서 그 성격을 잘 알 수 있다.

새로이 들어설 정부는 보도내용을 부인했지만 재벌기업들은 계획서를 제출했고, 그 계획서들은 구체성이 떨어진다는 이유로 거부되었다. 재벌개혁이 권위주의적 방식으로 이루어진다고 보는 여론의 압력을 느낀 김대중 정부는 산업 구조조정은 시장기제를 통해 이루어질 것이라고 발표했다. 하지만 실제로 정부는 과잉투자와 사업중복이라고 판단

---

77) Steven K. Vogel, *Freer Markets*, *More Rules: Regulatory Reform in Advanced Industrial Countries* (Ithaca: Cornell University Press, 1998).

되는 분야들을 선정하여 재벌기업들에게 사업교환을 통해 구조조정에 들어갈 것을 권고했다. 1998년 10월에 이르러서도 재벌기업들은 정부가 정한 시한을 지키지 않았고, 이에 반재벌 정서를 등에 업은 정부는 해당기업들에 대한 금융제재 가능성으로 위협했다. 김대중 대통령이 5대 재벌 총수들을 청와대 만찬에 초대하지 않음으로써 정부의 재벌에 대한 불만이 최고조에 달했음이 알려졌고, 마침내는 공정거래위원회까지 동원되어 재벌에 대한 처벌적 조치가 있을 것임을 경고했다. 78)

빅딜의 과정 전반에 걸쳐 정부가 얼마나 깊숙이 관여했는지를 가장 단적으로 보여주는 사례는 반도체 분야였다. 〈표 5-4〉에서 볼 수 있듯이 원래 정부계획은 현대전자와 LG반도체의 합병이었지만, 실제로는 현대전자가 LG반도체를 인수하는 형식으로 진행되면서 양사 간의 마찰이 끊이지 않았다. 급기야는 LG반도체가 현대전자측의 지배주식 소유에 반대하여 협상 자체를 무산시키려 했다. 이에 정부는 LG의 채권은행들로 하여금 신규대출을 중단하게끔 만들었다. 1999년 1월에 LG가 하이닉스의 지배주식 포기선언을 함으로써 이 사태는 일단락되었다. 그 대신 LG는 통신분야 주도기업들 가운데 하나였던 데이콤에 대한 경영권을 확보함으로써 "보상 차원의 빅딜"이라는 논란을 불러일으켰다. 79) 이러한 일련의 사태들은 빅딜 자체가 발전주의 국가의 제도적 유산들이 작동함으로써 가능했음을 보여준다.

여기서 중요한 것은 빅딜과정에서 발견되는 발전주의 국가의 지속성이 아니라 그것이 지속되는 양태이다. 당시 금융감독위원장으로서 빅딜

---

78) Judith Cherry, "Big Deal or Big Disappointment? The Continuing Evolution of the South Korean Developmental State", *Pacific Review*, Vol. 18, No. 3 (2005), pp. 334~336.

79) Cherry, "Big Deal or Big Disappointment?", pp. 339, 342.

을 주도하면서 "한국의 사실상 경제지도자이며 권력서열 2인자"[80] 로 묘사되었던 이헌재가 대통령과의 독대를 한 번밖에 갖지 않았을 만큼[81] 경제분야 기술관료들의 정책과정에 대한 장악력은 커졌다. 우정은이 지적

〈표 5-4〉 김대중 정부하에서의 빅딜 (2001년 12월 31일 기준)

산업유형	정리대상 기업	주요 내용	진행 상태
항공우주	삼성항공 대우중공업 현대우주항공	3개 기업 합병하여 한국항공우주 설립	완료
자동차/전자	삼성자동차 대우전자	대우자동차가 삼성자동차 인수	삼성자동차는 대우 도산 후 르노에 매각 대우자동차는 GM에 매각 대우전자는 외국투자자들에 매각
		삼성그룹은 대우전자 인수	
정유	현대오일뱅크 한화에너지	현대오일뱅크가 한화에너지의 정유 부문 사업을 인수	완료
석유화학	삼성종합화학 현대석유화학	양사 합병	무산됨
발전설비	한국중공업 삼성중공업 현대중공업	삼성중공업과 현대중공업의 자산을 한국중공업으로 이전	완료
철도차량	현대정밀 대우중공업 한진중공업	합자회사 형식으로 한국철도차량 설립	완료
반도체	현대전자 LG반도체	양사 합병	현대전자가 LG반도체를 인수해 하이닉스 반도체 설립
선박엔진	한국중공업 삼성중공업	한국중공업이 삼성중공업의 선박엔진 부문 사업을 인수	완료

출처: Cherry, "Big Deal or Big Disappointment?", pp.337~338.

---

80) 신현만, "구조조정, 더 강하게!", 〈한겨레21〉 1999년 5월 20일.
81) 지주형, "한국 국가형태와 권력행사방식의 전환: 권위주의 개발국가에서 신자유주의 국가권력으로", 〈한국정치학회보〉 43집 4호 (2009), p. 187.

한 것처럼 "위기 이전보다 한층 심화된" 국가의 시장개입은 "발전주의 관료제에 새로운 활력을 불어넣는" 효과를 낳았다.[82]

노무현 정부는 직전 정부에 비해서도 경제분야 전문가 네트워크 측면에서 미흡한 점이 많았다. 민주당 고문 시절부터 노무현을 지지해온 당 내외 세력의 핵심을 구성하는 "386세대" 정치인들 가운데 일부는 재벌과의 정책 패러다임 동질화를 강조하는 행보를 보였다.[83]

노무현 정부 초기의 경제정책 패러다임이 삼성경제연구소에서 작성된 보고서를 토대로 구축되었다는 사실[84]만큼 이 두 번째 개혁주의 정부의 이념적 빈곤을 잘 보여주는 것은 없다. 이러한 인적 자원의 결핍을 메우는 가장 손쉬운 방식이 기존의 경제관료들을 활용하는 것이었다. 노무현 정부에서 재정경제부 장관과 교육인적자원부 장관으로서 두 차례에 걸쳐 부총리를 지내고 열린우리당 정책위의장을 역임한 김진표가 그 대표적인 예라고 볼 수 있다.[85] 참여정부 출범 1년이 채 안되는 2003년 말에 이미 관료출신 중심의 고위공직자 인선이 대세로 자리 잡았다. 모피아의 좌장격인 이헌재가 경제부총리로 임명된 것이 가

---

82) Meredith Woo-Cumings, "Miracle as Prologues: The State and the Reform of the Corporate Sector in Korea", in *Rethinking the East Asian Miracle*, ed. Joseph E. Stiglitz and Shahid Yusuf(New York: Oxford University Press, 2001), p. 345; 양재진, "발전 이후 발전주의론: 한국 발전국가의 성장, 위기, 그리고 미래", 〈한국행정학보〉 39권 1호(2005), p. 12.

83) 박권일, "민주노동당 심상정 의원 인터뷰─노무현 대통령과 '386' 의원, 이미 재벌과 유착", 〈월간 말〉 222호, 2004년 12월, p. 139.

84) 소종섭, "노무현-이건희 '밀월의 나날'", 〈시사저널〉 707호, 2003년 5월 15일.

85) 선대인, "경제민주화 관료체제가 문제다", 〈주간경향〉 965호, 2012년 2월 28일.

장 두드러지는 인선이지만, 경제부서뿐만 아니라 요직들에 이공계 출신 인사들을 기용한 것도 노무현 정부가 이른바 "실용노선"을 일찍부터 강조했음을 보여준다. 또한 경제관료들을 비경제분야 부서의 수장으로 임명함으로써 국정운영 전반에 걸쳐 신자유주의 이념이 강화되었다. "정치는 멀리하고 경제는 가깝게 하겠다"는 참여정부의 실용노선은 정권 후반기로 접어들면서 더욱 강화되었다. 86)

하지만 고착된 관료제의 위력을 잘 보여준 것은 역시 한·미 자유무역협정이 구상되고 추진되는 과정이었다. 이미 김대중 정부 시기인 1999년에 당시 한덕수 통상교섭본부장을 주축으로 한미 투자협정 추진 논의가 이루어졌고, 이는 한·미 자유무역협정을 위한 일종의 사전작업이라는 추측이 난무했다. 87) 그러나 김대중 정부는 외환위기 수습과정에서 급속한 시장지향적 경제개혁을 실행에 옮긴 상황이었기 때문에 미국에 대한 전면 경제개방이라는 도전을 감당할 만한 정치적 자원이 충분하지 않았다.

대통령 5년 단임제하에서 임기 4년차에 접어들면 어김없이 찾아오는 권력누수 현상을 겪던 김대중 정부가 미국과의 무역자유화를 추진할 여유는 없었다. 노무현 정부 역시 한·미 자유무역협정을 처음부터 주요 정치의제로 올려놓지는 않았다. 그 이유는 참여정부가 시장개방론에 맞서는 일관된 대외경제정책을 갖고 있어서라기보다는 동북아 금융 허브 구축과 같이 상징적 효과가 강한 정책담론에 열중했기 때문이다. 88)

---

86) 정병기, "참여정부 이후 정치적 파워엘리트의 교체와 전망: 열린우리당과 노무현 정부의 성격 가늠자", 〈문학과 경계〉 2005년 여름호, pp. 83~84.
87) 서준섭, "한미 FTA 통상독재와 통상관료의 독주", 〈시민과 세계〉 12호 (2007), p. 86.

한·미 자유무역협정의 추진과정을 들여다보면 한미 관계에서도 발전주의 국가의 주요 특징 가운데 하나였던 고착된 관료제의 역할이 얼마나 큰지를 알 수 있다. 일단 국가 간 협정을 맺는 사안이므로 외무관료들의 실무역할이 클 수밖에 없었다. 외교통상부 자체의 유별난 폐쇄성은 고밀도의 정책 네트워크가 자리 잡기에 최적의 환경이었다.

　그러나 한·미 자유무역협정의 필요성을 하나의 정책 패러다임으로 제시한 것은 외무관료들이 아니라 경제관료들이다. 관료기구와 관련하여 권위주의체제에서의 발전국가가 남겨놓은 최대의 유산은 재무부-경제기획원의 분리체제에서 재정경제원, 재정경제부를 거쳐 현재의 기획재정부로 이어져온 경제분야 기술관료들의 공식적·비공식적 조직이었다.

　김영삼 정부에서의 "얕은 신자유주의화"[89] 과정에서 경제기획원이라는 이름이 사라지고, 그 기구를 통해 군부권위주의체제에서 정부가 누렸던 거시경제운용 자율성도 대폭 줄어들기는 하였으나 그 조직의 인적 네트워크와 정책문화는 그대로 남아있다. 박정희 정부에서 창설된 이래로 경제기획원은 단순히 하나의 정부부서가 아니라 사실상 국방과 외교를 제외하면 모든 정부부서들 위에 군림하는 수뇌조직이었다.[90] 경제부처들 가운데 재무부는 경제기획원이 입안한 정책들을 실

88)　"허브" 담론은 김대중 정부 때 제시되었던 내용을 노무현 정부가 이어받은 것이다. Wan-Soon Kim and You-il Lee, "Korea's FDI-Led Economic Liberalism: A Critical View", *Asian Perspective*, Vol. 32, No. 1(2008), pp. 174~175.

89)　윤상우, "외환위기 이후 한국의 발전주의적 신자유주의화", p. 50.

90)　Vivek Chibber, "Bureaucratic Rationality and the Developmental State", *American Journal of Sociology*, Vol. 107, No. 4(January 2002), p. 973.

행에 옮기는 부서의 성격이 강했다.

이처럼 경제기획원이 재무부를 사실상 통제하는 관계는 김영삼 정권의 정부조직개편을 통해 두 부서가 통합되면서 종지부를 찍었다. 재정경제원 안에서 기존에 경제기획원이 표상했던 국가주도 발전주의의 이념과 조직은 모두 형해화(形骸化)되기 시작했다. 그 대신 시장지향적 경제정책들을 선호하는 재무부 출신 관료들이 정책과정을 장악하게 되었다. 이른바 "모피아"가 등장한 것이었다. 91)

노무현 정부가 상징의 정치에 몰입한 동안 재정경제부에서 발원하여 외교통상부로의 개편을 통해 더욱 이념적 일체성이 강화된 기술관료집단의 움직임은 꾸준하고 치밀했다. 2003년 9월 국무회의에 "FTA 추진 로드맵"이 보고되었고, 2004년 7월 김현종이 통상교섭본부장으로 임명되면서 무역자유화 영역의 정책전환이 빠른 속도로 진행되었다. 92) 김현종은 국내 학연, 지연 등이 거의 없는 외부 영입인사라는 점에서 국내적 저항이 클 수밖에 없는 자유무역협정을 몰아붙이는 데 적임자라고 간주되었고, 그의 "적극적인 통상관은 노무현 대통령의 '코드'와도 일치"하는 것으로 평가되었다. 93)

김현종은 한국 발전주의 국가가 만들어낸 전형적인 행정관료와 거리가 먼 이력을 갖고 있었다. 그는 고시 출신도 아니고, 미국에서 대학교육을 받은 후 월스트리트 로펌, WTO, 국내 법률회사 등에서 경력을 쌓은 인물94)로서 통상교섭본부 협상팀 일부를 자신과 같은 외부인재

---

91) 이대희, "'모피아 공화국'…왜 이헌재를 두려워하나", 〈프레시안〉 2012년 9월 26일. http://www.pressian.com/news(검색일: 2014. 1. 20).

92) 서준섭, "한미FTA 통상독재와 통상관료의 독주", pp. 87, 92.

93) 이형삼, "김현종 신임 외교통상부 통상교섭본부장 '공격적 개방' 부르짖는 'FTA 전도사'", 〈신동아〉 통권 540호(2004), pp. 120~127.

를 공모하는 형식으로 충원하기도 했다. 95)

김현종과 같은 외부 영입인사를 통해 한·미 자유무역협정의 세밀한 내용들이 입안되고 추진되었다는 점이 일견 기존 발전국가 관료제의 작동방식과는 다르다고 생각할 수도 있다. 그러나 그보다는 김현종과 그가 진두지휘했던 통상교섭본부는 민주화 이후 조직적 측면에서 훨씬 그 외연이 확장되고 인적 자원이 풍부해진 고착된 관료제의 면모를 보여주는 것이라는 해석이 더 정확하다.

외교통상부 자체가 그 업무의 성격상 중앙정부 부처 가운데 가장 사회로부터의 절연성이 강하기 때문에 통상교섭본부 또한 시장개방에 저항하는 국내행위자들의 영향을 덜 받는다는 설명이 가능하다. 발전주의 국가의 엘리트 관료기구가 유관기업들에게 정책방향을 제시하고 경영에 직간접적으로 영향을 미치는 세부지침까지 하달하는 모습이 여전히 남아있다는 것이다. 이러한 설명은 "국가능력"(state capacity) 개념으로 대표되는 신중상주의적 시각에서 주로 제시된다.

물론 청와대, 경제관료, 재벌, 국내진출 외국자본, 주류 경제학자들, 보수언론으로 구성된, 느슨한 의미의 폐쇄적 정책서클이 존재했다고 보는 주장96)에 상당한 근거가 있음을 부정할 필요는 없다. 이 파워 엘리트론의 문제점은 그것이 내포하는 도구주의적 국가론의 단순함에 있다. 따라서 정책전환에 대한 더 풍부한 설명을 위해서는 통상교섭본부라는 특정한 한 부처에서 집약적으로 표출되었던 고착된 관료제의 상

---

94) 이형삼, "김현종 신임 외교통상부 통상교섭본부장 '공격적 개방' 부르짖는 'FTA 전도사'."

95) 이승주, "한국 통상정책의 변화와 FTA", p. 122, 각주 22.

96) 서준섭, "한미 FTA 통상독재와 통상관료의 독주", 〈시민과 세계〉 12호 (2007), p. 89.

대적 자율성에 주목할 필요가 있다. 다른 어떤 정부부서보다도 경제기획원-재정경제원-재정경제부가 크게 누렸던 상대적 자율성은 군부권위주의체제 시기부터 형성된 것이다. [97]

한·미 자유무역협정을 정치적으로 결정한 것은 노무현 대통령이었지만, 그것은 27년 동안 지속됐던 군부권위주의체제에서 형성되고 강화되어온 "발전담론연합"에 의해 실질적으로 뒷받침되었다. 이 발전담론연합의 구성은 〈표 5-5〉과 같이 요약될 수 있다.

고착된 관료제의 핵심은 "모피아"라는 별칭으로 불리는 재정경제부(현재의 기획재정부) 소속 또는 출신 관료들의 인적 네트워크이다. 한·미 자유무역협정이 체결되었던 노무현 정부 시기에는 외교통상부 관료들이 경제분야 전문가들은 아니지만 신자유주의 정책전환을 실행에 옮

〈표 5-5〉 발전담론연합의 구성

범주	부서명/단체명
정부 관련부처	외교통상부(통상교섭본부), 산업자원부, 재정경제부, 한미FTA지원위원회, 대외경제위원회, 대외경제장관위원회
정부산하 연구기관	대외경제정책연구원, 산업연구원, 한국개발연구원
경제단체	전국경제인연합회, 대한상공회의소, 한국무역협회
민간 연구기관	무역협회 무역연구소, 삼성경제연구소, 현대경제연구원
민간단체	바른 FTA 실현국민운동본부, 한미 FTA 민간대책위원회
언론	조선일보, 매일경제신문

출처: 장지호, "한미자유무역협정(FTA)의 내부 담론분석", 〈한국정책과학학회보〉 11권 2호(2007), p.35, 〈표 1〉.

---

97) Kelley K. Hwang, "South Korea's Bureaucracy and the Informal Politics of Economic Development", *Asian Survey*, Vol. 36, No. 3 (March 1996), p. 318.

기는 작업을 이끌었다.[98] 노무현 대통령이 한·미 자유무역협정을 맺어야 하는 이유로 제시했던 경제논리는 "제조업 분야에서의 중국의 추격에 대응해 한국경제가 서비스 분야에서 새로운 성장동력을 구축"[99]한다는 것이었다. 제조업 부문에서 서비스 부문으로의 이행을 산업구조 선진화의 결정적 단계로서 강조해왔던 경제관료들의 정책이념이 반영된 논리였지만 노무현의 "중국추격론"은 신자유주의보다는 신중상주의에 가까운 것이었다. 미국과의 협상에서 한국측 수석대표였던 김종훈은 "정부 각 부처에는 한미 FTA가 한국이 선진통상국가로 가기 위해 꼭 넘어야 할 산이라는 전반적 인식이 있었〔다〕"고 말한다.[100] 이익의 정치는 고착된 관료제가 제공하는 조직적 울타리 안에서 그들만의 리그로 진행되었던 것이다.

---

98) 노주희, "한미 FTA 추진의 겉과 속: 정치권과 관료사회의 경우", 〈노동사회〉 2006년 6월호, p. 41.

99) 이병천, "노무현 정부는 왜 한미 FTA로 돌진했나?", 〈프레시안〉 2006년 11월 8일. http://www.pressian.com/news(검색일: 2014. 1. 26).

100) 최병일, "인터뷰: 김종훈 통상교섭본부장(당시 한미 FTA 협상 수석대표)", *Negotiations and Korea*, 1권 1호(2008), p. 8.

결론

   결론에서는 이 연구의 이론적, 규범적 함의를 제시한다. 사회과학 저술에서 경험적으로 무엇을 관찰하였고, 그것이 해당현상에 대한 이론적 설명이나 이해에 어떤 변화를 가져다주었는지를 결론에서 다루는 것은 필수적이다. 여기에 규범적 함의를 추가하는 것은 다소 섣부른 작업이 될 수도 있으나 정책전환이라는 현상의 성격상 필요하다.

   정책전환은 만일 그것이 경제적으로 바람직한 결과를 가져왔다 하더라도, 그래서 시민들이 공약을 어긴 정부를 처벌하지 않고 오히려 지지를 보낸다 하더라도 그냥 내버려둘 수는 없는 현상이다. 그것은 안착된 민주주의의 기본요건인 반응성과 책임성을 충족시키지 못하는 신생 정치체제의 불안정성과 미성숙을 증명하는 것이기 때문이다. 더구나 신자유주의 정책전환의 사회적 결과가 불평등 심화와 그로 인한 민주주의 수행도에 대한 불만[1]의 증대라면 신중한 규범적 논의가 이

---

1) 민주주의 수행도에 대한 불만과 민주주의에 대한 불만은 엄밀히 구분되어야 하는 것이지만 양자가 긴밀히 연관되어있음은 부정하기 어렵다. 후자의 측 정치는 금융위기 때인 1998년에 56%였던 것이 노무현 정부 첫해인 2003년에는 39%로 낮아졌으나 2006년에는 52%로 다시 치솟았다. 조영호·조진

루어질 필요가 있다.

이 책에서 필자는 한국과 같은 신생민주주의체제에서 민중부문의 지지를 받아 집권한 정부들이 빈번하게 시장친화적 경제정책을 결정하고 추진하는 원인을 정책전환에 대한 기존문헌에서 강조되는 제도적 요인들과 함께 민주화와 발전주의 국가의 맥락적 요인들에서 찾았다. 정책전환에 대한 기존문헌은 시장지향적 경제개혁을 급격하게 추진했던 정권의 성격이라는 관점에서 한국 사례에 대해서도 상당한 적실성을 갖는다.

김대중 정부와 노무현 정부 모두 오도넬이 말하는 위임민주주의의 전형에 가까운 정권들이었고, 그들의 집권은 상당 정도 한국 유권자들의 민중주의적 성향에 기인한 것이었다. 집권 이후에 김대중 정부는 정당보다는 사조직을 중심으로 하는 의회외적 기구들에 의존했고, 노무현 정부의 경우에도 집권당과 실질적으로 분리되어버린 대통령이 국민과의 직접소통을 시도하는 방식의 정치과정을 운영했다. 또한 글로벌 경제와의 관계에서도 한국은 라틴아메리카 못지않게 시장의 변덕스러움에 취약한 구조를 갖고 있었다.

그러나 이러한 요인들이 미국이 주도하는 국제경제기구들과 신용평가기관들의 경제개혁 요구에 순응하거나 오히려 앞서 가는 정책들을 두 개혁주의 정부들이 취했던 이유를 충분히 설명해주지는 못한다. 이 책은 그렇게 앞서 가는 정책전환이 특히 민주화 이후에 왜 빈번히 이루어지는가를 설명하려는 시도였다.

만·김용철, "선거와 민주주의에 대한 만족: 과정과 결과", 〈한국정치학회보〉 47집 2호(2013), p. 64. 이는 사회경제적 영역에서의 대중의 불만을 간접적으로 보여주는 것으로 해석할 수 있다.

1980년대만 하여도 부상하는 일본의 경제력 앞에서 영미식 자본주의의 비효율성을 논하던 서구 학자들은 1990년대 후반 아시아 경제위기를 앞선 일본경제의 성장둔화와 연결시키면서 동아시아 경제기적은 현실이기보다는 신화였으며, 그 제도적, 관행적 바탕은 정실(情實) 자본주의라는 조롱 섞인 논의를 내놓기 시작했다.[2]

동아시아 발전모형의 근본적 결함에 대한 논의는 그 성격상 완결되기 어려운 것이고, "자본주의 다양성"이라는 관점에서 끊임없는 경험적 분석이 제시되어야 하는 문제영역이다. 동아시아 나라들의 국가주도적이고 정경유착에 근간을 둔 발전전략이 그 역사적 기능을 모두 수행하였고 이제 용도폐기될 시점이라는 시장근본주의자들의 논의를 완전히 받아들이지는 않는다 하더라도 기업지배구조와 노동시장 선진화를 위한 "긍정적 방향의" 경제개혁은 중장기적으로 필요한 것이었다.

한국의 개혁주의 정부들은 이 진정한 개혁의 기회를 놓쳤고, 그 근본적 원인은 독자적인 경제정책 패러다임과 그것을 추진할 수 있는 인적자원을 갖고 있지 못했다는 데 있다.

---

2) Meredith Woo-Cumings, "Introduction; Chalmers Johnson and the Politics of Nationalism and Development", in *The Developmental State*, ed. Meredith Woo-Cumings (Ithaca: Cornell University Press, 1999), pp. 1~31; David C. Kang, *Crony Capitalism: Corruption and Development in South Korea and the Philippines* (New York: Cambridge University Press, 2002), pp. 2~3.

1. 이론적 함의

한국에서 민주주의 붕괴 가능성이 결코 높지 않음에도 불구하고 민주주의의 질에 대한 평가가 긍정적이지 않은 한 이유는 사회경제적으로 중하층에 속하는 집단의 성격에서 찾을 수 있다. 이들은 급속한 산업화를 통해 생활수준의 향상을 경험하는 동시에 민주화를 통해 과도하게 정치화된 집단이다. 이들의 사회경제적 조건의 향상은 동시에 상대적 박탈감의 증대를 가져왔고,[3] 김대중 정부의 등장시점에 시작된 경제위기는 한국의 유권자들이 지역주의와 더불어 경제적 불안을 중요한 정치적 선택의 기준으로 삼게 만들었다.

여느 신생민주주의 나라들과 마찬가지로 한국에서도 경제위기와 이후 정부의 경제적 수행도에 관련하여 민주주의에 대한 실망이 대중적 수준에서 관찰되었다. 한 예로 1996년에서 1999년 사이의 한국 민주주의에 대한 대중의 인식이 어떻게 변화했는가를 측정한 한 조사에 의하면, "때로는 권위주의체제가 더 나을 수도 있다"고 응답한 사람들의 비율은 1996년에는 17%였던 것이 1997년에는 20%로 조금 늘어나더니 외환위기의 정점이었던 1998년에는 31%로 치솟았다.[4]

민주주의에 대한 절차적 정의 또는 최소정의를 받아들인다면, 즉 개

---

3) Mark J. Gasiorowski, "Economic Crisis and Political Regime Change: An Event History Analysis", *American Political Science Review*, Vol. 89, No. 4 (December 1995), p. 884.
4) Korean Democracy Barometer Survey, 1996~1999; 장훈, "이행에서 공고화로! 정치경제에서 문화와 사회로?", 〈한국정치학회보〉 35집 1호(2001), p. 403에서 재인용.

방적이고 자유롭고 공정한 선거를 통해 행정부와 입법부가 구성되는 체제로서 민주주의를 이해한다면 한국에서 신생민주주의의 출발점은 1987년 민주적 개방 이후 대통령 직선제 개헌을 통해 제6공화국이 들어선 시점이다. 노태우 정부는 군부권위주의체제의 인적, 제도적 연속선상에서 통치하기는 했으나[5] 이를 사하라 사막 이남 아프리카와 구 사회주의권 독립국들, 그리고 동남아 일부 나라들에서 볼 수 있는 선거 권위주의나 경쟁적 권위주의로 분류하기는 어렵다.[6]

노태우 정부까지 포함하여 한국의 신생민주주의체제는 현재에 이르기까지 권위주의로의 어떤 가시적 회귀를 보였다고 판단하기 어렵다. 라틴아메리카 나라들과는 달리 군부가 하나의 제도 또는 정치적 이익 집단으로 존재하기 어려웠을 뿐만 아니라 그나마도 김영삼 정부의 사정개혁을 통해 정치군인들의 인적 네트워크가 철거된 결과로 한국에서 군부의 쿠데타 가능성은 아주 낮다. 그리고 민주주의라는 경기의 규칙을 전면 부정하는 반체제정당이 존재한다고 볼 근거도 거의 없다.

그렇다면 한국의 민주주의는 공고화 단계에 들어선 것인가? 정책전환에 대한 관심은 바로 이 질문에 대한 대답이 매우 복합적일 수밖에 없다는 시각에 바탕을 둔 것이다. 민주주의 공고화와 신자유주의 정책전

---

5) 노태우 정부의 이행기적 성격에 대해서는 강원택, "서언: 노태우 리더십의 재평가", 강원택 편, 《노태우 시대의 재인식: 전환기의 한국사회》(파주: 나남, 2012), pp. 15~38 참조.

6) 선거권위주의와 경쟁적 권위주의에 대해서는 각각 다음을 참조. Andrea Schedler, "Electoral Authoritarianism", in *The Sage Handbook of Comparative Politics*, ed. Todd Landman and Neil Robinson(London: Sage, 2009), pp. 381~393; Steven Levitsky and Lucan A. Way, "The Rise of Competitive Authoritarianism", *Journal of Democracy*, Vol. 13, No. 2 (April 2002), pp. 51 ~65.

환의 관계 자체가 복합적이다. 양자는 상당한 연관성을 가지면서도 반드시 인과관계를 가질 필요는 없는 현상들이다. 결론부터 말하자면 민주주의 공고화가 민주주의의 질 향상을 보장해주는 것은 아니다. 신자유주의 정책전환은 민주주의의 질에 관련된 문제이며, 그 질을 가늠하는 핵심기준은 다양한 사회경제적 정책 패러다임들 간의 실질적 경쟁이 가능한가 여부이다. 그러한 "사고의 자유경쟁시장"이 존재할 수 있도록 국가와 시민사회 모두의 이념적 내용이 두터워지는 방향으로 민주주의 공고화의 개념은 확장될 필요가 있다.

김대중 정부의 등장은 단순한 정권교체가 아니라 한국사회 전반에 걸친 권력구조의 상당한 변화를 가져온 실질적인 권력이동을 예고하는 것이었다. 군부권위주의체제하에서 정치적으로 사회경제적으로 가장 배제되었던 호남지역에 핵심 지지기반을 두는 김대중이 집권하고 그것에 대한 어떤 체제외적 반격이 없었다는 사실은 1987년 민주적 개방 이후 진행되어온 절차적 민주주의의가 확립되었음을 의미했다. 김대중의 집권을 한 단계 진전된 민주화라고 볼 수 있는 이론적, 경험적 근거는 미약하지만, 많은 한국인들에게 1997년 대통령 선거결과는 민주화의 완성처럼 인식되었다. 군부권위주의체제하에서 차별과 억압의 대상이었던 호남 출신의 야당 지도자가 최고통치권자의 자리에 오른 것만으로도 민주화의 목표는 상당정도 달성된 것으로 보는 것이다.

그러나 동시에 이러한 정치적 성취가 가능했던 이유를 1997년의 외환위기에서 찾는 시각도 있다. 즉, 김대중의 대통령 당선은 외환위기가 아니었으면 힘들었을 것이라는 논리와 연관된 것인데, 이는 다시 김대중 정부에서의 정책전환은 많은 라틴아메리카 사례들처럼 상황전개에 따른 결과였다고 보는 시각으로 연결된다.

어떤 측면에서 시장지향적 경제개혁은 이회창 정부보다는 김대중 정부에서 이루어졌기 때문에 그나마 국민적 저항에 직면하지 않았다고 반사실적 가정을 해볼 수도 있다. 민중부문에 우호적이지 않은 정권이 아무리 외환위기라는 급박한 상황에서라도 구조개혁의 고통을 부과한다면, 그리고 그 정권이 바로 환란의 주범인 직전 정권의 연장이라면 한국의 경제위기 관리는 매우 어려웠을 개연성은 높다.

이 책은 정치적 민주주의와 경제정책 및 그 결과 사이의 관계를 다룬다는 점에서 전형적인 정치경제 분야의 학문적 소산이다. 스톡스가 지적한 대로, 경제정책의 큰 방향을 바꾸는 방식은 곧 민주주의 거버넌스에 긍정적으로 작용할 수도 있고 부정적 영향을 미칠 수도 있다.[7] 한국은 1987년 민주화 이후 절차적 수준에서의 정치적 안정을 어느 정도 이루었으나 민중주의, 사인적 대통령, 정책정당의 부재, 과잉정치화된 사회 등의 신생민주주의의 어두운 측면들을 또한 안고 있다.

1997~98년 아시아 금융위기는 이러한 구조적, 제도적, 행태적 조건들을 갖춘 한국의 신생민주주의체제가 신자유주의 정책전환이라는 현상을 경험하게 만든 계기였다. 그러나 그 변화 뒤에 있었던 민주화와 발전주의 국가라는 요인들은 정책전환의 폭과 속도에 중요한 영향을 미쳤고, 이 책은 그 점을 논증하려 한 것이다.

정책전환은 비교적 공정하고 자유로운 선거를 통해 정부가 구성되는 민주주의체제라면 경제발전 수준이나 민주주의 수명에 상관없이 발생할 수 있다. 이는 선거가 없다면 정책전환을 논하는 것 자체가 의미가 없게 된다는 말이다. 그러나 정책전환은 선진산업사회의 안착된 민주주의보다는 개발도상국이나 중간소득 국가의 신생민주주의에서 더 많

---

7) Susan C. Stokes, *Mandates and Democracy*: *Neoliberalism by Surprise in Latin America* (New York: Cambridge University Press, 2001), p. xii.

이 발생한다. 이는 경제적 요인과 민주주의 제도화 수준이 정책전환과 긴밀히 연관되어 있음을 시사한다. 이 책에서 다루어진 여러 가지 설명 변수들은 대체로 경제적 요인들이거나 민주주의 제도에 관련된 요인들 이다.

이 책에서 상징의 정치가 이익의 정치를 압도했다는 점을 되풀이해 서 강조하는 이유는 후자의 의미가 한국 정치경제에서 작기 때문이 아 니라 대통령을 비롯한 정책결정자들이 전자에 몰두하는 동안 기술관료 들과 그 동맹세력에 의해 이익의 정치가 수면 아래서 전개되었음을 보 여주기 위해서이다. 한국의 신생민주주의체제에서 시장친화적 정책전 환을 추진한 것은 발전주의 국가였다는 점은 기존문헌에서 충분히 지 적되어왔다.[8] 필자가 여기서 제기했던 문제는 발전주의 국가의 정책 쇄신은 여러 방향이 가능함에도 불구하고 왜 민중부문의 지지를 받아 집권한 정부들이 신자유주의적 정책들을 선택했는가였다.

경제분야의 기술관료기구는 군부권위주의체제에서 형성된 이후 그 충원과정의 성격으로 인해 매우 폐쇄적인 인적 연결망을 갖추게 되었 고, 이익의 정치가 정치인들의 일차적 관심에서 벗어나게 되면서 그들 만의 정책 패러다임을 전문성의 외양으로 정당화해 왔다. 미국에서 교 육받은 주류 경제학 일변도의 보수성향의 학자들은 이 기술관료들의 중요한 파트너였다. 기술관료들은 자신들의 조직에게 주어진 인력과 예산을 유지하고 팽창하는 데 우선적으로 관심을 두기 때문에 이들이 이념적 순수성을 갖고서 신자유주의 정책전환을 추진했다고 보기는 어

---

8) Sook-Jong Lee and Taejoon Han, "The Demise of "Korea, Inc.":
Paradigm Shift in Korea's Developmental State", *Journal of Contemporary Asia*, Vol. 36, No. 3(2006), p. 323.

렵다. 경제기획원 관료들이 재무부 관료들에 비해 시장기제에 대한 이론적 믿음이 강했다는 것은 대체로 인정되지만, 그것은 이념적 순도의 차이보다는 스타일의 차이에 가깝다.

민주화 이후의 정책 패러다임 진화과정에서 특기할 점은 재벌과 보수언론의 의제설정자로서의 역할이 커졌다는 것이다. 예컨대 삼성의 산하 경제문제연구기관인 삼성경제연구소는 정부의 정책결정에 상당한 영향을 미치는 싱크탱크로서 자리 잡았다. [9] 이처럼 기술관료들과 그 동맹세력의 패권적 정책 패러다임의 역할을 강조하는 것이 섣부른 음모론이나 조야한 파워엘리트론과 동일시되어서는 안 된다. 왜냐하면 그들 역시 주어진 환경에서 전략적으로 상호작용하는 행위자였을 뿐이기 때문이다. 경제관료-재벌-주류학계 복합체는 의도적으로 구성된 조직이 아니라 민주화와 발전주의 국가의 맥락에서 효율적이고도 효과적으로 작동할 수 있었던 것이다.

한국의 신생민주주의체제에서 상징적 쟁점들이 실질적 쟁점들에 비해 훨씬 큰 정치적 파급력을 갖는 것은 권위주의체제의 경제적 수행도가 결코 나쁘지 않았던 환경에서 민주화가 이루어졌던 점에서 한 원인을 찾을 수 있다. 자카리아가 지적한 대로 한국에서는 민주화에 앞서 자유화가 먼저 이루어졌고, 후자는 경제발전의 효과와 깊이 연관되어 있다. 경제적 번영은 고등교육의 확산과 결합하여 시민사회의 중추인 중간계급의 수를 급증시켰다. 요컨대 군부권위주의하의 압축성장은 민주주의의 사회적 기반을 마련했다. [10]

---

9) Dong-Choon Kim, "Growth and Crisis of the Korean Citizens' Movement", *Korea Journal*, Vol. 46, No. 2 (Summer 2006), p. 113.

10) Fareed Zakaria, *The Future of Freedom: Illiberal Democracy at Home and Abroad* (New York: W. W. Norton, 2003). 자유화에 앞선 민주화의 허

자카리아가 한국의 군부권위주의체제를 "자유화를 수반한 독재"(*liberalizing autocracy*)의 전형으로 규정하면서 제기했던 질문은 왜 한국의 민주화는 비자유주의적 민주주의(*illiberal democracy*)로 귀결되지 않을 수 있는가였다. 한국의 정치체제가 과연 비자유주의적 민주주의로 분류되지 않을 수 있는가에 대해서는 이론적, 경험적 이견이 아직 남아있다. 그럼에도 불구하고 탈냉전 이후 여러 신생민주주의 국가들에서 부활한 전근대적 가치와 근본주의적 정치이념이 이미 군부권위주의하에서 충분히 세속화된 한국에서는 찾아보기 어려웠다고 말할 수 있다.

경제성장이 멈추지 않은 상태에서 이루어진 민주화였기 때문에 정치변화에 대한 요구는 사회경제적 쟁점들보다는 이른바 "민주 대 반민주"의 구도에서 상상되고 표출되었다.[11] 한국의 좌파 개념이 서구의 그것에 비해 사회경제적 갈등에 기반을 두기보다는 군부권위주의체제에 대한 대항이념으로서 자리 잡았다는 점도 민주화 이후에 상징의 정치가 우위를 점했던 것을 설명해주는 중요한 한 요인이다.

이 책은 한국의 신생민주주의에서 신자유주의 정책전환이 되풀이되는 한 원인을 발전주의 국가의 지속이라는 구조적 요인에서 찾았다. 세계화와 경제개방, 그로 인한 한국 정치경제의 변화에 대한 기존문헌 가운데 상당수, 특히 정치학 분야의 연구들은 대체로 그러한 외부충격에도 불구하고 발전주의 국가가 온존되었음을 지적하고 있다. 김대중 정

약성에 대해서는 Chalmers Johnson, "The Democratization of South Korea: What Role Does Economic Development Play?", *The Copenhagen Journal of Asian Studies*, Vol. 4, No. 1 (1989), p. 67 참조.

11) Doh Chull Shin and Peter McDonough, "The Dynamics of Popular Reactions to Democratization in Korea", *Journal of Public Policy*, Vol. 19, No. 1 (April 1999), p. 7.

부에서의 경제위기 극복과정에 대한 연구들 가운데 상당수도 발전주의 국가의 제도적 특징들과 경제위기 대응방식의 연관성을 강조한다.

필자도 이러한 흐름에 속하기는 하지만 여기서 한 가지 보충되어야 할 논점은 발전주의 국가의 양태변화에 관한 것이다. 발전주의 국가의 본질적 성격, 즉 군부권위주의체제 이후로 성장해온 국가의 하부구조적 권력은 큰 변화를 겪지 않았지만 그것이 표출되는 방식에는 무시할 수 없는 변화가 있었다고 봐야 한다. 달리 말해 발전주의 국가의 성격을 규정할 때 국가주도의 관치경제라는 측면만 볼 것이 아니라 경제성장 또는 국민경제 체질변화를 위해 국가관료기구가 "조직화된 민간 행위자들과 협력"[12] 하는 모습을 더불어 살펴볼 필요가 있다.

군부권위주의체제는 전체주의체제가 아니었고, 제한적 다원주의의 요소들을 갖고 있었기 때문에 경제적 수행도에 대한 강박관념을 항상 안고 있었다. 도너와 그의 공저자들이 정확히 지적하는 대로, 모든 권위주의체제가 발전주의 국가를 수반하는 것은 아니며, 다음과 같은 3가지 조건이 충족되어야 한다.

첫째, 낮은 경제적 수행도가 생활수준 저하를 초래할 때 민중부문이 심각한 정치적 항의를 제기할 것이라고 믿을 만한 상황이어야 한다. 한국의 경우 유신체제 말기의 정치적 불안정은 급속한 산업화의 부작용 가운데 하나인 인플레이션으로 인한 민생고와 무관하지 않았다.

둘째, 국가안보의 재원을 마련해야 할 심각한 외부위협이 존재하는 상황이어야 한다. 한국의 발전주의 국가는 한반도 냉전체제와 분리시

---

12) Richard F. Doner, Bryan K. Ritchie, and Dan Slater, "Systemic Vulnerability and the Origins of Developmental States: Northeast and Southeast Asia in Comparative Perspective", *International Organization*, Vol. 59, No. 2 (Spring 2005), p. 328.

켜 생각할 수 없다.

셋째, 제조업을 바탕으로 한 산업정책의 필요성을 감소시키는 자원경제가 부재하는 상황이어야 한다. 한국의 발전주의 국가는 "자원의 저주"가 애초에 있을 수 없었던 조건에서 만들어진 것이다.

요컨대 이 3 가지 "체계적 취약성"은 한국에서 발전주의 국가가 형성되고 유지되어온 환경이었다. 13)

기존문헌에서 정책전환의 현상이 주로 라틴아메리카 사례들을 경험적 준거로 삼아 분석되어오다 보니 한국의 경우를 살펴보는 이 책에서도 라틴아메리카는 곳곳에서 언급되지 않을 수 없었다. 그러나 그 주제가 산업화의 정치경제이든 민주화이든 간에 라틴아메리카와 한국 또는 넓게는 동아시아의 지역 간 차이는 단순한 수평적 비교를 매우 어렵게 만든다. 특히 한국 정치경제 분야에서 라틴아메리카에 그 경험적 연원을 두는 개념이나 분석틀을 적용할 때 거의 항상 마주치게 되는 큰 차이는 냉전의 효과이다.

미국의 "뒷마당"이라는 지정학적 위치는 라틴아메리카 나라들로 하여금 유럽과 비슷한 계급정치의 발전을 경험할 수 있게 해준 반면에, 미국 세계전략상 반공벨트 가운데서도 최전선에 위치한 한국에서 계급정치의 가능성은 희박했다. 예컨대 아르헨티나에서 정의당(Partido Justicialista)이 기존의 페론주의적 유산인 조직노동과의 유대를 약화시켰던 것이 메넴 정부의 시장친화적 개혁추진과 깊은 상관성을 갖는다는 것14)은 한국에 시사하는 바가 그다지 많다고 보기 어렵다.

---

13) *Ibid.*, p.328.
14) Steven Levitsky, "From Labor Politics to Machine Politics: The Transformation of Party-Union Linkages in Argentine Peronism, 1983 ~1999", *Latin American Research Review*, Vol. 38, No. 3 (October

신자유주의 정책전환은 기존문헌에서 상이한 정치환경에서 비슷한 경제정책이 취해지는 현상, 즉 정책수렴과 비슷한 것으로 다루어지기도 했다. 정책수렴에 초점을 맞추는 연구들은 세계화에 관한 연구들과 공유하는 점이 하나 있다. 세계화가 갖고 있다고 가정되는 동질화 효과에 대해 각국 정치경제체제의 제도적 다양성을 강조하는 연구들이 있듯이, 정책수렴 문헌 역시 각국이 취한 정책대응의 다양성을 강조하는 연구들이 있다는 점이다.

라틴아메리카 나라들에서 민중부문의 지지를 받아 집권한 정부가 추진했던 공기업 민영화에 대한 한 연구는 경제적 조건이 비슷하고 기술관료들에 의한 신자유주의적 정책이념 공급이라는 점에서도 큰 차이가 없는 나라들에서 정책수렴의 정도는 그리 높지 않았다고 관측한다. 큰 틀에서는 별 차이가 없어 보이는 정책이념이라 해도 그것이 구체적인 정책으로 입안되고 실행될 때의 모습은 나라마다 상이한 제도적 선택에 따라 다양하며, 그 선택은 기술관료들이 아닌 정치인들의 몫이라는 것이다.[15]

한국의 신생민주주의체제에서 민감한 사회경제적 쟁점들을 두고 이루어진 정책결정에서 정치인들의 몫은 명시적 결정보다는 묵시적 결정 또는 "비결정"(nondecision)[16]에 있었다고 보는 것이 정확하다. 직업정치인인 동시에 민주화운동 지도자의 역할을 맡았던 김대중과 무정형의

2003), pp. 3~36.

15) M. Victoria Murillo, "Political Bias in Policy Convergence: Privatization Choices in Latin America", *World Politics*, Vol. 54, No. 4(July 2002), pp. 463, 470.

16) Peter Bachrach and Morton S. Baratz, "Two Faces of Power", *American Political Science Review*, Vol. 56, No. 4(December 1962), pp. 947~952.

반엘리트 연합에 핵심지지기반을 두었던 노무현은 민주주의의 정치적 차원에는 익숙했지만 그 사회경제적 차원에서는 지배블록에 대항할 수 있는 독자적 정책이념과 그것의 지적 정교화와 실현을 도와줄 "인식공동체"(*epistemic community*)[17]를 갖고 있지 못했다.

그 결과는 여전히 강건한 발전주의 국가 안에 자리 잡고 있는 경제관료들과 그 시민사회 동맹세력의 정책이념이 지적 헤게모니를 장악하는 것이었다. 요컨대 한국의 신생민주주의 정부들은 한시적인 정치권력은 쥐었으나 준영구적인 지식권력을 놓고 벌이는 경기를 이길 수는 없었다.

---

17) 하스를 비롯한 구성주의적 성향의 국제관계학자들에 의해 널리 유포된 이 개념의 기원은 사회학자 크노르-세티나(Karin Knorr-Cetina)의 저작에서 발견된다. Peter M. Haas, "Policy Knowledge: Epistemic Communities", *International Encyclopedia of the Social and Behavioral Sciences*, Vol. 17 (2001), p. 11580.

2. 규범적 함의

이 책의 규범적 함의는 복합적이다. 신생민주주의체제에서의 정책전환 자체가 복합적 성격을 갖기 때문이다. 그것은 한편으로는 절차적 민주주의가 실질적 민주주의와 병행되기가 얼마나 어려운지를 보여준다. 궁극적으로 이 연구는 민주주의가 과연 민중부문 또는 빈자들에게 좋은 것이었는지를 묻는 작업이었다. 이 물음에 부정적으로 대답하는 기존연구들이 적지 않으며, 필자의 입장은 그로부터 크게 벗어나지 않는다. 선거의 대표기능을 약화시키는 정책전환이 애초에 가능하지 않도록 하는 제도개선을 생각해볼 수 있을 것이다.

이 책에서 필자는 제도주의적 설명이 간취하지 못했던 부분들을 보여주려 했고, 상징의 정치가 이익의 정치를 압도하는 가운데 관료와 자본의 정책 패러다임이 패권을 쥐게 됨으로써 정책전환이 되풀이되어왔다는 것이 그 주된 내용이었다.

김대중 정부와 노무현 정부의 경제정책결정은 신자유주의적 정책아이디어를 공유하는 기술관료들에 의해 이루어졌고, 두 개혁주의 정부들은 사회경제적 쟁점들과 관련하여 정합적이고 체계적인 대안을 제시할 수 있는 능력과 정치적 기반을 결여했다.[18] 잃어버린 10년 동안에 이루어진 정책전환은 공복(公僕)이기보다는 무례한 주인[19]이 되어버

---

[18] 한 연구자는 "관료화 현상은 … 민주정부의 정치적 무능력이 가져온 불가피한 산물"이라고 표현했다. 정상호, "민주적 관료통제의 정치적 요인에 대한 분석: 김대중 정부의 대북정책과 노무현 정부의 사회경제정책을 중심으로", 〈사회연구〉 2008년 2호, p. 32.

[19] 공복(civil servant)과 무례한 주인(uncivil master)의 대비는 윈스턴 처칠의

린 경제관료들과 그 사회적 동맹세력이 이익의 정치를 장악하고 개혁주의 정치세력은 상징의 정치에 치중했던 결과였다. 이러한 경험분석에 바탕을 두고 필자가 제시할 수 있는 개선책은 이익의 정치를 주도할 수 있는 독자적 정책 패러다임의 개발이다. 그리고 그러한 작업을 위해서는 정책전환의 맥락인 민주화 이후 발전주의 국가의 틀 안에서 의미 있는 개혁을 추진할 수 있는 정치연합이 구성되어야 한다.

한국의 민주정부가 사회경제적 영역에서도 실질적 민주주의를 실현할 수 있도록 해줄 여건이란 과연 무엇인가? 그것은 구조적인가, 아니면 제도적인가, 또는 인간행위자(*human agency*) 수준에서 발견될 수 있는 것인가?

한 연구자의 해답은 상식적이기는 하지만 경청할 만하다.

> 결국 사람이 문제다. 청와대 정책기획실장, 재경부장관, 금융감독위원장, 공정거래위원장, 국세청장 등 주요 경제부처의 책임자들은 노무현 당선자의 개혁철학을 경제적으로 뒷받침할 수 있는 개혁적 인사들로 구성되어야 하며, 또한 이들은 상호간에 신뢰와 의사소통이 가능한 개혁팀으로서 행동하여야 한다.[20]

이 책에서의 논지를 따른다면 "주요 경제부처의 책임자들"과 더불어 대외경제 관련부처 고위관리들도 "개혁팀"에 포함되어야 할 것이다. 그러나 설혹 사회경제적 영역에서의 민주화를 실현하는 데 뜻을 함께하는 개혁성향 인사들의 유기적 네트워크가 존재한다 해도 그것이 곧 대

것이다. Johnson, "The Democratization of South Korea", p. 66.
20) 김상조, "노무현 정부의 재벌·금융개혁 과제", 〈철학과 현실〉 56호(2003), p. 40.

안적 정책 패러다임의 존재로 등치될 수는 없다. 후자가 가능하기 위해서는 실질적인 공공정책 쟁점들을 다루는 관료기구의 충원과정, 그리고 그 이전단계인 대학을 비롯한 지식생산기관의 의미 있는 변화가 필수적이다.

대항헤게모니는 시민사회에서 먼저 만들어져야 하는 것이다. 이 점에서 한국 민주주의의 질 저하가 "약한 정당, 강한 시민사회"[21]에서 비롯된다는 지배적 시각은 상투적이며 표피적이다. 한국의 시민사회가 다양한 정책이념을 발전시킬 만큼 충분히 강하다고 보기 어렵기 때문이다. 군이 민주화와 더불어 강해진 시민사회를 부각시키고 싶다면 그러한 시도는 시민사회의 보수적 진영에 국한되는 것이 옳다.[22]

혹자는 이러한 규범적 함의가 그람시적 어휘의 재활용을 넘어서는 어떤 구체적 대안을 제시해야 할 의무를 수반한다고 말할지도 모른다. 필자는 앞으로 고위급 정책결정의 위치에 있는 정치인들, 특히 민중부문의 지지를 기대하는 정치인들이 어떠한 대안을 갖고 있어야 하는가를 논하는 대신 김대중 정부와 노무현 정부의 지도적 정치인들이 무엇에 실패했는가를 정확히 분석하는 작업이 더 필요하고 더 중요하다고 생각한다. 기존문헌의 지배적 견해 가운데 하나는 민주화가 국가의 힘은 약화시키고 시장, 특히 재벌의 힘은 강화시켰다는 것이다. 그러나 외견상 역전된 정부-기업 관계에도 불구하고 정실자본주의의 거래관

---

21) 임혁백, "한국 민주주의, 어디에 와 있으며 어디로 가고 있는가?", 〈시대정신〉 2009년 가을호.

22) 이는 민주화 이후 "시민사회 대 시민사회"의 구도에 주목하는 최장집의 관점을 빌려온 것이다. Jang Jip Choi, "The Democratic State Engulfing Civil Society: The Ironies of Korean Democracy", *Korean Studies*, Vol. 34(2010), p. 7.

계는 그대로 유지되었고, 가까운 장래에 이 구조의 큰 변화가 있을 것이라고 믿을 만한 증거는 거의 없다.

한 연구자의 지적대로 민주화와 더불어 음성적 정치자금에 대한 수요는 급증한 반면에 그 자금을 공급할 수 있는 재벌의 수는 더 이상 늘어나지 않았던 것은 정부-기업 관계 역전을 부분적으로 증명한다. 23) 하지만 민주화 이후에도 집권당 정치인들의 정책영향력과 재벌의 돈이 교환되는 관계가 지속되어온 이유는 한국 정치경제가 여전히 국가의 통제하에 작동했기 때문임을 중시할 필요가 있다. 민주화로 인해 국가의 "전제적 권력"(despotic power)은 대폭 약화되었으나 군부권위주의체제하의 압축성장 시기에 산업구조와 시장구조가 형성된 한국에서 국가가 갖게 된 "하부구조적 권력"(infrastructural power)은 그대로 유지되었을 뿐만 아니라 사회 깊숙이 뿌리내리고 있었다. 24)

정책전환에 관한 기존문헌이 주된 경험적 대상으로 삼았던 라틴아메리카로 잠시 되돌아가자. 민주주의 공고화라는 측면에서 아르헨티나는 분류나 해석이 그리 단순하지 않은 사례이다. 1983년 민정이양이 이루어진 이후로 아르헨티나의 신생민주주의는 군부의 반란, 심각한 분배 불평등, 초인플레이션, 경제위기를 구실로 삼은 메넴(Carlos Menem)의 위임민주주의적 통치와 정책전환, 그리고 2000년대의 또 다른 경제위기에 이르기까지 갖가지 불안정요소들을 안고 있었다. 25) 이처럼 정

---

23) David C. Kang, "Bad Loans to Good Friends: Money Politics and the Developmental State in South Korea", *International Organization*, Vol. 56, No. 1 (Winter 2002), pp. 193~198.

24) 전제적 권력과 하부구조적 권력의 구분에 대해서는 Michael Mann, *The Sources of Social Power, Volume 1: A History of Power from the Beginning to AD 1760* (New York: Cambridge University Press, 1986) 참조.

치적, 사회경제적으로 불안정한 속에서도 아르헨티나의 신생민주주의가 붕괴되지 않고 그 제도적 기본틀을 유지할 수 있었던 것은 그 자체로서 흥미로운 현상이며, 설명을 필요로 한다. 특히 계속되는 경제위기에도 불구하고 정치적 민주주의가 존속하는 것은 한국 사례와의 비교 속에서 탐구해볼 만한 가치가 있다. 26)

그러나 한국인들에게 더 절실한 과제는 경제수행도와 상대적으로 무관하게 민주주의체제가 지속되는 이유가 무엇인지를 아는 것보다는 사회경제적 불안요인들을 제도적으로 관리하고 적절한 수준에서 해결하지 못하는 민주주의, 즉 "저품질 민주주의"(low-quality democracy) 27)를 민주주의 공고화라는 점에서 아직 살아남은 신생민주주의 범주에 집어넣는 것이 얼마나 합당한가를 묻는 것이다. 라틴아메리카에서도 경제수행도가 양호한 나라들에서는 후자의 질문이 더 중요하게 간주된다. 1985년 민정이양 이후 브라질은 아르헨티나에 비해서는 정치적 불안정요인이나 경제위기가 심각했다고 볼 수는 없으나 고질적인 빈곤과 소득불평등은 온전히 남아있다. 28)

---

25) Steven Levitsky, "Argentina: Democratic Survival amidst Economic Failure", in *The Third Wave of Democratization in Latin America: Advances and Setbacks*, ed. Frances Hagopian and Scott P. Mainwaring (New York: Cambridge University Press, 2005), pp. 63~89.

26) 경제위기와 민주주의 붕괴의 관계에 대한 체계적 설명의 시도로는 Adam Przeworski and Fernando Limongi, "Modernization: Theories and Facts", *World Politics*, Vol. 49, No. 2 (January 1997), pp. 155~183 참조 (특히 pp. 167~169).

27) 이 용어는 다음에서 빌려왔다. Larry Diamond, Marc F. Plattner, and Andreas Schedler, "Introduction", in *The Self-Restraining State: Power and Accountability in New Democracies*, ed. Schedler, Diamond, and Plattner (Boulder: Lynne Rienner, 1999), p. 2.

정책전환의 문제를 우리가 민주주의 공고화의 문제와 연관시켜 보는 이유는 바로 민주주의는 그 자체로만 어느 정도까지 의미를 갖는가라는 물음에 답할 수 있어야 하기 때문이다. "민주주의는 빈자에게 좋은 것인가"[29] 라는 질문에 긍정의 대답을 할 수 없는 사례들이 많다는 것이다. 정책전환은 우리로 하여금 민주주의 공고화의 질을 평가하게끔 만드는 현상이다.

라틴아메리카 나라들에서 최근에 좌파정부들이 잇달아 집권한 것을 많은 관찰자들, 특히 저널리즘의 관점에서 바라보는 이들은 지난 20여 년 동안 진행된 세계화 또는 신자유주의 공세에 대한 급격한 반작용(*backlash*)으로 간주하는 경향이 있다. 이는 1999년 시애틀 WTO 각료회의에 때맞춰 이루어졌던 반세계화 시위 이후 사회경제적 불평등에 대한 시정요구를 해석하는 정형화된 틀이다.

스톡스는 라틴아메리카 나라들에서 새로이 들어선 좌파정부들이 실제로 추진한 정책들은 시장지향적 경제개혁이 이루어지기 전의 상황, 즉 민중주의적 정치경제로 되돌아가는 것이 아니었음을 강조한다. 그 대신 21세기의 좌파정부들이 택한 노선은 세계화와 경제개방의 추세를 부정하지 않고 기존의 시장친화적 경제정책들을 역전시키지 않는 대신 시장화로 인한 불평등을 완화하기 위한 복지지출을 늘리는 것이었다.[30]

---

28) Kurt Weyland, "The Growing Sustainability of Brazil's Low-Quality Democracy", in *The Third Wave of Democratization in Latin America*, ed. Hagopian and Mainwaring, pp. 90~120.

29) Michael Ross, "Is Democracy Good for the Poor?", *American Journal of Political Science*, Vol. 50, No. 4 (October 2006), pp. 860~874.

30) Susan C. Stokes, "Globalization and the Left in Latin America",

김대중 정부와 노무현 정부의 사회정책 또한 부분적으로 이러한 "세계화에 대한 보상"의 성격을 갖는다. 문제는 시장친화적 경제정책과 보상적 사회정책의 관계가 불균형적일 뿐만 아니라 양자의 균형을 가능케 할 주요 사회세력 간의 타협이 부재하다는 데 있다. 그 틈을 타 재발할 수밖에 없는 것이 바로 정책전환이다.

한국에서 정책전환의 현상이 학문적 관심의 대상이 될 수 있는 이유는 정책전환이 되풀이될수록 정치적 좌절과 민중주의 경향이 동시에 커질 수 있기 때문이다. 대통령 단임제하에서 이루어지는 정책전환은 특히 그 후유증이 심대하다. 노무현 정부에 대한 한 논평자는 "노 대통령은 국민들로부터 존경받는 '가장 선량한 독재자'(Benevolent Dictator)가 되어야 한다"고 주문한 바 있다.[31] 권력분립 시스템인 대통령제하에서 그리고 공개적 정치경쟁이 일상화되어있는 민주주의체제에서 "선량한 독재자"의 탄생이 과연 가능하고 과연 바람직한가?

정치지도자의 인재풀이 빈약할수록 대통령 선거에서의 경쟁은 국외자들에 의해 지배될 가능성이 높아지고, 그러한 과정을 통해 선출된 국외자 출신 대통령은 역사에 길이 남을 업적을 쌓기 위해 무모한 정책전환을 감행할 것이다. 설령 중장기적으로 긍정적 효과를 가져올 정책이라 하더라도 국외자 출신의 대통령과 집권당의 관계가 유기적이지 않기 때문에 기껏 핵심지지집단의 반대를 무릅쓰고 추진한 정책이 실행될 수 있도록 마무리하는 작업은 쉽지 않다.

정책전환이 어떤 이유에서 이루어졌든 간에 더 심각한 문제는 정책

---

mimeo., February 27, 2009.

31) 권영준, "'가장 선량한 독재자' 되어야", 〈조선일보〉 2003년 8월 5일, 여론/독자 A26면.

전환이 정책집행의 교착상태로 이어질 때 발생한다. 정책집행의 교착상태는 정치에 대한 심각한 불신을 초래하고, 이는 다시 민주주의의 질의 하락으로 환류된다.

스톡스는 정책전환을 반응적인 것과 비반응적인 것, 두 가지로 나눈다. 반응적 정책전환은 정치인들이 자신들의 인기 없는 정책이 시민들에게 결국은 이득이 될 것이라는 믿음에서 정책을 펼칠 때, 그리고 그 무리한 선택이 결국은 정치인들 자신들에게도 이득이 된다고 볼 때 발생한다. 반면에 비반응적 정책전환은 정치인들 자신들만의 또는 소수집단의 이익을 추구하기 위한 정책을 펼칠 때 발생한다.[32]

현실에서 이 두 가지를 구별하는 것은 어려운 일이다. 대부분의 경우에는 두 가지가 혼재되어 있다고 보는 것이 정확할지 모른다. 발전된 서구의 안착된 민주주의체제에서 드물게 관찰되는 정책전환이 대체로 반응적 유형에 속하는 반면, 비반응적 유형은 거의 대부분 신생민주주의체제에서 발견될 것이라는 추론 또한 충분히 가능하다.

여기서 정책전환의 결과가 국가발전에 바람직한 것인가 아닌가는 잠깐 논의에서 제쳐둘 필요가 있다. 그 질문은 얼핏 규범적인 것처럼 보이지만 사실은 경험적 문제이기 때문이다. 우리가 한국의 신생민주주의 정부들에 의해 이루어진 신자유주의 경제정책들의 결과에 대해 객관적이고 균형적인 결론을 이끌어내기 위해서는 더 많은 시간이 필요할 것이다. 그리고 그 시간이 흐르는 동안 다양한 국내외적 요인들이 그 정책들의 효과가 진화하는 데 영향을 미칠 것이다.

---

32) Susan C. Stokes "Democratic Accountability and Policy Change: Economic Policy in Fujimori's Peru", *Comparative Politics*, Vol. 29, No. 2 (January 1997), p. 215.

이 책의 분석적 범위에서 다룰 수 있고 그 분석적 목적에 비추어 더 중요한 것은 하나의 정치과정으로서 정책전환이 갖는 문제점이다. 한국의 개혁주의 정부들이 이전의 권위주의 및 준권위주의 정부들보다 더 시장친화적인 경제정책들을 입안하고 추진했던 근원적 이유는 경제위기 때문도 그들에게 경제적 자유주의에 대한 굳은 신념이 있어서도 아니다. 개혁주의 정부들의 잃어버린 10년은 정치경제체제에 대한 다양한 담론과 그것에 토대를 둔 정당체제의 부재, 그리고 한국 시민사회의 보수성과 천박성을 반영하는 것이다.

1. 국문문헌

가상준 · 노규형 (2010), "지지율로 본 노무현 대통령의 임기 5년", 〈한국정당학회보〉 9권 2호, pp. 61~86.

강명구 · 박상훈 (1997), "정치적 상징과 담론의 정치: '신한국'에서 '세계화'까지", 〈한국사회학〉 31집 1호, pp. 123~161.

강문구 (1995), "노동정치를 매개로 한 민주화과정에 대한 분석적 설명과 실천적 함축", 〈경제와 사회〉 26호, pp. 265~275.

강원택 (2001), "행정개혁과 관료저항", 〈한국사회와 행정연구〉 12권 3호, pp. 3~17.

_____ (2002), "세대, 이념과 노무현 현상", 사회과학원, 〈계간사상〉 가을호, pp. 80~102.

_____ (2012), "서언: 노태우 리더십의 재평가", 강원택 편, 《노태우 시대의 재인식: 전환기의 한국사회》, 파주: 나남, pp. 15~38.

고세훈 (2003), 《국가와 복지: 세계화 시대 복지 한국의 모색》, 서울: 아연출판부.

곽채기 (2000), "김대중 정부 공기업 민영화 정책에 대한 평가", 〈광주 · 전남행정학회보〉 제 7호, pp. 147~167.

구갑우 · 안정식 (2009), "김영삼 · 클린턴 정부 시기의 한미 관계: 북한 위협의 상수화와 미국식 자본주의의 수입", 〈역사비평〉 88호, pp. 244~278.

권세진 (2013), "김대중 대통령직 인수위원회 – 정무분과위 인수위원 추미애", 〈월간조선〉 1월호 별책부록. http://monthly.chosun.com/client/news (검색일: 2013. 8. 12).

권영준 (2003), "'가장 선량한 독재자' 되어야", 〈조선일보〉 8월 5일, 여론/독자 A26면.

김기원 (2000), "김대중 정부의 구조조정 정책", 서울대 민교협 주최 심포지엄 발표문, 11월 20일. http://faculty.knou.ac.kr (검색일: 2014. 1. 20).

_____ (2007), "김대중-노무현 정권은 시장만능주의인가?", 〈창작과비평〉 가을호, pp. 171~186.

_____ (2008), "호황론과 파탄론의 거리: 노무현 정권 경제정책의 평가와 반성", 〈황해문화〉 봄호, pp. 37~63.

김대중 (1997), 《대중참여경제론》, 서울: 산하.

김동원 (2008), "노무현 정부 노동정책의 평가와 이명박 정부의 과제", 노동경제학회 2008년 춘계공동학술회의 발표논문.

김동춘 (2005), "집권 3년, 노무현 정권은 어디로 가나", 〈당대비평〉 29호, pp. 89~97.

김상조 (2003), "노무현 정부의 재벌·금융개혁 과제", 〈철학과 현실〉 56호, pp. 38~49.

김성보 사회, 김영호·박명림·박태균·최태욱 (2007), "좌담: FTA, 북핵, 그리고 한미동맹 – 찬반론과 대안", 〈역사비평〉 여름호, pp. 28~76.

김성한 (2000), "한미 관계의 고민과 미래", 사회과학원, 〈계간사상〉 가을호, pp. 74~100.

김영미·한준 (2007), "금융위기 이후 한국 소득불평등구조의 변화: 소득불평등 분해, 1998~2005", 〈한국사회학〉 41집 5호, pp. 35~63.

김영순 (2009), "노무현 정부의 복지정책: 복지국가의 제도적·정치적 기반 형성 문제를 중심으로", 〈경제와 사회〉 82호, pp. 161~185.

_____ (2011), "한국의 복지정치는 변화하고 있는가? 1, 2차 국민연금 개혁을 통해 본 한국의 복지정치", 〈한국정치학회보〉 45집 1호, pp. 141~163.

김영욱 (2011), "선전, 보수세력 그리고 언론: 선전전략으로서 '잃어버린 10년' 분석", 〈한국언론정보학보〉 봄호, pp. 100~120.

김유선 (2004), "외환위기 이후 노동시장 구조변화", 〈아세아 연구〉 47권 1호, pp. 71~86.

김진방 (1999), "김대중 정부의 재벌개혁에 대한 중간평가", 〈황해문화〉 가을호, pp. 332~349.

김진영 (2007), "신중상주의에서 신자유주의 통상국가로? 한미 FTA의 정치경제적 의미", 〈21세기정치학회보〉 17집 2호, pp. 149~165.

노주희 (2006), "한미 FTA 추진의 겉과 속: 정치권과 관료사회의 경우", 〈노 동사회〉 6월호, pp. 38~45.

마인섭 (2004), "후발산업화, 신생민주주의와 복지국가", 〈한국정치외교사 논총〉 25집 2호, pp. 309~333.

_____ (2007), "남미 신자유주의 경제개혁과 복지개혁의 정치", 〈한국정치 외교사 논총〉 29집 1호, pp. 135~162.

박권일 (2004), "민주노동당 심상정 의원 인터뷰: 노무현 대통령과 '386' 의 원, 이미 재벌과 유착", 〈월간 말〉 222호, 12월, pp. 134~139.

박노영, (2001), "김대중 정부하에서의 공기업 민영화에 관한 비판적 고찰", 〈동향과 전망〉 가을호, pp. 60~83.

박선원 (2009), "미래지향적 동맹을 향한 긴장과 협력: 노무현-부시 정부의 관계", 〈역사비평〉 86호, pp. 169~217.

박인휘 (2007), "전작권 반환과 FTA 체결: 한미외교의 새로운 시작", 〈동아 시아 브리프〉 2권 2호, pp. 124~131.

_____ (2010), "박정희, 김대중의 국가이익과 한미 관계: 동맹-자주의 분절 혹은 통합", 〈세계지역연구논총〉 28집 1호, pp. 23~45.

박태균 (2007), "한미 관계 위기의 본질은 무엇인가?", 〈역사비평〉 79호, pp. 77~99.

배성인 (2006), "한미 FTA와 개성공단, 한미간 애증의 정치경제", 〈문화과 학〉 47호, pp. 219~246.

서준섭 (2007), "한미 FTA 통상독재와 통상관료의 독주", 〈시민과 세계〉 12 호, pp. 80~96.

선대인 (2012), "경제민주화 관료체제가 문제다", 〈주간경향〉 965호, 2월 28 일. http://weekly.khan.co.kr (검색일: 2014. 1. 23).

소종섭 (2003), "노무현-이건희 '밀월의 나날'", 〈시사저널〉 707호, 5월 15일.

손혜현 (2009), "메넴 개혁정부시기(1989~1999) 페론당(PJ)의 안정적 지지 요인 분석", 〈한국정치학회보〉 43집 2호, pp. 147~168.

송호근 (2003), 《한국 무슨 일이 일어나고 있나》, 서울: 삼성경제연구소.

신광영 (2002), "한국의 경제위기와 복지개혁", 〈국가전략〉 8권 1호, pp. 57 ~75.

_____ (2005), "새로운 민주주의와 새로운 노동운동: 민주화, 세계화와 노 사관계 구조변화", 한국정치학회 (편), 《세계화 시대 노사정의 공존전

략: 서유럽 강소국과 한국》, 서울: 백산서당, pp. 245~280.

신장섭 (2005), "한국경제, 무엇이 문제인가: 산업금융시스템의 실종", 〈창작과비평〉 봄호, pp. 342~351.

신현만 (1999), "구조조정, 더 강하게!", 〈한겨레 21〉 5월 20일. http://legacy.h21.hani.co.kr/h21 (검색일: 2014. 2. 5).

안병진 (2004), 《노무현과 클린턴의 탄핵 정치학: 미국적 정치의 시대와 민주주의의 미래》, 서울: 푸른길.

안영민 (2001), "대선 예비후보 특별 인터뷰: 민주당 노무현 상임고문 — 내가 미국에 한 번도 가지 않은 이유", 〈민족 21〉 12월호, pp. 72~75.

안철현 (2004), "16대 대선 주요 정당 후보들의 공약에 관한 연구", 〈사회과학연구〉 20집 1호, pp. 79~107.

양재진 (2001), "구조조정과 사회복지: 발전국가 사회복지 패러다임의 붕괴와 김대중 정부의 과제", 〈한국정치학회보〉 35집 1호, pp. 211~231.

_____ (2001), "한국 행정국가화 현상의 권력구조적 동기와 기반", 〈한국행정학회 2001년도 하계학술대회 발표논문집〉, pp. 183~195.

_____ (2003), "노동시장 유연화와 한국복지국가의 선택: 노동시장과 복지제도의 비정합성 극복을 위하여", 〈한국정치학회보〉 37집 3호, pp. 403~428.

_____ (2003), "정권교체와 관료제의 정치적 통제에 관한 연구: 국민의 정부를 중심으로", 〈한국행정학보〉 37권 2호, pp. 263~287.

_____ (2005), "발전 이후 발전주의론: 한국 발전국가의 성장, 위기, 그리고 미래", 〈한국행정학보〉 39권 1호, pp. 1~18.

오종석 (2002), "DJ이즘 차별화냐 … 계승이냐 … 與주자 '득표속셈' 고민", 〈국민일보〉 1월 19일.

원성연 (1997), "20, 30대 '김대중'-여성은 '이회창', 대선 연령-성별 투표행태 분석", 〈한겨레신문〉 12월 22일.

유종일 (2006), "참여정부의 '좌파 신자유주의' 경제정책", 〈창작과비평〉 가을호, pp. 299~311.

유현석 (1997), "세계화 시대의 민주주의와 신자유주의 정책: 한국과 남미의 노동문제를 중심으로", 〈한국정치학회보〉 31집 2호, pp. 233~256.

_____ (2002), "한-칠레 자유무역협상의 국내정치: 국내협상의 이해집단과 국내제도를 중심으로", 〈한국정치학회보〉 36집 3호, pp. 175~197.

_____ (2008), "통상외교와 국회의 역할: 한-칠레 FTA와 한미 FTA의 사

례", 〈한국정치외교사 논총〉 29집 2호, pp. 439~464.

유현석·모종린 (2002), "노동개혁: 민주화 이후 노동법 개정 사례", 모종린
　　(편), 《한국경제개혁 사례연구》, 서울: 오름, pp. 171~254.

윤상우 (2009), "외환위기 이후 한국의 발전주의적 신자유주의화: 국가의 성
　　격변화와 정책대응을 중심으로", 〈경제와 사회〉 83호, pp. 40~68.

윤성이 (2003), "16대 대통령선거와 인터넷의 영향력", 〈한국정치학회보〉 37
　　집 3호, pp. 71~87.

윤영신·박용근 (2004), "FTA 하나 못하면서 무슨 동북아 허브냐", 〈조선일
　　보〉 2월 11일, 종합 A1면.

이강로 (1999), "한국에서 진보적 노동운동의 성장과 민주주의 공고화의 진
　　행, 1990~1999", 〈한국정치학회보〉 33집 3호, pp. 133~156.

이　근 (2006), "제국으로서의 미국과 한미 FTA, 전략적 유연성", 〈역사비
　　평〉 75호, pp. 130~148.

이남주 (2006), "한미 FTA와 동아시아 질서: 동맹과 다자주의의 기로", 〈동
　　향과 전망〉 67호, pp. 184~204.

이대희 (2012), "'모피아 공화국' … 왜 이헌재를 두려워하나", 〈프레시안〉 9월
　　26일. http://www.pressian.com/news (검색일: 2014. 1. 20).

이병천 (2006), "노무현 정부는 왜 한미 FTA로 돌진했나?", 〈프레시안〉 11월
　　8일. http://www.pressian.com/news (검색일: 2014. 1. 26).

이승주 (2007), "한국 통상정책의 변화와 FTA", 〈한국정치외교사 논총〉 29집
　　1호, pp. 103~134.

이연호 (1999), "김대중 정부의 경제개혁과 신자유주의적 국가등장의 한계:
　　동아시아 개발도상국의 한 사례", 〈한국정치학회보〉 33집 4호, pp. 287
　　~307.

_____ (2001), "DJ개혁의 신자유주의적 한계", 사회과학원, 〈계간사상〉 여
　　름호, pp. 103~123.

이연호·정석호·임유진 (2004), "전두환 정부의 산업합리화와 김대중 정부
　　의 기업구조조정 비교연구: 부실기업정리 방식의 변화에 관한 연구",
　　〈21세기정치학회보〉 14집 1호, pp. 25~54.

이정무 (2008), "'잃어버린 10년' 동안 우리가 정말로 잃어버린 것들", 〈월간
　　말〉 1월호, pp. 52~57.

이주희·안성우 (2002), "경제세계화와 노사관계의 전환: "경쟁력 있는" 조합
　　주의는 가능한가?", 이주희(편), 《21세기 한국노동운동의 현실과 전

망》, 서울: 한울, pp. 326~352.

이창근 (2000), "우리는 '자유'무역을 원하지 않는다: 김대중정부의 자유무역
협정 (FTA) 추진 배경과 영향", 〈문화과학〉 24호, pp. 95~113.

이춘근 (2007), "노무현 정부의 외교 안보 포퓰리즘", 〈철학과 현실〉 74호,
pp. 54~67.

이형삼 (2004), "김현종 신임 외교통상부 통상교섭본부장 '공격적 개방' 부르짖
는 'FTA 전도사'", 〈신동아〉 통권 540호, pp. 120~127.

임경훈 (2000), "미래로의 퇴행: 김대중 정부에서의 경제개혁의 정치", 〈계간
사상〉 여름호, pp. 75~98.

임혁백 (2009), "한국 민주주의, 어디에 와 있으며 어디로 가고 있는가?" 〈시대
정신〉 가을호. http://www.sdjs.co.kr (검색일: 2014. 1. 19).

장상환 (1998), "김대중 정권 경제정책의 성격과 전망", 〈경제와 사회〉 38호,
pp. 142~168.

장지호 (2007), "한미자유무역협정 (FTA)의 내부 담론분석", 〈한국정책과학
학회보〉 11권 2호, pp. 29~51.

장 훈 (2001), "이행에서 공고화로! 정치경제에서 문화와 사회로?", 〈한국정
치학회보〉 35집 1호, pp. 401~405.

_____ (2001), "한국 대통령제의 불안정성의 기원: 분점정부의 제도적, 사
회적, 정치적 기원", 〈한국정치학회보〉 35집 4호, pp. 107~127.

_____ (2006), "혼합형 선거제도의 정치적 효과", 〈한국정치학회보〉 40집 5
호, pp. 191~213.

재정경제부·한국개발연구원 공편 (1998), 《국민과 함께 내일을 연다: 국민
의 정부 경제청사진》, 서울: 대한민국 정부.

전창환 (2006), "한미 FTA 협상 결정의 배경과 그 파장", 〈동향과 전망〉 67
호, pp. 157~183.

전홍기혜 (2002), "TV 속의 주자들 〈4〉 노무현: '조선이 언제까지 1등이겠나'",
〈프레시안〉 1월 25일. http://www.pressian.com/news (검색일: 2014.
1. 27).

정병기 (2005), "참여정부 이후 정치적 파워엘리트의 교체와 전망: 열린우리
당과 노무현 정부의 성격 가늠자", 〈문학과 경계〉 여름호, pp. 73~88.

_____ (2008), "한국 역대 정권과 노동의 관계: 국가코포라티즘 이후 새로운
모색의 장정", 〈진보평론〉 겨울호, pp. 201~226.

정상호 (2008), "민주적 관료통제의 정치적 요인에 대한 분석: 김대중 정부의

대북정책과 노무현 정부의 사회경제정책을 중심으로", 〈사회연구〉 2호, pp. 9~42.

정진민·황아란 (1999), "민주화 이후 한국의 선거정치: 세대요인을 중심으로", 〈한국정치학회보〉 33집 2호, pp. 115~134.

조돈문 (2006), "칠레 민주정권 시기의 노사관계와 노동조합의 선택: 신자유주의 세계화 시대 좌파정부 집권과 노동의 딜레마", 〈라틴아메리카연구〉 19권 3호, pp. 5~42.

조영호·조진만·김용철 (2013), "선거와 민주주의에 대한 만족: 과정과 결과", 〈한국정치학회보〉 47집 2호, pp. 63~81.

조용준 (2001), "'내년 대선 경제에 달렸다' 48.7%", 〈주간동아〉 2001년 12월 27일.

조우현 (2001), "김대중 정부 노동부문 개혁의 평가와 과제", 〈한국행정학회 2001년도 춘계학술대회 발표논문집〉, pp. 137~152.

조찬수 (2005), "퀘벡 분리주의와 신자유주의: 그 선택적 친화성의 정치경제적 설명", 〈국제정치논총〉 45집 4호, pp. 379~401.

_____ (2008), "신생민주주의와 정책전환의 정치: 민주화 이후의 노사관계정책", 〈대한정치학회보〉 15집 3호, pp. 97~119.

조효래 (1994), "민주화 시기의 노동정책에 관한 비교연구: 스페인·브라질·한국의 비교", 〈사회와 역사〉 41권, pp. 125~189.

지승호·문성현 (2006), "인터뷰: 정태인 전 청와대 국민경제비서관: 한미 FTA, 그 비밀스럽고 위험천만한 진실", 〈인물과 사상〉 7월호, pp. 10~44.

지주형 (2009), "한국 국가형태와 권력행사방식의 전환: 권위주의 개발국가에서 신자유주의 국가권력으로", 〈한국정치학회보〉 43집 4호, pp. 175~203.

채진원 (2001), "경제이슈 진단―김대중 정부와 재벌개혁: 장기불황 앞에 엉성한 개혁안마저 팽개쳐", 〈월간 말〉 11월호, pp. 172~175.

최병일 (2008), "인터뷰: 김종훈 통상교섭본부장 (당시 한미 FTA 협상 수석대표)", *Negotiations and Korea* 1권 1호, pp. 4~10.

최영재 (2007), "대담: 김영삼 전 대통령 - 김일영 성균관대 교수", 〈시대정신〉 겨울호. http://www.sdjs.co.kr(검색일: 2014. 1. 19).

최영종 (2010), "세계화를 둘러싼 국내적 갈등에 관한 연구: 한미 FTA 사례를 중심으로", 〈한국정치외교사 논총〉 31집 2호, pp. 292~323.

최장집 (2008), 《한국 민주주의 무엇이 문제인가》, 서울: 생각의나무.

최태욱 (2006), "한미 FTA의 성격과 그 파장", 〈시민과 세계〉 9호, pp. 151~185.

한만중 (2003), "노무현 정부 8개월 교육정책 평가: 개혁의 실종과 교육시장화의 전면화", 〈교육비평〉 겨울호, pp. 28~50.

황병주 (2013), "유신, 신자유주의 그리고 하이에크", 〈경향신문〉 8월 30일.

2. 영문문헌

Bachrach, Peter & Morton S. Baratz (1962), "Two Faces of Power", *American Political Science Review*, Vol. 56, No. 4 (December), pp. 947~952.

Baker, Andy (2003), "Why Is Trade Reform So Popular in Latin America? A Consumption-Based Theory of Trade Preferences", *World Politics*, Vol. 55, No. 3 (April), pp. 423~455.

Baker, Andy & Kenneth F. Greene (2011), "The Latin American Left's Mandate: Free Market Policies and Issue Voting in New Democracies", *World Politics*, Vol. 63, No. 1 (January), pp. 43~77.

Bartels, Larry M. (2008), *Unequal Democracy: The Political Economy of the New Gilded Age*, Princeton: Princeton University Press.

Bellin, Eva (2000), "Contingent Democrats: Industrialists, Labor, and Democratization in Late-Developing Countries", *World Politics*, Vol. 52, No. 2 (January), pp. 175~205.

Beltrame, Julian (2012), "Canada-U.S. Free Trade Agreement: 25 Years On, Not All Agree Deal Was A Success Story", *The Canadian Press*, October 3.

Bernhard, Michael, Timothy Nordstrom, & Christopher Reenock (2001), "Economic Performance, Institutional Intermediation, and Democratic Survival", *Journal of Politics*, Vol. 63, No. 3 (August), pp. 775~803.

Biglaiser, Glen & Michelle A. Danis (2002), "Privatization and Democracy:

The Effects of Regime Type in the Developing World", *Comparative Political Studies*, Vol. 35, No. 1 (February), pp. 83~102.

Bonefeld, Werner (2012), "Freedom and the Strong State: On German Ordoliberalism", *New Political Economy*, Vol. 17, No. 5, pp. 633~656.

Cameron, David R. (1978), "The Expansion of the Public Economy: A Comparative Analysis", *American Political Science Review*, Vol. 72, No. 4 (December), pp. 1243~1261.

Campbell, James E. (1991), "The Presidential Surge and Its Midterm Decline in Congressional Elections, 1868~1988", *Journal of Politics*, Vol. 53, No. 2 (May), pp. 477~487.

Carmines, Edward G. & James A. Stimson (1980), "The Two Faces of Issue Voting", *American Political Science Review*, Vol. 74, No. 1 (March), pp. 78~91.

Chang, Ha-joon, Hong-Jae Park & Chul Gyue Yoo (1998), "Interpreting the Korean Crisis: Financial Liberalisation, Industrial Policy and Corporate Governance", *Cambridge Journal of Economics*, Vol. 22, No. 6, pp. 735~746.

Cheibub, Jose (n. d.), "Systems of Government: Parliamentarism and Presidentialism", mimeo., Harvard University.

Cherry, Judith (2005), "Big Deal or Big Disappointment? The Continuing Evolution of the South Korean Developmental State", *Pacific Review*, Vol. 18, No. 3, pp. 327~354.,

Chibber, Vivek (2002), "Bureaucratic Rationality and the Developmental State", *American Journal of Sociology*, Vol. 107, No. 4 (January), pp. 951 ~989.

Cho, Chansoo (2012), "Reembedded Liberalism and U. S. Foreign Economic Policy Change", 〈대한정치학회보〉 19집 3호, pp. 277~300.

Choi, Jang Jip (2010), "The Democratic State Engulfing Civil Society: The Ironies of Korean Democracy", *Korean Studies*, Vol. 34, pp. 1~24.

Chung, Chien-peng (2003), "Democratization in South Korea and Inter-Korean Relations", *Pacific Affairs*, Vol. 76, No. 1 (Spring), pp. 9~35.

Colburn, Forrest D. (2002), *Latin America at the End of Politics*, Princeton: Princeton University Press.

Cook, Maria Lorena (1998), "Toward Flexible Industrial Relations? Neo-liberalism, Democracy, and Labor Reform in Latin America", *Industrial Relations*, Vol. 37, No. 3 (July), pp. 311~336.

Cotton, James (1989), "From Authoritarianism to Democracy in South Korea", *Political Studies*, Vol. 37, No. 2, pp. 244~259.

Dent, Christopher M. (2004), "The New International Political Economy of East Asia and the Developmental State", In *Developmental States: Relevancy, Redundancy or Reconfiguration?*, ed. Linda Low, New York: Nova, pp. 79~99.

Diamond, Larry, Marc F. Plattner, & Andreas Schedler (1999), "Introduction", In *The Self-Restraining State: Power and Accountability in New Democracies*, ed. Schedler, Diamond, & Plattner, Boulder: Lynne Rienner, pp. 1~10.

Dominguez, Jorge I. (1998), "Free Politics and Free Markets in Latin America", *Journal of Democracy*, Vol. 9, No. 4 (October), pp. 70~84.

Doner, Richard F., Bryan K. Ritchie, & Dan Slater (2005), "Systemic Vulnerability and the Origins of Developmental States: Northeast and Southeast Asia in Comparative Perspective", *International Organization*, Vol. 59, No. 2 (Spring), pp. 327~361.

Doucette, Jamie (2010), "The Terminal Crisis of the 'Participatory Government' and the Election of Lee Myung Bak", *Journal of Contemporary Asia*, Vol. 40, No. 1 (February), pp. 22~43.

Eckert, Carter J. (1990), "The South Korean Bourgeoisie: A Class in Search of Hegemony", *Journal of Korean Studies*, Vol. 7, pp. 115~148.

Elster, Jon (1995), "The Impact of Constitutions on Economic Performance", *Proceedings of the World Bank Annual Conference on Development Economics*, Washington, D. C.: The World Bank, pp. 209~226.

Encarnación, Omar G. (1996), "The Politics of Dual Transitions", *Comparative Politics*, Vol. 28, No. 4 (July), pp. 477~492.

Fiorina, Morris P. (1981), Retrospective Voting in American National Elections, New Haven: Yale University Press.

Fourcade-Gourinchas, Marion & Sarah L. Babb (2002), "The Rebirth of the Liberal Creed: Paths to Neoliberalism in Four Countries", *Amer-*

ican Journal of Sociology, Vol. 108, No. 3, pp. 533~579.

Friedman, Thomas L. (2000), *The Lexus and the Olive Tree*, 1st Anchor Books ed., New York: Anchor Books.

Gasiorowski, Mark J. (1995), "Economic Crisis and Political Regime Change: An Event History Analysis", *American Political Science Review*, Vol. 89, No. 4 (December), pp. 882~897.

Gibson, Edward L. (1997), "The Populist Road to Market Reform: Policy and Electoral Coalitions in Mexico and Argentina", *World Politics*, Vol. 49, No. 3 (April), pp. 339~370.

Golder, Matt (2005), "Democratic Electoral Systems around the World, 1946~2000", *Electoral Studies*, Vol. 24, No. 1 (March), pp. 103~121.

Gourevitch, Peter (1986), *Politics in Hard Times: Comparative Responses to International Economic Crises*, Ithaca: Cornell University Press.

Haas, Peter M. (2001), "Policy Knowledge: Epistemic Communities", *International Encyclopedia of the Social and Behavioral Sciences*, Vol. 17, pp. 11578~11586.

Haber, Stephen (2005), "The Left Turn", *Hoover Digest*, No. 3 (July), pp. 70~73.

Haggard, Stephan & Jongryn Mo (2000), "The Political Economy of the Korean Financial Crisis", *Review of International Political Economy*, Vol. 7, No. 2, pp. 197~218.

Haggard, Stephan & Steven B. Webb, eds. (1994), Voting for Reform: Democracy, Political Liberalization, and Economic Adjustment, New York: Oxford University Press.

Hahm, Chaibong (2008), "South Korea's Miraculous Democracy", *Journal of Democracy*, Vol. 19, No. 3 (July), pp. 128~142.

Hahm, Sung Deuk & Dong Seong Lee (2008), "Leadership Qualities and Political Contexts: Evaluation of the Roh Moo-hyun Administration in South Korea, 2003-2008", *Korea Observer*, Vol. 39, No. 2 (Summer), pp. 181~213.

Hall, Peter A. (1986), *Governing the Economy: The Politics of State Intervention in Britain and France*, New York: Oxford University Press.

Hamilton, Nora & Sunhyuk Kim (2004), "Democratization, Economic

Liberalization, and Labor Politics: Mexico and Korea", *Comparative Sociology*, Vol. 3, No. 1, pp. 67~91.

Hart-Landsberg, Martin (2004), "The South Korean Economy and the U. S. Policy", *Asian Perspective*, Vol. 28, No. 4, pp. 89~117.

Helleiner, Eric (1994), *States and the Reemergence of Global Finance: From Bretton Woods to the 1990s*, Ithaca: Cornell University Press.

_____ (2002), "Economic Nationalism as a Challenge to Economic Liberalism? Lessons from the 19th Century", *International Studies Quarterly*, Vol. 46, No. 3 (September), pp. 307~329.

Hermanns, Heike (2009), "Political Parties in South Korea and Taiwan after Twenty Years of Democratization", *Pacific Focus*, Vol. 24, No. 2 (August), pp. 205~224.

Hirschman, Albert O. (1975), "Policymaking and Policy Analysis in Latin America: A Return Journey", *Policy Sciences*, Vol. 6, No. 4 (December), pp. 385~402.

_____ (1994), "Social Conflicts as Pillars of Democratic Market Society", *Political Theory*, Vol. 22, No. 2 (May), pp. 203~218.

Hopkin, Jonathan (2001), "Bringing the Members Back In? Democratizing Candidate Selection in Britain and Spain", *Party Politics*, Vol. 7, No. 3 (May), pp. 343~361.

Horowitz, Shale A. & Sunwoong Kim (2008), "Anti-Americanism in Electoral Politics: Insights from South Korea's 2002 Presidential Election", *International Interactions*, Vol. 34, No. 3, pp. 258~281.

Howell, Chris (1992), *Regulating Labor: The State and Industrial Relations Reform in Postwar France*, Princeton: Princeton University Press.

Hundt, David (2005), "A Legitimate Paradox: Neoliberal Reform and the Return of the State in Korea", *Journal of Development Studies*, Vol. 41, No. 2, pp. 242~260.

_____ (2009), *Korea's Developmental Alliance: State, Capital and the Politics of Rapid Development*, London: Routledge.

Huntington, Samuel P. (1991), "Democracy's Third Wave", *Journal of Democracy*, Vol. 2, No. 2, pp. 12~34.

Hwang, Kelley K. (1996), "South Korea's Bureaucracy and the Informal

Politics of Economic Development", *Asian Survey*, Vol. 36, No. 3 (March), pp. 306~319.

Inglehart, Ronald & Paul R. Abramson (1994), "Economic Security and Value Change", *American Political Science Review*, Vol. 88, No. 2 (June), pp. 336~354.

Inglehart, Ronald & Scott C. Flanagan (1987), "Value Change in Industrial Societies", *American Political Science Review*, Vol. 81, No. 4 (December), pp. 1289~1319.

Jhee, Byong-Kuen (2008), "Anti-Americanism and Electoral Politics in Korea", *Political Science Quarterly*, Vol. 123, No. 2 (Summer), pp. 301 ~318.

Johnson, Chalmers (1982), *MITI and the Japanese Miracle: The Growth of Industrial Policy*, 1925~1975, Stanford: Stanford University Press.

_____ (1989), "The Democratization of South Korea: What Role Does Economic Development Play?", *The Copenhagen Journal of Asian Studies*, Vol. 4, No. 1, pp. 63~79.

Joo, Seung-Ho (2006), "South Korea-U. S. Relations in Turbulent Waters", *Pacific Focus*, Vol. 21, No. 1 (March), pp. 59~104.

Jung, Joo-Youn (2008), "Reinventing the Interventionist State: The Korean Economic Bureaucracy Reform under the Economic Crisis", *Pacific Focus*, Vol. 23, No. 1 (April), pp. 121~138.

Kang, David C. (2002), *Crony Capitalism: Corruption and Development in South Korea and the Philippines*, New York: Cambridge University Press.

_____ (2002), "Bad Loans to Good Friends: Money Politics and the Developmental State in South Korea", *International Organization*, Vol. 56, No. 1 (Winter), pp. 177~207.

Kang, Won-Taek (2008), "How Ideology Divides Generations: The 2002 and 2004 South Korean Elections", *Canadian Journal of Political Science*, Vol. 41, No. 2 (June), pp. 461~480.

Kapstein, Ethan B. (1994), *Governing the Global Economy: International Finance and the State*, Cambridge: Harvard University Press.

Katzenstein, Peter J. (1985), *Small States in World Markets: Industrial Policy in Europe*, Ithaca: Cornell University Press.

Keohane, Robert O., Stephen Macedo, & Andrew Moravcsik (2009), "Democracy-Enhancing Multilateralism", *International Organization*, Vol. 63, No. 1 (January), pp. 1~31.

Kern, Thomas (2005), "Anti-Americanism in South Korea: From Structural Cleavages to Protest", *Korea Journal*, Vol. 45, No. 1 (Spring), pp. 257~288.

Kernell, Samuel (1997), *Going Public: New Strategies of Presidential Leadership*, 3d ed., Washington, D. C.: CQ Press.

Keynes, John Maynard (1933), "National Self-Sufficiency", *The Yale Review*, Vol. 22, No. 4 (June 1933), pp. 755~769. https://www.mth olyoke. edu/acad/intrel/interwar/keynes. htm (검색일: 2014. 1. 26).

Khan, Sharukh Rafi (2011), "Exploring and Naming an Economic Development Alternative", In *Towards New Developmentalism: Markets as Means rather than Master*, ed. Sharukh Rafi Khan and Jens Christiansen, London: Routledge, pp. 3~18.

Kim, Byung-Kook (2003), "The Politics of Chaebol Reform, 1980~1997", In *Economic Crisis and Corporate Restructuring in Korea*, ed. Stephan Haggard, Wonhyuk Lim and Euysung Kim (New York: Cambridge University Press), pp. 53~78.

Kim, Dong-Choon (2006), "Growth and Crisis of the Korean Citizens' Movement", *Korea Journal*, Vol. 46, No. 2 (Summer), pp. 99~128.

Kim, Eunmee (1997), *Big Business, Strong State: Collusion and Conflict in South Korean Development, 1960-1990*, Albany: SUNY Press.

Kim, Jung (2005), "The Political Logic of Economic Crisis in South Korea", *Asian Survey*, Vol. 45, No. 3 (May-June), pp. 453~474.

Kim, Sunhyuk (1997), "State and Civil Society in South Korea's Democratic Consolidation: Is the Battle Really Over?", *Asian Survey*, Vol. 37, No. 12, pp. 1135~1144.

_____ (2002), "The Politics of Economic Recovery in South Korea: A Comparative Perspective", *Pacific Focus*, Vol. 17, No. 1 (March), pp. 29 ~45.

Kim, Wan-Soon & You-il Lee (2008), "Korea's FDI-Led Economic Liberalism: A Critical View", *Asian Perspective*, Vol. 32, No. 1, pp. 165~192.

Kim, Yeon-Myung (2001), "Welfare State or Social Safety Net? Development of the Social Welfare Policy of the Kim Dae-jung Administration", *Korea Journal*, Vol. 41, No. 2 (Summer), pp. 169~201.

Kim, Youngmi (2008), "Intra-Party Politics and Minority Coalition Government in South Korea", *Japanese Journal of Political Science*, Vol. 9, No. 3 (December), pp. 367~389.

Kim, Yun Tae (2005), "DJnomics and the Transformation of the Developmental State", *Journal of Contemporary Asia*, Vol. 35, No. 4, pp. 471~484.

Kirchheimer, Otto (1966), "The Transformation of the Western European Party Systems", In *Political Parties and Political Development*, ed. Joseph LaPalombara and Myron Weiner, Princeton: Princeton University Press, pp. 177~200.

Koo, Hagen (2007), "The Changing Faces of Inequality in South Korea in the Age of Globalization", *Korean Studies*, Vol. 31, pp. 1~18.

Layman, Geoffrey C., Thomas M. Carsey & Juliana Menasce Horowitz (2006), "Party Polarization in American Politics: Characteristics, Causes, and Consequences", *Annual Review of Political Science*, Vol. 9, pp. 83~110.

Lee, Hye Kyung (1999), "Globalization and the Emerging Welfare State: The Experience of South Korea", *International Journal of Social Welfare*, Vol. 8, No. 1 (January), pp. 23~37.

Lee, Joohee (1998), "Micro-Corporatism in South Korea: A Comparative Analysis of Enterprise-Level Industrial Relations", *Economic and Industrial Democracy*, Vol. 19, No. 3 (August), pp. 443~474.

Lee, Sook-Jong (2003-2004), "The Rise of Korean Youth as a Political Force: Implications for the U. S. -Korea Alliance", In *Brookings Northeast Asia Survey*, Washington, D. C. : Center for Northeast Asian Policy Studies, Brookings Institution, pp. 15~30.

Lee, Sook-Jong & Taejoon Han (2006), "The Demise of "Korea, Inc. ": Paradigm Shift in Korea's Developmental State", *Journal of Contemporary Asia*, Vol. 36, No. 3, pp. 305~324.

Lee, Y-h. (2001), "The Failure of the Weak State in Economic Liberalization: Liberalization, Democratization and the Financial Crisis in South Korea", *Pacific Review*, Vol. 13, No. 1, pp. 115~132.

Levitsky, Steven (2003), "From Labor Politics to Machine Politics: The Transformation of Party-Union Linkages in Argentine Peronism, 1983-1999", *Latin American Research Review*, Vol. 38, No. 3 (October), pp. 3~36.

_____ (2005), "Argentina: Democratic Survival amidst Economic Failure", In *The Third Wave of Democratization in Latin America: Advances and Setbacks*, ed. Frances Hagopian and Scott P. Mainwaring, New York: Cambridge University Press, pp. 63~89.

Levitsky, Steven & Lucian A. Way (2002), "The Rise of Competitive Authoritarianism", *Journal of Democracy*, Vol. 13, No. 2 (April), pp. 51~65.

Lim, Hyun-Chin & Joon Han (2003), "The Social and Political Impact of Economic Crisis in South Korea: A Comparative Note", *Asian Journal of Social Science*, Vol. 31, No. 2, pp. 198~202.

Lim, Wonhyuk (2006), "KORUS FTA: A Mysterious Beginning and an Uncertain Future", *Asian Perspective*, Vol. 30, No. 4, pp. 175~187.

Linz, Juan J. (1978), *The Breakdown of Democratic Regimes: Crisis, Breakdown, and Reequilibration*, Baltimore: Johns Hopkins University Press.

Lipset, Seymour Martin (1959), "Some Social Requisites of Democracy: Economic Development and Political Legitimacy", *American Political Science Review*, Vol. 53, No. 1 (March), pp. 69~105.

Lowi, Theodore J. (1985), *The Personal President: Power Invested*, Promise Unfulfilled, Ithaca: Cornell University Press.

Luebbert, Gregory M. (1991), *Liberalism, Fascism, or Social Democracy: Social Classes and the Political Origins of Regimes in Interwar Europe*, New York: Oxford University Press.

Lusztig, Michael (1996), *Risking Free Trade: The Politics of Free Trade in Britain, Canada, Mexico, and the United States*, Pittsburgh: University of Pittsburgh Press.

Mahoney, James (2008), "Toward a Unified Theory of Causality", *Comparative Political Studies*, Vol. 41, No. 4/5 (April), pp. 412~436.

Maier, Charles S. (1977), "The Politics of Productivity: Foundations of American International Economic Policy after World War Ⅱ", *International Organization*, Vol. 31, No. 4 (Autumn), pp. 607~633.

Manin, Bernard, Adam Przeworski, & Susan C. Stokes (1999), "Elections and Representation", In *Democracy, Accountability, and Representation*, ed. Adam Przeworski, Susan C. Stokes, & Bernard Manin, New York: Cambridge University Press, pp. 29~54.

Mann, Michael (1986), *The Sources of Social Power, Volume 1: A History of Power from the Beginning to AD 1760*, New York: Cambridge University Press.

Matthews, John A. (1998), "Fashioning a New Korean Model out of the Crisis: The Rebuilding of Institutional Capabilities", *Cambridge Journal of Economics*, Vol. 22, pp. 747~759.

Mo, Jongryn (1996), "Political Learning and Democratic Consolidation: Korean Industrial Relations, 1987~1992", *Comparative Political Studies*, Vol. 29, No. 3 (June), pp. 290~311.

Mo, Jongryn & Chung-in Moon (2003), "Business-Government Relations under Kim Dae-jung", In *Economic Crisis and Corporate Restructuring in Korea*, ed. Stephan Haggard, Wonhyuk Lim, & Euysung Kim, New York: Cambridge University Press, pp. 127~149.

Momani, Bessma (2004), "American Politicization of the International Monetary Fund", *Review of International Political Economy*, Vol. 11, No. 5 (December), pp. 880~904.

Moon, Chung-in (2008), "Diplomacy of Defiance and Facilitation: The Six-Party Talks and the Roh Moo-hyun Government", *Asian Perspective*, Vol. 32, No. 4, pp. 71~105.

Munck, Gerardo L. (1994), "Democratic Transitions in Comparative Perspective", *Comparative Politics*, Vol. 26, No. 3 (April), pp. 355~375.

Murillo, Maria Victoria (2001), *Labor Unions, Partisan Coalitions, and Market Reforms in Latin America*, New York: Cambridge University Press.

_____ (2002), "Political Bias in Policy Convergence: Privatization Choices in Latin America", *World Politics*, Vol. 54, No. 4 (July), pp. 462~493.

Nelson, Joan, Jacek Kochanowicz, Kálmán Mizsei, & Óscar Muñoz Gomá (1994), *Intricate Links: Democratization and Market Reforms in Latin America and Eastern Europe*, New Brunswick, N. J. : Transaction Publishers.

Nielson, Daniel L. (2003), "Supplying Trade Reform: Political Institutions and Liberalization in Middle-Income Presidential Democracies", *American Journal of Political Science*, Vol. 47, No. 3 (July), pp. 470~491.

O'Donnell, Guillermo A. (1992), "Transitions, Continuities, and Paradoxes", In *Issues in Democratic Consolidation: The New South American Democracies in Comparative Perspective*, ed. Scott Mainwaring, Guillermo O'Donnell, & J. Samuel Valenzuela, Norte Dame: University of Norte Dame Press.

_____ (1994), "Delegative Democracy", *Journal of Democracy*, Vol. 5, No. 1 (January), pp. 55~69.

Olson, Mancur (1965), *The Logic of Collective Action: Public Goods and the Theory of Groups*, Cambridge, Mass. : Harvard University Press.

Park, Yong Soo (2009), "Limitations of the Social Welfare Reform during the Progressive Governmens of South Korea: Theoretical Implications", *Korea Observer*, Vol. 40, No. 3 (Autumn), pp. 527~549.

_____ (2011), "Revisiting the South Korean Developmental State after the 1997 Financial Crisis", *Australian Journal of International Affairs*, Vol. 65, No. 5, pp. 590~606.

Pempel, T. J. (1999), "The Developmental Regime in a Changing World Economy", In *The Developmental State*, ed. Meredith Woo-Cumings, Ithaca: Cornell University Press, pp. 137~181.

Pérez-Liñán, Anibal (2007), *Presidential Impeachment and the New Political Instability in Latin America*, New York: Cambridge University Press.

Polanyi, Karl (1957[1944]), *The Great Transformation: The Political and Economic Origins of Our Time*, Boston: Beacon Press.

Przeworski, Adam (1991), *Democracy and the Market: Political and Economic Reforms in Eastern Europe and Latin America*, New York: Cambridge

University Press.

Przeworski, Adam & Fernando Limongi (1997), "Modernization: Theories and Facts", *World Politics*, Vol. 49, No. 2 (January), pp. 155~183.

Przeworski, Adam, Susan C. Stokes, & Bernard Manin, eds. (1999), *Democracy, Accountability, and Representation*, New York: Cambridge University Press.

Randall, Vicky & Lars Svåsand (2002), "Party Institutionalization in New Democracies", *Party Politics*, Vol. 8, No. 1, pp. 5~29.

Ravenhill, John, ed. (2011), *Global Political Economy*, 3d ed., Oxford: Oxford University Press.

Rhee, Jong-Chan (1994), *The State and Industry in South Korea: The Limits of the Authoritarian State*, New York: Routledge.

Roberts, Kenneth M. & Moises Arce (1998), "Neoliberalism and Lower-Class Voting Behavior in Peru", *Comparative Political Studies*, Vol. 31, No. 2 (April), pp. 217~246.

Ross, Michael (2006), "Is Democracy Good for the Poor?", American Journal of Political Science, Vol. 50, No. 4 (October), pp. 860~874.

Ruggie, John Gerard (1982), "International Regimes, Transactions, and Change: Embedded Liberalism in the Postwar Economic Order", *International Organization*, Vol. 36, No. 2 (Spring), pp. 379~415.

Samuels, David J. & Matthew S. Shugart (2010), *Presidents, Parties, and Prime Ministers: How the Separation of Powers Affects Party Organization and Behavior*, New York: Cambridge University Press.

Saxer, Carl J. (2002), *From Transition to Power Alternation: Democracy in South Korea, 1987-1997*, New York: Routledge.

Schedler, Andrea (2009), "Electoral Authoritarianism", In *The Sage Handbook of Comparative Politics*, ed. Todd Landman & Neil Robinson, London: Sage, pp. 381~393.

Scheer, Robert (2010), *The Great American Stickup: How Reagan Republicans and Clinton Democrats Enriched Wall Street While Mugging Main Street*, New York: Nation Books.

Schneider, Ben Ross (1999), "The Desarrollista State in Brazil and Mexico", In *The Developmental State*, ed. Meredith Woo-Cumings, Ithaca:

Cornell University Press, pp. 276~305.

Shin, Doh Chull (2003), "Democratic Governance in South Korea: The Perspectives of Ordinary Citizens and Their Elected Representatives", *Japanese Journal of Political Science*, Vol. 4, No. 2(November), pp. 215 ~240.

Shin, Doh Chull & Peter McDonough (1999), "The Dynamics of Popular Reactions to Democratization in Korea", *Journal of Public Policy*, Vol. 19, No. 1(April), pp. 1~32.

Shin, Dong-Myeon (2000), "Financial Crisis and Social Security: The Paradox of the Republic of Korea", *International Social Security Review*, Vol. 53, No. 3(July-September), pp. 83~107.

Shin, Eui Hang (2004), "Correlates of the 2002 Presidential Election in South Korea: Regionalism, the Generation Gap, Anti-Americanism, and the North Korea Factor", *East Asia*, Vol. 21, No. 2(Summer), pp. 18~38.

Shin, Gi-Wook (2010), *One Alliance, Two Lenses: U. S. -Korea Relations in a New Era*, Stanford: Stanford University Press.

Shin, Gi-Wook & Paul Y. Yang (2004), "The Politics of Nationalism in U. S. -Korean Relations", *Asian Perspective*, Vol. 28, No. 4, pp. 119~ 145.

Shin, Kwang-Yeong (2000), "The Discourse of Crisis and the Crisis of Discourse", *Inter-Asia Cultural Studies*, Vol. 1, No. 3, pp. 427~442.

_____ (2010), "Globalisation and the Working Class in South Korea: Contestation, Fragmentation and Renewal", *Journal of Contemporary Asia*, Vol. 40, No. 2(May), pp. 211~229.

_____ (2012), "The Dilemmas of Korea's Democracy in an Age of Neoliberal Globalisation", *Third World Quarterly*, Vol. 33, No. 2, pp. 293~309.

Shorrock, Tim (1986), "The Struggle for Democracy in South Korea in the 1980s and the Rise of Anti-Americanism", *Third World Quarterly*, Vol. 8, No. 4, pp. 1195~1218.

Sonn, Hochul (2009), "Neoliberalism and Democracy in South Korea", *Korean Political Science Review*, Vol. 43, No. 5, pp. 75~91.

Stokes, Susan C. (1997), "Democratic Accountability and Policy Change: Economic Policy in Fujimori's Peru", *Comparative Politics*, Vol. 29, No. 2 (January), pp. 209~226.

_____ (2001), *Mandates and Democracy: Neoliberalism by Surprise in Latin America*, New York: Cambridge University Press.

_____, ed. (2001), *Public Support for Market Reforms in New Democracies*, New York: Cambridge University Press.

_____ (2009), "Globalization and the Left in Latin America", mimeo., February 27.

Svolik, Milan (2008), "Authoritarian Reversals and Democratic Consolidation", *American Political Science Review*, Vol. 102, No. 2 (May), pp. 153~168.

Taagepera, Rein & Matthew Soberg Shugart (1989), *Seats and Votes: The Effects and Determinants of Electoral Systems*, New Haven: Yale University Press.

Teichman, Judith A. (2001), *The Politics of Freeing Markets in Latin America: Chile, Argentina, and Mexico*, Chapel Hill: University of North Carolina Press.

Vogel, Steven K. (1998), *Freer Markets, More Rules: Regulatory Reform in Advanced Industrial Countries*, Ithaca: Cornell University Press.

Weaver, R. Kent (1986), "The Politics of Blame Avoidance", *Journal of Public Policy*, Vol. 6, No. 4 (October-December), pp. 371~398.

Weyland, Kurt (1996), "Risk Taking in Latin American Economic Restructuring: Lessons from Prospect Theory", *International Studies Quarterly*, Vol. 40, No. 2 (June), pp. 185~207.

_____ (1996), "Neopopulism and Neoliberalism in Latin America: An Unexpected Affinity", *Studies in Comparative International Development*, Vol. 31, No. 3 (Fall), pp. 3~31.

_____ (1998), "The Political Fate of Market Reform in Latin America, Africa, and Eastern Europe", *International Studies Quarterly*, Vol. 42, No. 4 (December), pp. 645~674.

_____ (1999), "Neoliberal Populism in Latin America and Eastern Europe", *Comparative Politics*, Vol. 31, No. 4 (July), pp. 379~401.

_____ (2002), *The Politics of Market Reform in Fragile Democracies: Argentina, Brazil, Peru, and Venezuela*, Princeton: Princeton University Press.

_____ (2004), "Neoliberalism and Democracy in Latin America: A Mixed Record", *Latin American Politics and Society*, Vol. 46, No. 1 (April), pp. 135~157.

_____ (2005), "The Growing Sustainability of Brazil's Low-Quality Democracy", In *The Third Wave of Democratization in Latin America: Advances and Setbacks*, ed. Frances Hagopian and Scott P. Mainwaring, New York: Cambridge University Press, pp. 90~120.

Wong, Joseph (2004), "The Adaptive Developmental State in East Asia", *Journal of East Asian Studies*, Vol. 4, No. 3, pp. 345~362.

Woo, Jung-en (1991), *Race to the Swift: State and Finance in Korean Industrialization*, New York: Columbia University Press.

Woo-Cumings, Meredith (1999), "Introduction: Chalmers Johnson and the Politics of Nationalism and Development", In *The Developmental State*, ed. Meredith Woo-Cumings, Ithaca: Cornell University Press, pp. 1~31.

_____ (2001), "Miracle as Prologues: The State and the Reform of the Corporate Sector in Korea", In *Rethinking the East Asian Miracle*, ed. Joseph E. Stiglitz and Shahid Yusuf, New York: Oxford University Press, pp. 343~378.

Yea, Sallie W. (1994), "Regionalism and Political-Economic Differentiation in Korean Development: Power Maintenance and the State as Hegemonic Power Bloc", *Korea Journal*, Vol. 34, No. 2, pp. 5~29.

Zakaria, Fareed (1997), "The Rise of Illiberal Democracy", *Foreign Affairs*, Vol. 76, No. 6 (November-December), pp. 22~43.

_____ (2003), *The Future of Freedom: Illiberal Democracy at Home and Abroad*, New York: W. W. Norton.

3. 기타자료

신문
〈경향신문〉
〈동아일보〉
〈매일경제〉
〈중앙일보〉
〈한겨레 21〉
The Economist

통계자료
교육과학기술부·한국교육개발원, 《교육통계연보》
통계청, 《가계동향조사》
통계청, 《경제활동인구 부가조사(근로형태별) 결과》
통계청, 《경제활동인구조사》
통계청, 《도시가계조사》
한국노동연구원, 《2009 KLI 노동통계》

웹사이트
Inter-American Dialogue, "Overview of Latin American Electoral Systems", http://pdba. georgetown. edu/Elecdata(검색일: 2014. 6. 8).
International Labour Organization (2011), "UNIONS2011: Trade Union Membership Statistics 2011", http://laborsta. ilo. org/xls_data_.
OECD (2009), "Education at a Glance 2009: OECD Indicators, http://www. oecd. org/edu.
OECD (2009), "OECD. Stat: Labour Force Statistics 2009," http://stats. oecd. org.
OECD (2011), "OECD iLibrary: Statistics/OECD Factbook/2011/Income inequality", http://www. oecd-ilibrary. org(검색일: 2014. 4. 24).

인 명